MÉLANGES

MÉLANGES

HISTORIQUES ET LITTÉRAIRES

PAR

PAUL SAINT-OLIVE

Hæc studia... prudentibus et bene institutis pariter cum
ætate crescunt (Cicer. de Senect. xiv. 8).

LYON

IMPRIMERIE D'AIMÉ VINGTRINIER
RUE BELLE-CORDIÈRE, 14
—
1868

AVANT-PROPOS.

> Dum vires annique sinunt, tolerate labores :
> Jam veniet tacito curva senecta pede.
> Ovid. de art. am. II, 669.

VIDE me donne l'excellent conseil de travailler, tant que les forces et le poids des années me le permettront; mais en même temps il m'avertit que chaque jour la vieillesse arrive sans faire de bruit. Il faut donc, avant que la vue s'obscurcisse, que la main devienne tremblante, que la mémoire s'affaiblisse et que l'intelligence ait perdu sa vigueur, faire son inventaire, en prévoyance de la décadence, compagne ordinaire d'un âge avancé. En conséquence, je réunis en un volume divers travaux qui ont occupé mes loisirs, et je souhaiterais que mes lecteurs pussent y trouver quelque charme. Ceux qui ont du goût pour l'étude me comprendront certainement, tandis que les utilitaires répéteront leur refrain ordinaire : A quoi cela sert-il ?

Je vais donc tâcher d'apprendre à ces derniers que les occupations intellectuelles servent à passer agréablement le temps, qu'elles sont un grand moyen d'élévation des idées et conduisent presque toujours vers la moralité. Voilà ce qu'ils ne pourront jamais comprendre ! et des millions, récoltés sur le terrain du *Crédit mobilier*, leur paraîtront un résultat beaucoup plus grandiose ; mais enfin, je n'écris pas pour la puissante aristocratie utilitaire contemporaine, et je m'adresse seulement à cette minorité intelligente qui conserve le culte des lettres et des arts et se moque des niaiseries de l'économie politique.

Arrivé presque à la fin de ma vie de célibataire, il me semble que mes petits travaux sont mes petits enfants et que je revivrai en eux. L'indifférence sera peut-être mon seul lot et mes enfants descendront alors avec moi dans la tombe ; mais je me serai fait illusion, et cette illusion aura contribué à mon bonheur ; car elle m'a initié au travail intellectuel, qui est une source de jouissances.

Ainsi, par exemple, le vulgaire ne se doute pas du plaisir d'aller à la chasse aux documents : rapporter dans son portefeuille un simple texte, qui vient fortifier une opinion émise par l'écrivain, est une plus grande satisfaction que celle qui résulte d'un lièvre remplissant le carnier d'un chasseur. La chasse aux bouquins est encore une occupation des plus attrayantes, et je me rappellerai, toute ma vie, certaines bonnes fortunes dans ce genre. Tel livre, pour lequel on eût dépensé une cinquantaine de francs, est acquis pour la modique somme de un ou deux francs : c'est à ne pas croire à un aussi grand bonheur ! Et quand on a dans la tête un sujet à

mettre en vers, voilà une occupation qui captive !
Quoi que vous fassiez, vous restez sous l'influence de la
rêverie, et si pendant une soirée d'été vous buvez un
verre de bière, le passant ne soupçonne pas votre félicité ;
cependant vous venez de trouver une rime, ou bien une
satirique épigramme est en train de faire son apparition.
Oh ! ce plaisir est plus grand que celui de fumer une
pipe en savourant un verre d'absinthe ! Au lieu d'éteindre le cerveau à l'instar de la nicotine, le feu de la
pensée double son activité, et même prépare un rêve
agréable ; car les travaux de la journée alimentent fort
souvent les songes de la nuit.

Une jouissance, peu appréciée de la multitude, est
celle qui résulte du culte des anciens souvenirs. Polymnie (1), pour le *profanum vulgus* des grands et des petits
personnages, est une déesse dont le nom est à peu près
inconnu, et ses adorateurs sont regardés comme des
originaux. Si je détaillais toutes les jouissances que le
culte des souvenirs procure à ses fidèles, si je racontais
le plaisir que j'éprouve lorsque dans les vieux quartiers de notre ville je découvre un curieux intérieur de
cour qui m'était inconnu, on se moquerait certainement
de moi. En effet, les hommes de progrès donneraient
toutes nos richesses archéologiques pour une rue droite
ou une gare de chemin de fer. Que diraient ces messieurs
s'ils lisaient, par hasard, le discours prononcé par le
ministre de l'instruction publique, lors de la distribution
des récompenses aux sociétés savantes, le 27 avril 1867 ?

---

(1) Polymnie, la Muse des souvenirs : son nom vient du grec πολυς et
μνεία.

Ils seraient scandalisés de cette phrase terminale, adressée aux membres des sociétés savantes départementales : « Le patriotisme se compose de souvenirs. « Vous entretenez donc, messieurs, et vous ranimez, par « ce culte du passé, une des forces vives du pays, celle « qui a fait sa puissance et qui assurera sa grandeur « indestructible. » Ils ne reconnaîtraient plus celui qui a présidé, l'année dernière, la séance de distribution de prix à l'Ecole professionnelle de Lyon, et qui avait excité leur enthousiasme en stigmatisant le passé et en célébrant un avenir couleur de rose. La citation que je viens de faire ne peut donc certainement pas être soupçonnée de refléter une opinion rétrograde : elle est seulement le fait d'une intelligence cultivée, qui ne saurait fermer les yeux devant la vérité.

Si maintenant je me transporte dans la région des arts, c'est un nouvel horizon que je vais découvrir. L'homme qui comprend et qui aime le pittoresque, celui qui ne pose pas en principe que le beau résulte de l'uniformité, et qui croit au contraire que

L'ennui naquit un jour de l'uniformité (1),

est doué d'un regard que le *bourgeois* (2) ne peut pas soupçonner. En effet, le dessinateur a exercé le sens de la vue, de même que le musicien a façonné le sens de l'ouïe. Il voit une multitude de choses incomprises des profanes, et cette perception est pour lui une source de

---

(1) Florian a cité ce vers, avec la signature de Lanoue, dans ses *Six nouvelles*, Paris, 1784. — Note de M. Péricaud.

(2) Le bourgeois : cette expression, en usage parmi les artistes, désigne les hommes qui n'ont pas la moindre connaissance dans les arts.

jouissances. Il ne faut donc pas s'étonner si les opinions qu'il émet paraissent étranges aux sectateurs intolérants du confortable et du luxe. Un abîme sépare l'artiste de de l'utilitaire, et par conséquent les deux écoles seront toujours deux ennemies. Celui qui a un peu exercé son intelligence par la culture des arts ne peut pas abjurer sa manière de voir, et de là proviennent des jugements qui révoltent l'aristocratie et la démocratie des ignorants. On ne peut pas comprendre, par exemple, un original qui regrette les remparts de la Croix-Rousse, qui voit avec peine l'envahissement de la *maisonasserie* (1) et qui a horreur du style chalet et de l'architecture en fonte ou en fer. Eh bien! cet entêté éprouve un certain plaisir à défendre ses impressions, et le dédain de ses adversaires est pour lui un véritable encouragement : c'est sa récompense et sa croix d'honneur. Toute ma vie j'ai un peu manié le crayon, et par conséquent exercé la faculté qui développe le sentiment pittoresque. On ne sera donc pas surpris si, dans l'occasion, j'émets des opinions qui ne sont pas celles de la majorité. Je suis parfaitement persuadé que j'ai contre moi le suffrage universel; mais comme je ne lui ferai jamais ma cour, je ne m'en inquiète pas et je marche en avant malgré sa désapprobation.

D'un autre côté, il est vrai de dire que le groupe des hommes dont la vie s'écoule au milieu des occupations intellectuelles, sérieuses et morales, s'il ne constitue pas la majorité, est cependant bien plus considérable qu'on

---

(1) Spirituelle expression empruntée à M. Duclaux, le doyen des paysagistes lyonnais.

ne le croit généralement. Tous nos départements possèdent des sociétés savantes, qui produisent une multitude de travaux, et jamais on n'a autant écrit sur l'histoire locale. Les congrès de la Sorbonne qui se tiennent chaque année, sous les auspices du gouvernement, sont une preuve de ce que j'avance ici. C'est à l'occasion de ces réunions que M. le ministre de l'instruction publique a fait entendre ces paroles : Quand je songe que quinze à « vingt mille personnes sont occupées à ces travaux sé- « vères, je n'écoute plus que d'une oreille distraite ceux « qui prétendent que le goût des études se perd au « milieu de nous (1). » M. le ministre a parfaitement raison : le nombre des hommes qui composent l'armée intellectuelle de la province est très-considérable et nous permet de pronostiquer la vigoureuse défense de l'esprit contre la matière. J'ai eu souvent en main des volumes contenant le recueil de ces travaux des sociétés départementales, et en dernier lieu celui des mémoires archéologiques lus à la Sorbonne, et je suis émerveillé de tout ce qu'on y trouve d'instructif sur l'histoire générale et locale. Ce fait doit donner du courage aux hommes qui résistent à l'invasion des idées matérialistes, préconisées par des sectes puissantes qui proclament la *réhabilitation de la chair*, qui ont toujours à la bouche le mot ridicule de progrès, et qui trompent les classes populaires par le faux éclat d'un avenir impossible.

Je suis un des simples soldats de cette grande armée intellectuelle et je m'applique à remplir mes devoirs.

(1) Discours prononcé à la séance de distribution des récompenses aux sociétés savantes, le 27 avril 1867.

Cependant, peut-être, trouvera-t-on que le volume de *Mélanges historiques et littéraires*, dont je me permets la publication, est effectivement mélangé de toute espèce de sujets, qui souvent n'ont pas entre eux de grandes relations et peuvent individuellement prêter à la critique. Je ne m'étonnerai pas de ce jugement; car la variété dans le travail a sur moi un grand empire, et parfois me sert de guide. D'ailleurs, il y a longtemps que, d'après Martial, un livre, quel qu'il soit, contient toujours quelques bonnes choses, quelques-unes médiocres et beaucoup de peu de valeur; ainsi donc mon volume ne peut pas échapper à la règle générale :

*Sunt bona, sunt quædam mediocria, sunt mala plura,
quæ legis : hic aliter non fit, avite, liber* (I, 17).

LES
ÉTYMOLOGIES D'AINAY

EPUIS quelques années on s'est beaucoup occupé d'Ainay; on a publié d'importants travaux pour soutenir ou combattre l'opinion qui mettait le temple d'Auguste sur son emplacement, et la question reste toujours indécise, malgré les savantes dissertations de M. Auguste Bernard et de M. Alphonse de Boissieu. Le premier bâtit son temple dans le quartier des Terreaux, tandis que le second le maintient à Ainay. Chacun donne d'excellentes raisons en faveur de sa manière de voir, et je ne me sens pas assez fort pour m'ériger en juge et prendre parti entre les deux habiles archéologues. Le but de ce petit travail est simplement de relater les diverses étymologies du mot Ainay et d'en ajouter une nouvelle, dont l'analogie phonique me semble permettre la mise en scène.

Le nom latin du territoire d'Ainay ne varie pas, et si l'on feuillette le *Petit Cartulaire d'Ainay*, publié par M. Auguste Bernard, on trouve dans le plus grand nombre des chartes cette expression : *Insula quæ Athanacus dicitur, in honore sancti Martini dicata*, « l'île qui s'appelle *Athanacus*, dédiée en l'honneur de saint Martin. » La première charte de ce recueil remonte au 20 février 932, et les moines du lieu y sont qualifiés d'*Athanacenses*. J'ai en outre consulté un cartulaire latin manuscrit, provenant de la bibliothèque Coste, lequel est précédé de ces quelques lignes explicatives : *Titres et documents de l'abbaye d'Ainay, contenus dans un livre en velain, qui fut enlevé du temps des guerres civiles, a été retrouvé et remis à Mgr Camille de Neuville, par Claude de la Bessette*, 1678. La première charte de cette collection date de 1341, et la seconde est adressée à un moine *monasterii Athanacensis*. Grégoire de Tours, parlant des martyrs de Lyon, s'exprime ainsi : *Locus autem ille in quo passi sunt Athanaco vocatur, ideoque et ipsi martyres à quibusdam vocantur Athanacenses.* « Cet empla-
« cement, sur lequel ils ont été suppliciés, se nomme
« *Athanacus*, et c'est pour cette raison que les mar-
« tyrs sont appelés par quelques-uns *Athanacenses*. »
M. Auguste Bernard accepte l'explication susdite, et nous lisons dans la notice qui précède la publication du petit cartulaire d'Ainay : « Dans les premiers siècles de
« notre ère, le lieu où se trouve aujourd'hui l'église
« d'Ainay était situé hors de la ville de Lyon, et for-
« mait une île appelée *Athanacum*, au confluent du
« Rhône et de la Saône. Au IIe siècle, on brûla dans cette

« île les corps d'un grand nombre de martyrs, qui furent
« depuis désignés par cela même sous le nom de *Mar-*
« *tyres Athanacenses*. Cette circonstance signala natu-
« rellement l'île d'Ainay à la piété des fidèles, qui s'em-
« pressèrent de la sanctifier par la construction d'une
« chapelle ou d'une crypte, aussitôt que les temps le
« permirent. Cette chapelle, dédiée à sainte Blandine,
« une des victimes de la persécution, fit place plus tard
« à un monastère dédié primitivement à saint Pothin.
« L'époque de cette fondation ne peut être fixée d'une
« manière certaine; mais on a la preuve que cette ab-
« baye existait déjà au Ve siècle. Elle adopta bientôt
« la règle de saint Benoît. »

Je ne sais s'il ne faudrait pas plutôt faire dériver le nom d'*Athanacus* de celui des martyrs de Lyon, et je serais disposé à accepter l'opinion de M. Meynis, exprimée dans son *Mémorial de la confrérie des SS. martyrs* :
« Les chrétiens trouvèrent ces saintes reliques miracu-
« leusement réunies dans un lieu qu'on nomma depuis
« et par suite de cette circonstance *Athanacum*, du mot
« grec αθανάτος qui signifie immortel, afin de marquer
« par là l'immortalité bienheureuse dont jouissaient les
« martyrs. » On comprend difficilement comment l'île aurait pu recevoir le nom d'*Athanacus* avant le fait du supplice des *Athanacenses*; mais plus loin M. A. Péan résoudra cette difficulté.

Dans une question d'étymologie, il faut nécessairement consulter l'analogie phonique, et cette analogie n'existe pas entre *Athanacus* et *Ainay*. Ce fut pour cette raison que l'on chercha une autre origine et qu'on essaya de la trouver dans le mot *Athenœum*, Athénée, dont le son a plus de rapport avec l'expression d'*Ainay*. Cet Athénée prétendu aurait été le résultat d'une institution de Caligula : « Il institua à Lyon, ville de la Gaule, « divers genres de spectacles, entre autres un concours « d'éloquence grecque et latine. On raconte qu'on « obligeait les vaincus à couronner eux-mêmes les vain- « queurs et à chanter leurs louanges. Les concurrents, « dont les compositions étaient par trop mauvaises, « devaient effacer leurs écrits avec une éponge ou avec « la langue, s'ils ne préféraient recevoir des férules ou « bien être plongés dans le fleuve voisin. » (Suet. in Calig. 20.) Dans ce combat littéraire, le danger d'être vaincu paraissait assez grand pour que Juvénal ait pu dire, en parlant d'un homme qui a peur : . . . . *palleat ut. . . . . Lugdunensem rhetor dicturus ad aram* (1, 44). « Il est pâle comme un rhé- « teur sur le point de concourir auprès de l'autel de « Lyon. » Je pense que ces deux passages ne sont pas assez concluants pour constater l'établissement d'un Athénée. Quoi qu'il en soit, plusieurs érudits des siècles derniers croyaient à son existence, et le père Ménestrier signale cette manière de voir, qu'il considère comme un peu hasardée : « Il est peu de monuments antiques aussi « célèbres que celui de l'autel de Lyon, et qui soient « peut-être moins connus. Dion-Cassius, Strabon, Flo- « rus, Suétone et Juvénal en ont conservé la mémoire ; « mais nos historiens modernes ont mêlé tant de fables « à ce que les premiers auteurs en avaient écrit, qu'il « est important de bien établir quelle fut la manière, la

« forme de cet autel et le lieu où il fut élevé. (P. Mé-
« nestrier, p. 68) . . . .
« Lazare Meyssonnier, docteur médecin, agrégé au
« collége de Lyon, l'an 1643, dans la harangue qu'il
« prononça au cloître de Saint-Bonaventure, à l'ouver-
« ture des leçons publiques de chirurgie, donna le nom
« d'Athénée à l'ancien temple de Lyon. . . . .
« Nous ne trouvons pas que notre Ainay ait jamais été
« appelé *Athenœum* par aucun auteur ancien. Grégoire
« de Tours le nomme *Athanacum* ou *Athanatum*, et nos
« martyrs *Athanacenses*. Dans les titres de l'an 950
« jusqu'à 1032, que j'ai fait imprimer parmi les titres
« de cette histoire, il est toujours nommé : *insula quæ
Athanacus vocatur.* » (P. 85). Le savant jésuite, à son
tour, fait dériver *Athanacus* de *Attinens aquis*.

Malgré l'opinion émise par le père Ménestrier, il paraîtrait que plusieurs érudits de son temps partageaient,
sur l'Athénée de Lugdunum, les idées de Lazare Meyssonnier. Voici un document que je dois à l'obligeance de
M. Rolle et qui est extrait d'une harangue prononcée
par le P. Paul Suffren, recteur principal du collége de la
Trinité, en présence du corps consulaire, le jour de la
fête de la Trinité, en l'année 1677 : « Cette grande ville
« de Lyon, dans son commencement, a esté une colonie
« des Romains, mais non pas une de ces colonies ordi-
« naires, à qui, par grâce, on donnoit les droits de la
« ville de Rome et de ses citoyens, mais une véritable
« colonie habitée des Romains, qui, trouvant un air si
« sain et si tempéré dans cette ville, une situation si
« commode pour le commerce, une terre si abondante

« en toutes choses, la préférant à Rome mesme, l'appe-
« lèrent, par excellence sur toutes les autres villes, la
« colonie de l'empire romain, la ville d'abondance, la
« ville aimable et désirable, le lieu de la naissance de
« Claudius, empereur, et finirent par mettre tous ces
« titres d'honneur sur la monnaie, afin que la terre sût
« l'estime qu'ils en faisoient, de sorte que vous (les
« échevins) estes issus du sang le plus noble du monde.
. . . .

« Et en effet, pour témoigner que Lyon étoit ou la
« fille ou la sœur de Rome, on y dressa, selon la façon
« de ce temps, un autel à la déesse Rome, et un autre
« à l'empereur Auguste, où on venoit de toutes les Gaules
« pour offrir des sacrifices, pour y célébrer des jeux en
« toute façon, pour y disputer de la gloire, de l'élo-
« quence grecque et latine. Ce que vous appelez main-
« tenant par corruption Ainay s'appeloit alors Athénée
« (Athenæum), c'est-à-dire un autel dédié aux sciences
« et non pas un collége des sciences, un temple des
« lettres et non pas une académie.

« Par un présage heureux de ce qui devoit arriver à
« ce grand Athénée qui est votre collége, c'est tellement
« une maison des sciences. Ceux qui y enseignent sont
« des adorateurs en esprit et en vérité; on n'y offre pas
« des sacrifices à César, mais on y offre des sacrifices
« pour César, je veux dire pour le roi, qui surpasse toute
« la gloire des Césars, sans en avoir la vanité. . . . .

« Dans cet ancien Athénée, où l'on disputoit des scien-
« ces, ceux qui avoient été vaincus étoient obligés d'effa-
« cer avec leur langue leurs mauvais escrits ou de chan-

« ter les louanges de leurs concurrents victorieux, et,
« comme captifs, de donner des applaudissements à leurs
« triomphes. C'est pourquoy, lorsqu'ils entroient dans
« ces sortes de combats, ils pâlissoient, ils trembloient.
« Jamais autel ne fut approché avec tant de crainte que
« ce fameux tribunal des harangues, parce qu'on y crai-
« gnoit ces peines. *Ut Lugdunensem rhetor dicturus ad*
« *aram pallet,* disoit un de ces anciens, pour représenter
« une grande crainte. Cela n'arrive pas dans ce second
« Athénée, je veux dire dans notre collége. On l'a purgé
« de ces cruautés indignes de la douceur des scien-
« ces (1). . . . . »

On ne saurait dire si ce père Paul Suffren avait assez de science pour que son opinion ait eu quelque influence ; car son nom, peu connu, n'est pas même mentionné dans les *Lyonnais dignes de mémoire.* Je n'entreprendrai pas de contrôler cette pièce d'éloquence dans ses rapports avec l'archéologie ; je dirai seulement que Louis XIV, adulé comme les Césars, en avait aussi toute la vanité. La flatterie est un poison qui aura toujours une influence délétère sur les souverains absolus. Le fait de cette harangue historique, devant les échevins, semblerait prouver qu'il existait, au corps du sein municipal de cette époque, certaines tendances intellectuelles favorables à la bonne administration d'une ville.

Athenæum a peut-être bien un peu plus d'analogie phonique avec *Ainay* ; mais cependant il faut remarquer que dans le principe on écrivait *Esnay.* Je retrouve cette ancienne orthographe dans un acte de location du Jeu-

---

(1) Actes consul. BB. 233.

de-Paume d'*Esnay* du 10 mars 1555, et dans une autre charte du 2 septembre 1574. Ce n'est qu'en s'éloignant de l'origine que la manière actuelle d'écrire prédomine. La syllabe *es* a de la peine à se modifier; tantôt elle disparaît, ou bien elle est remplacée par *ai*, mais alors suivi d'une s. Ainsi, dans le plan du XVIᵉ siècle, reproduit par le P. Ménestrier, on lit *Aisnay*, et dans celui de Séraucourt de 1740, *Enay*; dans les antiquités sacrées et profanes du P. Colonia, 1701, *Aisnay*; dans l'abrégé historique de Nivon, 1731, *Aisnay* et *Ainay*. Le contrat de mariage de Clément Jayet, le sculpteur, avec Madeleine Derojat, du 27 septembre 1760, porte que la future demeure dans la rue de l'Arsenal, paroisse de Saint-Martin d'*Enay*. A mesure que l'on s'approche de notre époque, on voit l'orthographe actuelle s'emparer du terrain, et les anciens almanachs nous la montrent mélangée avec l'ancienne. La vieille manière d'écrire avait donc suscité des doutes dans l'esprit des étymologistes et l'on chercha une solution. *Esnay* ne pouvait pas provenir d'*Athenacus* ou d'*Athenœum*, et alors on s'adressa au grec. Bellièvre, dans son *Lugdunum priscum*, et Pernetti, dans ses *Lyonnais dignes de mémoire*, font dériver le vieux mot *Esnay* de ες et de νεὸς ou ναὸσ, *vers le temple*, et Artaud, dans son *Discours sur les médailles d'Auguste et de Tibère, au revers de l'autel de Lyon*, incline à partager l'opinion des susdits, qui auraient pu aussi relater le mot νεὼν, endroit où l'on retire les vaisseaux quand on les veut mettre à sec. En effet, l'île d'*Esnay* devait avoir des établissements nautiques. Dans l'almanach de 1755, il est question de « la célèbre abbaye des deux

« rivières, en latin *amnis et amnis*, et dans la suite *Aisnay*
« ou *Ainay*. » Enfin, par le même motif qui fait dériver
Ainay d'αθάναϳος, immortel, un auteur ecclésiastique propose αἰώνιος, éternel, en appliquant cette épithète au bonheur éternel dont jouissent les SS. martyrs.

Après les étymologies grecques et latines, les celtiques paraissent à leur tour sur la scène. M. A. Péan, dans un travail, rempli d'érudition, sur les *Origines du Lugdunum (Revue du Lyonn.*, 2ᵉ série, t. 31, p. 351), donne raison à Grégoire de Tours, en faisant remonter le mot *Athanacus* vers des époques antérieures à la civilisation grecque ou romaine : « En typographie gauloise, dit-il, *Athan*
« se trouve attribué, tantôt à des cours d'eau, tantôt à
« des localités présentant les mêmes conditions hydro-
« graphiques qu'*Athanacum : Athanus, Itanus,* l'Ain ;
« *Atan*, la partie de la vallée de l'Isle (département de
« Vaucluse), près de laquelle saint Irieix, *sanctus Aredius*, fonda le monastère qui donna naissance à la
« ville de ce nom. D'*Athanac Aisnay, Ainay,* comme *Ain*
« d'*Athanus*, enfin comme *Ainé* d'*Antenatus,* la dérivation
« est régulière, et d'autant plus certaine que, dès l'an
« 1000, *Aynnacus* apparaît concurremment avec *Atha-*
« *nus*, chez les manuscripteurs du moyen âge. »

A la suite de toutes ces étymologies, j'en proposerai une nouvelle, et ce sera le verbe grec εσνεω, en latin *enato, je nage dans, je suis plongé dans*. En effet, l'île d'*Esnay* était plongée au confluent des deux rivières, et ce serait peut-être bien elle que Strabon aurait désignée, en disant que le temple d'Auguste était situé ἐπὶ τῇ συμβολῇ τῶν ποταμῶν, *au confluent des deux rivières*. Plutarque donne à l'île du Tibre, à Rome, l'épithète de μεσοποταμια, *située au milieu du fleuve ;* et Ovide la qualifie ainsi : *Insula dividua quam premit amnis aqua.* « Cette île que le « fleuve resserre entre deux courants d'eau » (Fast., l. 298). Il me semble que ce mot εσνέω, par son analogie phonique, répond mieux que tous les autres à l'orthographe d'*Esnay*, primitivement employée. Quant aux origines grecques de notre ville, je renverrai aux travaux publiés par M. Jolibois, dans la *Revue du Lyonnais* (1re série, t. xxv, p. 487.— 2e série, t. ii, p. 136), et parmi les mots appropriés à notre localité, lesquels dérivent du grec, je me contenterai de citer l'appellation vulgaire de *gone*, dont la racine est bien évidemment Γόνος, *un petit enfant.*

Je suis loin de demander un brevet d'invention pour ma découverte, qui ajoutera peut-être un élément de plus à l'anarchie des interprétations. J'avoue qu'il n'y a pas de labyrinthe plus embrouillé que celui des étymologies, et je souhaite seulement que le hasard des incidents vienne apporter un appui à la solution proposée. Ces difficultés prouvent qu'en fait d'archéologie il ne faut pas trancher hardiment, et que le doute doit le plus souvent apporter son poids dans la balance des opinions diverses.

LA MAISON DE RETRAITES
ET LES JÉSUITES DE SAINT-JOSEPH
DE
LA RUE SAINTE-HÉLÈNE

I.

VANT que la démolition ait fait régner l'alignement et l'uniformité dans notre ville entière, il est bon de signaler à l'attention des contemporains les vieux bâtiments existant encore. Ce sont là des jalons qui rappellent les anciens souvenirs et réveillent instinctivement des désirs studieux. Cette tendance à connaître la destination antérieure de ces témoins du passé contrebalance un peu l'envahissement des idées utilitaires, en dirigeant les esprits vers les occupations intellectuelles ; elle réchauffe le patriotisme local et contribue beaucoup plus qu'on ne pense à la conservation de la morale sociale (1).

(1) Pour donner un appui à mon opinion, je ne saurais mieux faire que de recommander la lecture du discours prononcé par M. de Persigny au

Ainsi donc, promenant simplement mes lecteurs le long de la rue Sainte-Hélène, je leur ferai remarquer entre celles de Saint-Joseph et de la Charité, une maison qui n'est placée ni sur l'alignement, ni dans la direction de ladite rue, et qui sert aujourd'hui de caserne à la gendarmerie à pied. L'aspect étrange de cette construction appelle l'attention et dénote une destination en dehors des usages ordinaires. En effet, dans le siècle dernier, c'était une maison de retraites élevée et dirigée par l'influence des RR. PP. Jésuites de Saint-Joseph, qui possédaient un vaste établissement contigu dans la rue Sainte-Hélène avant leur expulsion de France, en 1762, et leur suppression par le pape Clément XIV, en 1773.

II.

L'ordre des Jésuites, fondé par saint Ignace de Loyola, en 1534, eut quelque peine à se faire reconnaître par la cour de Rome, et n'obtint une première bulle d'autorisation qu'en 1540, sous la condition que la société se composerait de 60 religieux seulement ; mais de nouvelles bulles de 1543 et 1549 supprimèrent cette restriction et lui donnèrent des privilèges qui contribuèrent à son prompt développement. A l'époque où le protestantisme commençait à se répandre dans toute l'Europe,

---

sein de la Société archéologique de la *Diana*, à Montbrison. L'orateur pense que le progrès ne consiste pas seulement à innover, mais encore à conserver ce qui est bien ; et dans l'amateur des vieux souvenirs on reconnaît l'homme véritablement attaché à son pays. (Voir les journaux des premiers jours de septembre 1866).

le général des Jésuites, à la sollicitation des évêques de France, envoya dans le royaume plusieurs membres de sa compagnie, au nombre desquels fut le P. Emond Auger (1), qui partit de Rome en 1559. Il prêcha et stationna dans quelques villes de France, et il se trouvait à Lyon, en 1562, au moment de l'occupation de cette ville par les protestants. Mis en prison, il courut le danger de perdre la vie, mais il put s'échapper. Il revint en juillet 1563, après la soumission des Calvinistes, et fut chargé par le gouverneur, maréchal de Vieilleville, du rétablissement du culte catholique ; ce qui lui donna, aussi bien que sa courageuse charité pendant la peste qui désola notre ville, une position importante.

Le principal du collége de *la Trinité* (le lycée actuel), Barthélemy Aneau, ayant été massacré par une troupe de fanatiques, le jour de la Fête-Dieu de l'année 1561, eut pour successeur André Martin, dont la mort laissa bientôt libre la place de principal, et mit le consulat dans l'embarras. Le P. Auger, profitant de cet état de choses, sollicita la direction du collége, et obtint, en 1565, d'en prendre provisoirement possession. Il appela auprès de lui plusieurs de ses collègues, afin de remplir les fonctions de professeurs, et les Jésuites se trouvèrent ainsi installés à Lyon ; mais l'acte, entre la ville et la compagnie, pour la remise du collége, ne fut légalement validé qu'en 1567.

La ville rentra dans tous ses droits lorsque les Jésuites

---

(1) Le véritable prénom du P. Auger est bien *Emond* et non pas *Edmond* ou *Ennemond*. M. Péricaud, dans sa notice sur ce jésuite célèbre, cite à l'appui une lettre autographe, signée *Emond*.

furent renvoyés de France, en 1594, à la suite de l'attentat de Jean Chatel (1) contre Henri IV. En 1597, un nommé Person, précédemment jésuite, devint principal du collége ; mais la cour, qui avait défendu à tous corps et communautés de recevoir aucun des prêtres ou écoliers de la société de Jésus, malgré leur renonciation aux vœux de profession, ordonna que Person serait amené à la Conciergerie, et qu'on remettrait la conduite du collége à un principal et à des régents n'ayant eu aucune relation avec les Jésuites. La ville fut donc forcée d'obéir, et par acte du 10 juillet 1597 elle installa, en qualité de directeur du collége, Antoine Pourcent, qui fut poursuivi par les mêmes accusations que son prédécesseur, Person. Il paraît effectivement qu'il avait débuté chez les Jésuites, sans avoir cependant jamais fait profession, et qu'il s'était retiré de la compagnie avant l'arrêt d'expulsion. Malgré sa défense, prise par le consulat, voulant se justifier auprès de qui de droit, il cède son poste, et son départ cause un vif plaisir aux échevins, qui déclarent que : « Depuis que ledit Pourcent est sorti, deux « cents écoliers sont allés à Tournon et Avignon, qui en « étaient revenus. Et puis qu'on fasse des défenses, tant « qu'on voudra, d'envoyer des enfants aux Jésuites ! »

Les religieux expulsés obtinrent de rentrer en France en 1603 ; et comme la ville de Lyon était un des lieux où l'édit leur permettait de reparaître, le consulat passa un nouveau traité avec eux, et ils rentrèrent en posses-

---

(1) Jean Chatel, âgé de 18 ans, avait été élève des Jésuites, et leurs adversaires invoquèrent cette circonstance pour obtenir un ordre d'expulsion.

sion du collége. On peut croire que l'autorité communale de Lyon ne partageait pas la haine du parlement contre les Jésuites, car, obligés de quitter notre ville, pour aller à Avignon, le consulat, désirant les aider dans leurs frais de voyage, leur avait accordé une gratification de cent écus. Aussi, lorsqu'ils eurent la permission de revenir, le P. Coton, conduisant avec lui plusieurs de ces religieux, les présenta lui-même à nos magistrats, et l'affaire du collége fut promptement terminée. (*Hist. de France* de Velly, Villaret et Garnier. XXIX, p. 693. — *Compte-rendu aux chambres assemblées*, par de l'Averdy. — *Notice sur E. Auger*, par Péricaud aîné. — *Dict. des Ord. relig.* — Gastine. *Droits de la ville à la propriété du collége.* — *Invent. des Arch. comm.* 1595-1603. — *Id. Corresp. politiques*, 1596-97).

III.

Si les Jésuites, devenus directeurs du Collége, étaient établis à Lyon, ils n'y possédaient cependant point de noviciat. Le 6 juillet 1592, Louis-François de Rhodes (1) donna par testament tout son bien pour bâtir une maison professe ; mais l'expulsion de 1594 ayant mis un arrêt momentané à ce projet, le nouvel établissement fut seulement approuvé, par des lettres patentes du 17 mars 1605, enregistrées à la sénéchaussée de Lyon, le 22 avril

(1) Un P. Georges de Rhodes, jésuite, a été recteur du Petit-Collége. Il mourut en 1661. (Tabl. hist. alm. de 1837). — Histoire de cinq Pères, de la compagnie de Jésus, qui ont souffert dans le Japon, par Alexandre de Rhodes. Paris, 1653, in-8º.

suivant, du consentement de la ville. C'est au P. de Canillac, qui se fit religieux en 1606, et qui voulut y employer une partie de son patrimoine, que l'on dut la réalisation du projet susdit. Le résultat fut la construction d'une maison de probation, c'est-à-dire destinée principalement aux exercices de la troisième année du noviciat, que ces pères sont obligés de faire avant la profession solennelle. Les Jésuites de la rue Sala conservent encore un portrait de leur ancien bienfaiteur, sur la toile duquel, en assez mauvais état, on lit cette inscription : *François de Montboissier de Canillac, recteur et principal bienfaicteur de la maison d probation de Saint-Joseph de la compagnie de Jésus, et fondateur de la mission de Constantinople.*

Il y eut cependant une opposition, de la part du consulat, aux lettres patentes du roi qui accordaient la permission de fonder un noviciat de l'ordre à Lyon, comme contraire au traité passé entre les religieux et les échevins, pour la direction du collége de *la Trinité*; mais le P. Claudius Aquaviva, général des Jésuites, ayant rectifié les clauses du contrat, le consulat révoqua son arrêté antérieur. *(Inv. des Arch. comm.,* 1605.)

Le nouvel établissement des Jésuites était situé à l'angle de la rue Sainte-Hélène et de la rue d'Auvergne, et s'étendait à l'orient jusqu'à la maison de retraites que je signale en commençant. La première de ces rues doit son nom à une ancienne recluserie (1), dont l'imprimeur

---

(1) Détails sur les recluseries :

Voir la *Description de Lyon*, par Cochard, t. 42. — *Lyon tel qu'il était*, par l'abbé Guillon, p. 22.

Roville acheta le bâtiment et les dépendances, dans le XVI° siècle. La seconde ne fut ouverte qu'en 1738, sur un terrain concédé par le cardinal de la Tour d'Auvergne, archevêque de Vienne et abbé d'Ainay.

Le long de cette dernière rue existait une congrégation de laïques sous la direction des Jésuites. Elle se réunissait d'abord dans une chapelle de l'intérieur de la maison ; mais, le 24 mai 1643, les congréganistes achetèrent de leurs directeurs un emplacement, moyennant 1,500 livres et une rente de 150, pour y construire un bâtiment, avec cette clause que, si les exercices venaient à cesser, les Jésuites ne pourraient rentrer en possession de ce bâtiment qu'en payant aux congréganistes l'achat du terrain et les frais de construction. A l'angle des rues d'Auvergne et de Sainte-Hélène, une chapelle affectée à cette congrégation avait été décorée de belles boiseries sculptées et en partie dorées. On y voyait plusieurs tableaux de Sarrabat, et celui du maître-autel, quoique d'une main inconnue, était remarquable. (Rapport de L'Averdy. — Alm. de 1750. — Cochard. *Descrip. de Lyon*. — Clapasson, id.).

L'église officielle des Jésuites, sous le vocable de Saint-Joseph, occupait l'emplacement actuel du prolongement de la rue Saint-Joseph, qui alors n'était ouverte que jusqu'à celle de Sainte-Hélène, comme on peut le voir sur le plan de Lyon de 1740. Cette église fut bâtie au moyen des libéralités de François Clapisson, président des trésoriers de France, et de Marguerite d'Ullins, son épouse, vers l'an 1620. Le roi Louis XIII, le cardinal de Richelieu, Horace et Jacques Cardon frères, contribuèrent par leurs dons à son accroissement et à son embellissement. Le tableau du grand autel était l'œuvre d'un élève de Mutien. On attribuait à Palme-le-Vieux un *ecce homo* placé à côté de la chapelle de Saint-François-Xavier, et dans celle de vis-à-vis se trouvait un tableau peint par François Leblanc. Le petit autel, dédié au cœur de Jésus, avait été construit sur les dessins de Ferdinand Delamonce. (Alm. de 1750.—*Descript. de Lyon*. 1741).

IV.

L'église de Saint-Joseph était contiguë au vaste bâtiment qui sert de motif à ce travail, et qui se compose de cinq étages, plus d'un rez-de-chaussée élevé, auquel on parvient au moyen de plusieurs marches. Son existence est due à des assemblées de citoyens, que les Jésuites recevaient chez eux pour y faire des retraites, et dont le nombre devint considérable en 1720. Pour obvier à un encombrement, qui ne permettait pas d'accueillir tous ceux qui se présentaient, il fut décidé que l'on construirait une maison, afin de remédier à cet inconvénient. Les hommes habitués à faire des retraites se cotisèrent, et l'argent fut déposé entre les mains d'un particulier, qui, sous la direction du P. de Broissia (1), en jeta les

---

(1) Dans les divers documents consultés par moi, je lis de Brossia ; mais le P. Prat, conservateur de la bibliothèque des Jésuites de la rue Sala, m'apprend que le véritable nom de ce religieux était de Broissia. Un de ses petits-neveux, le comte de Broissia, est aujourd'hui maire d'Arbois, département du Jura.

fondements. Elle fut élevée sur un terrain qui faisait partie d'un emplacement acquis, le 1er octobre 1637, de Claude Burlet, pour 4,500 livres, des deniers provenant d'un legs de 9,000 livres, fait par la dame Chassagne à l'établissement de Saint-Joseph. Ce terrain était considérable, puisqu'il put servir à la maison de retraites, au jardin qui en dépendait, et à celui des chevaliers de l'Arc, que les Jésuites avaient vendu à la ville moyennant une rente de 220 livres. Il est à présumer que le consulat profita des travaux de cette nouvelle construction pour élargir et rectifier la rue Sainte-Hélène ; car je lis dans le rapport de M. de L'Averdy, que les Jésuites possédaient *une rente foncière de* 200 *livres, sur la ville de Lyon, créée le* 17 *mai* 1722, *pour indemnité du reculement de la maison des retraites.*

Il paraît qu'en 1727, cette construction était loin d'être achevée, et comme on la réputait d'utilité publique, les intéressés s'adressèrent au consulat et lui demandèrent une subvention. Voici l'accord intervenu entre nos magistrats communaux et les PP. Jésuites : « Sur ce qui a
« été représenté au consulat par les sieurs Rolland, an-
« cien échevin, Quinson, Rousseau, Jouvencel, Birouste,
« Laplanche et Bouchage, tant en leur nom que des
« autres citoyens, associés pour l'établissement des re-
« traites dans cette ville, que depuis qu'elles ont été
« formées dans la maison professe des RR. PP. Jésuites,
« le nombre de ceux qui s'y sont engagés a tellement
« augmenté qu'on est obligé de renvoyer plusieurs per-
« sonnes, parce que la maison n'était pas assez spacieuse
« pour les contenir. Cet inconvénient donna lieu au

« dessein qui fut pris de proposer aux PP. Jésuites de
« consentir à la construction d'un bâtiment, sur leur sol,
« composé d'une chapelle et d'appartements, suffisants
« pour loger soixante personnes ; ce qui a été exécuté
« jusqu'à présent par la libéralité des citoyens les plus
« attachés à ce pieux établissement ; mais comme il
« reste encore à faire bien des dépenses, et qu'il est
« important d'en assurer l'usage à perpétuité aux exer-
« cices qu'on y pratique, les sieurs Roland, Quinson et
« autres, ci-dessus nommés, auraient humblement sup-
« plié les dits sieurs prévôt des marchands et échevins
« de vouloir bien contribuer à la dépense qu'il reste à
« faire, pour une entreprise qui coûtera plus de 60.000
« livres.

« Ces représentations leur ont donné lieu de s'assem-
« bler plusieurs fois avec le R. P. Paulin, recteur de la
« maison professe et le R. Père de Broissia, qui est
« chargé de la direction des retraites, et s'étant trans-
« portés dans le bâtiment qui y est destiné, il a été
« reconnu qu'il n'y manquait plus que les agencements
« et les commodités intérieurs, auxquels on travaille.
« Après quoi, étant entrés avec les dits PP. Jésuites et
« avec les personnes, ci-dessus nommées, on est con-
« venu de ce qui suit : »

1° Le P. Paulin et le P. de Broissia reconnaissent que le bâtiment élevé sur leur sol, pour des retraites spirituelles, a été construit par les libéralités des citoyens ; 2° ils s'engagent à ne pas le faire servir à d'autres usages ; 3° il sera fait un inventaire des meubles dont les RR. PP. prendront soin « sans qu'ils soient tenus du

« dépérissement, qui peut arriver par l'usage ou par les
« événements fortuits, » et cet inventaire sera fait tous
les trois ans ; 4° pour constater la propriété par les
citoyens, les comptes d'ouvriers et quittances seront
déposés dans l'année aux archives de l'hôtel de ville ;
5° le P. Paulin fera ratifier la présente convention par
le R. P. Charles Dubois, provincial des Jésuites de Lyon,
et sera tenu d'en rapporter la ratification dans trois mois ;
« et finalement lesdits sieurs prévôt des marchands et
« échevins, voulant contribuer de leur part à la perfec-
« tion d'une entreprise, dont ils connaissent l'utilité et
« la nécessité, ils ont donné et accordé la somme de
« 3,000 livres, pour le payement de laquelle il sera
« expédié un mandement consulaire, au profit dudit
« sieur Laplanche, trésorier, dont lesdits RR. PP. Jésuites
« et les sus-nommés ont très humblement remercié le
« consulat, dont a été fait le présent acte. » (*Arch.
commun.* BB. 291.)

Cette maison de retraites a cinq étages, dont chacun se
composait d'un long corridor, servant de communication
à de nombreuses cellules, où logeaient ceux qui venaient
s'y retirer. On y trouvait aussi une habitation pour les
femmes auxquelles était confié l'entretien de l'établissement lorsque des personnes du sexe s'y mettaient en
retraite. On y faisait régulièrement tous les ans, dans le
temps de Pâques, deux retraites de huit jours, et une
chaque mois d'un jour seulement. (Rapport de l'Averdy.
— *Descrip. de Lyon,* 1744.)

Il existait une grande différence entre la maison de
retraites et la congrégation, qui avait son centre chez les

Jésuites, dans la partie du bâtiment qui longeait la rue d'Auvergne. Les personnes qui fréquentaient la maison de retraites n'y venaient pas par suite d'une affiliation à une confrérie, mais simplement sous l'influence de leur volonté personnelle. La congrégation se composait de membres d'une société obéissant nécessairement à un règlement, et dont les intérêts religieux avaient été placés sous la direction des Jésuites. Les gens qui ne faisaient pas partie de la congrégation ne pouvaient être admis à ses exercices, tandis que chaque citoyen avait le droit de se faire recevoir dans la maison de retraites. La prévoyance des dévots constructeurs de la susdite maison ne tarda pas à être justifiée par les évènements. En effet, de grandes cérémonies religieuses, motivées par un jubilé et une mission, eurent lieu à Lyon, en 1734, et beaucoup d'âmes sentirent le besoin de revivifier leur dévotion dans les eaux pures de la retraite.

V.

Voici quelle fut l'occasion de ces pieuses cérémonies : Lorsque la Fête-Dieu coïncidait avec celle de la nativité de saint Jean-Baptiste, l'église de Lyon avait un jubilé. La fête de Pâques, en 1734, tombait au 18 avril ; mais comme ce devait être le jour de la pleine lune, dans lequel les Juifs célèbrent la pâque, et que les chrétiens ne pouvaient pas avoir l'air de judaïser, le pape Clément XII renvoya le jour de Pâques au dimanche suivant, 28 avril. Par suite de ce changement, les deux fêtes susdites se rencontrèrent le même jour Le premier jubilé eut lieu en 1451, le second en 1546, le troisième en 1666, le quatrième en 1734, et le cinquième se célèbrera en 1886. Deux autres églises, dans le monde chrétien, avaient le privilège d'un jubilé : celle du Puy, chaque fois que la fête de l'Annonciation se trouvait le Vendredi-Saint, et celle de Saint-Jacques-de-Compostelle, lorsque la fête de son patron tombait un dimanche. Le premier jubilé ne durait qu'un jour, et le second l'année entière, afin probablement de donner aux nombreux pèlerins le temps de le gagner.

Dans cette année 1734, le jour de la Passion se trouva donc le 23 avril, fête de saint Georges ; le jour de Pâques le 25 avril, fête de saint Marc, et la fête-Dieu le 24 juin, fête de saint Jean. Cette succession de dates donna naissance au quatrain suivant, qui doit nous paraître un peu naïf :

> Quand Georges Dieu crucifiera,
> Quand Marc le ressuscitera,
> Et lorsque Jean le portera,
> Grand jubilé dans Lyon sera.

(*Instruction sur le jubilé de l'église primatiale de Lyon.* 1734) (1).

Pour ajouter à la solennité du jubilé, l'autorité ecclésiastique décida l'ouverture d'une mission, qui fut annoncée par monseigneur de Rochebonne, archevêque de Lyon, dans un mandement du 15 mai 1734. On y remarque les paroles suivantes : « Souffrez, mes très-chers

(1) Cette instruction sur le jubilé est attribuée au P. Colonia, né à Aix, le 26 août 1660, mort à Lyon, le 12 septembre 1741.

« frères, que nous le disions dans toute l'amertume de
« notre cœur, que le désordre, le déréglement, le liber-
« tinage, ne sont que trop communs. Vous le savez et
« nous n'avons besoin d'autres témoins que de vous-
« mêmes. » Je ferai observer, en passant, que le bon
vieux temps, d'après le susdit mandement, ne valait pas
beaucoup plus que celui de notre époque de *progrès*, à
laquelle on pourrait également appliquer les mêmes
reproches.

Les Jésuites furent chargés de la prédication, et monseigneur l'archevêque appela de toutes parts les plus habiles orateurs de la compagnie ; il fit lui-même les frais de
cette mission, et donna une somme de six mille livres,
pour payer le voyage de ces religieux. On pensait que
la dépense du Chapitre pouvait s'élever de huit à neuf
mille livres. On désigna six églises pour les exercices : Sainte-Croix, Saint-Paul, Saint-Nizier, Saint-
Pierre-des-Terreaux, l'Hôpital et la Charité ; mais la
foule du peuple était si grande que l'on se trouva dans
l'obligation d'étendre ce privilége à toutes les paroisses
de la ville. Dans quelques-unes on fit une mission particulière pour les domestiques, laquais, cochers, cuisi-
niers et porteurs de chaise. Les femmes n'y étaient pas
admises.

Naturellement, au milieu de ces circonstances, la
maison de retraites joua un rôle important. Elle ne fut
pas oubliée par les Jésuites de Saint-Joseph, qui y donnèrent une retraite pour les hommes, et une autre pour
les jeunes gens, de huit jours chacune. Toute personne
qui y était admise donnait trois livres par jour. Les

retraites pour femmes se firent dans la maison voisine des Religieuses Pénitentes, et s'accomplissaient en un seul jour, dont la dépense était fixée à trente sous au moins.

VI.

Cette maison des Pénitentes, dans la rue Saint-Joseph, fut fondée en 1654 par le cardinal de Richelieu, archevêque de Lyon. On y recevait les filles de famille dont la conduite demandait une correction, et le plus grand nombre finissaient par se faire religieuses. La maison des recluses, — aujourd'hui prison militaire, — établie par les mêmes fondateurs, attenait à la précédente, et était destinée à la *réclusion* des femmes de mauvaise vie. La religion et la police avaient un égal intérêt au développement de cette œuvre. C'est en raison de cela, qu'en 1702 les échevins fournirent une somme de 1,500 livres aux directeurs, afin de contribuer aux frais d'aménagement, « pour recevoir, loger et renfermer pour tou- « jours les maquerelles, qui prostituent les jeunes filles, « et les coureuses qui infectent la jeunesse et les sol- « dats. » (Inv. des arch. comm. 1702.) La même chapelle desservait les deux communautés, dont le but avait beaucoup d'analogie ; elle était sous le vocable de Sainte-Marie-Magdeleine, et depuis elle est devenue la paroisse de Saint-François. La première de ces maisons avait été confiée aux religieuses de la Visitation de Sainte-Marie, et la seconde aux sœurs de la congrégation de Saint-Joseph.

A propos des *maquerelles* et des *coureuses*, que l'on emprisonnait aux recluses, je ferai les réflexions suivantes : Dans notre siècle de progrès, nous avons aussi des *coureuses* ; mais au lieu de courir à pied, elles dévorent l'espace au moyen de *paniers découverts*, qu'elles conduisent elles-mêmes, escortées d'un superbe laquais, chargé probablement de les défendre. Aujourd'hui tout est beau, même le scandale, et je ne sais pas si la police oserait arrêter ces magnifiques *coureuses*, qui proclament insolemment la prééminence de l'impudeur sur la modestie. Combien nous sommes supérieurs à la misérable époque où vivait la grisette, que l'on séduisait avec une simple cruche de bière ! Aujourd'hui, — mai 1866, — celui qui n'aura pas joué à la baisse sur les fonds italiens n'aura aucun succès auprès de ses belles et *chères* contemporaines ; ainsi donc, on doit avouer qu'un grand progrès s'accomplit dans la morale ; car bien petit est le nombre de ceux dont la bourse est assez remplie pour avoir accès chez ces dames, devenues les reines de la mode.

VII.

Pendant la mission, il se fit plusieurs processions d'hommes et de femmes. Beaucoup de celles-ci, par modestie, ne voulurent pas y paraître avec des *paniers*, espèce de *vertugadin* (1) qui servait à enfler les robes,

---

(1) Gros et large bourrelet que les dames portaient au-dessous de leur corps de robe. (Le grand Vocabulaire français, 1773.) L'archevêque

et dont la mode dura plusieurs années. Voilà vraiment du sublime ! et je doute que chez nous on trouvât des personnes du sexe capables d'une pareille abnégation. Une procession féminine risquerait d'être entièrement abandonnée si l'on imposait pour condition l'abandon de la crinoline.

Le jour de la Fête-Dieu, les comtes de Saint-Jean firent tirer un feu d'artifice sur la Saône, et le même soir il y eut, autour de l'église et du clocher, dans tout le cloître et sur les quais, une illumination qui produisit un effet merveilleux. La ville avait proposé aux comtes de Saint-Jean de payer la moitié des frais du feu d'artifice, à condition que les armes de la commune y figureraient à côté de celles du Chapitre ; mais cette demande fut refusée. C'était probablement un reste de rancune des anciens seigneurs de Lyon contre les bourgeois révoltés du XIIIe siècle.

On frappa une médaille commémorative, sur laquelle on voyait la sainte hostie dans un soleil placé sur un jubé. Autour du soleil on lisait ces paroles : *Ecclesiæ lugdunensis jubilæum seculare quartum*, et au-dessous : *Decanus et capitulum Ecclesiæ comites lugduni, anno* 1734 ; au revers, un saint Jean-Baptiste, avec cette légende à l'entour : *Prima sedes Galliarum*.

---

d'Arles, Jacques de Forbin-Janson, dans un mandement du 5 septembre 1732, appelait les paniers *opercula iniquitatis*. Je recommande un traité du P. Bridaine : *L'indignité et l'extravagance des paniers, pour les femmes sensées et chrétiennes*. C'est un factum d'une actualité saisissante, et ces enflures d'orgueil y sont doublement fustigées avec la plaisanterie et l'indignation. (*Hist. de la crinoline*. Albert de la Fizelière.)

D'après la demande de messieurs les comtes, la compagnie du guet fut distribuée à toutes les portes de leur église. Le prévôt des marchands, qui commandait en l'absence du gouverneur, le duc de Villeroy, établit plusieurs corps-de-garde bourgeois aux avenues de Saint-Jean : au Change, à la place Neuve, à Roanne et aux deux extrémités du pont de bois ; il publia aussi une ordonnance de police, excessivement détaillée, qui démontre que l'on s'attendait à une affluence extraordinaire de gens de la ville et du dehors. J'en rapporterai seulement un des articles, qui paraît singulier par la difficulté que l'on devait avoir d'en contrôler l'observation : « Pour éviter « le désordre et la confusion, nous défendons à toute « personne d'entrer plus d'une fois dans l'église de Saint-« Jean, depuis le mercredi jusqu'au samedi, ni de se « présenter aux portes de l'archevêché ou de Sainte-« Croix, pour entrer dans l'église primatiale, à peine de « huit jours de prison, attendu que les deux dernières « portes ne sont destinées que pour la sortie (1). »

Le 27 juin, une procession générale termina la mission : elle partit du Grand-Collége et arriva sur la place Bellecour, en passant le long du quai de la Saône. Un reposoir pour le Saint-Sacrement avait été élevé au bas de la maison de M. de Rivierieux, et il était garanti de la foule par une barrière, qui ne s'ouvrit que pour le clergé et les personnes qualifiées. On estima qu'il y avait eu 40,000 personnes sur la place. On prétendait que la ville

---

(1) On peu lir : les nombreux détails de cette ordonnance, dans la petite chronique lyonnaise, de M. Morel de Voleine (*Revue du Lyonnais*, 2ᵉ série, IV, 410.)

avait donné 500 écus, pour les frais de l'autel, de l'estrade et du reste de la charpente.

La procession de la Fête-Dieu fut renvoyée au dimanche suivant. Les pelletiers, qui, le jour de la saint Jean, avaient la coutume d'offrir un cierge pendant le graduel, ne purent se présenter à cause de la grande foule de peuple, et il fut décidé que cette année ils feraient leur offrande le jour de la décolation de saint Jean. (*Relation du jubilé de* 1734, par Pallieu, 1735. — Morel de Voleine. Petite chronique. *Revue du Lyonnais.* IV, 409. — Alm. de 1750. — Cochard. *Descrip. de Lyon* (1).

VIII.

Depuis leur institution, les Jésuites avaient de nombreux adversaires dans la magistrature, ainsi que dans plusieurs congrégations rivales, et l'orage qui grondait finit par éclater sur leurs têtes. Je n'entreprendrai pas l'histoire des causes de la suppression de l'ordre; car il faudrait pour cela un volume considérable. Je ferai seulement remarquer qu'un travail de ce genre n'a peut-être pas encore été fait d'une manière convenable, c'est-à-dire par une plume impartiale. Les amis ou les ennemis, également exagérés, manquent le but, et le plus

---

(1) Dans cette même année 1734, célèbre par ses actes religieux, on posa la première pierre du théâtre, construit sur les dessins de Soufflot, et qui a été démoli en 1827. (Tabl. chron. alm. 1831.)

souvent les lecteurs ne sont pas capables de se défendre contre l'esprit de parti des auteurs (1).

Je ne sortirai pas de Lyon, et je m'y reporte à l'année 1761, qui précéda celle de l'expulsion des Jésuites.

Le tribunal de la sénéchaussée descendit dans l'arène, à l'occasion d'une brochure intitulée : *Réponse aux objections publiées contre l'institut des Jésuites, avec une lettre de M. Condorcet, évêque de Lisieux, adressée à M. l'archevêque de Paris, et une de M. de Lodève à M. le chancelier.* Un réquisitoire fut prononcé par Me Jean-François Tolosan, avocat du roi, dans lequel il lançait une accusation sur les réponses faites dans la brochure aux quinze objections contre l'existence des Jésuites. Je dois avouer que ce réquisitoire, de 23 pages in-4°, est excessivement partial, et que dans les quinze réponses signalées par l'avocat du roi, il n'y a pas matière à une accusation raisonnable ; d'autant plus qu'il y règne un ton modeste, qui semble indiquer, de la part des défendeurs, la prévoyance de l'avenir. Un seul point pourrait motiver la poursuite : ce serait l'imputation de fausseté adressée aux lettres des évêques de Lisieux et de Lodève; mais si le fait eût été véritable, il est à présumer que ces prélats eussent réclamé eux-mêmes ; ce que le réquisitoire n'eût pas manqué de constater. Quoi qu'il en soit, le tribunal ordonne que *la brochure demeure supprimée, comme attentatoire à l'honneur et à l'autorité de la magistrature.* . . . .

---

(1) Feu Z. Collombete de Lyon, a publié une histoire critique et générale de la suppression des Jésuites au xiiie siècle.

« Fait à Lyon, en la chambre du conseil de la sénéchaussée,
« le 17 décembre 1761. Signé : Pupil (1), Pullignieu,
« Posuel de Verneaux, Dugas, Yon de J. Bona, Pupil
« de Myons, Berthelon de Brosse, Quatrefages de la
« Roquette, Bollioud, Coupier, Dumarest, Descombles
« Fourgon et de Maison-Forte. Collationné, Charrin,
greffier. »

Dans cette même année 1761, le parlement de Paris soumit aussi à l'examen de ses commissaires un assez grand nombre d'ouvrages publiés par les Jésuites, et j'en citerai seulement quelques-uns qui furent imprimés dans notre ville : un livre de Robert Person (2), autrement nommé André Philopater, Lyon, 1593 ; Jean Azor, *Insti-*

(1) Messire Barthélemy-Jean-Claude Pupil, chevalier seigneur de Myons, Corbas, la Tour en Jarest, Saint-Jean-de-Bonnefond et Saint-Christôt, fut reçu conseiller en la cour des Monnaies, sénéchaussée et siége présidial de Lyon, le 30 mars 1712 ; président en la cour des Monnaies, et lieutenant général en la sénéchaussée, le 29 avril 1722 ; premier président de la cour des Monnaies, le 27 mars 1726, et commissaire du conseil dans l'hôtel de la Monnaie, par arrêts du conseil des 14 mai 1726 et 8 octobre 1748. Il a exercé toutes ces charges jusqu'au 15 avril 1764.

Je donne cette biographie succincte du président du tribunal qui condamna la susdite brochure, par la raison que c'était un magistrat jouissant d'une grande considération parmi ses contemporains. Lorsqu'il prit sa retraite, pour céder la succession de sa charge à son fils, il y eut, le 2 mai 1764, une séance de la cour des Monnaies, dans laquelle fut prononcé un certain nombre de discours en l'honneur des démissionnaires. Un procès-verbal, accompagné des discours susdits fut imprimé par les soins des syndics de la corporation des procureurs de Lyon. — Chez J. I. Barbier. 1764, in-4°. 48 pp.

(2) L'arrêt du parlement ne donne pas le titre du livre. Ce Robert Person serait-il celui dont j'ai parlé plus haut, qui fut nommé principal du collége et ensuite conduit à Paris, pour y être emprisonné ?

tutions morales, Lyon, 1607 ; Jean Lorin, *Commentaires des psaumes*, Lyon, 1617 ; Antoine Escobard, *Théologie morale*, Lyon, 1659. Le parlement n'y allait pas de main morte, car un de ses arrêts du 29 janvier 1768 condamne à être lacérée et brûlée, au pied du grand escalier du palais, par l'exécuteur des hautes œuvres, une *Histoire impartiale des Jésuites* (1). Le *vœ victis* poursuivra toujours ceux qui ont le malheur d'être les plus faibles, et celui qui écrit l'histoire doit résister au préjugé privé de la réflexion. Un fait qui frappe l'observateur impartial, c'est que très-souvent les partis victorieux pratiquent avec exagération les abus dont ils ont fait un crime aux vaincus, et tel qui aura prêché la liberté votera ensuite des lois contre les suspects.

IX.

L'impartialité dont je fais profession m'oblige à dire que les Jésuites, lorsqu'ils étaient tout-puissants, lorsqu'ils confessaient le *grand roi* Louis XIV, n'avaient pas empêché la révocation de l'édit de Nantes et les persé-

(1) Je ne saurais dire si cette *Histoire impartiale des Jésuites* serait la même qu'une brochure de 69 pp. petit format, intitulée : *Tout le monde a tort, ou jugement impartial d'une dame philosophe sur l'affaire présente des Jésuites en France*. 1762. Cet opuscule est une apologie des Jésuites, sous forme légère. On y trouve des traits, qui ne manquent pas d'à propos, contre les détracteurs à outrance des susdits religieux. L'auteur, prétendu féminin, cite en terminant un arrêt du parlement de Rouen, du 27 mars 1762, où l'on trouve le passage suivant : *La Société dans dix ans était capable de donner des lois à toute la terre, et elle semble préparer des fers au monde*. Cette exagération prêtait naturellement à la plaisanterie.

cutions qui en furent les suites naturelles ; mais les protestants ne furent pas les seuls à souffrir de l'intolérance : la qualification de janséniste fut appliquée à tout ce qui n'était pas jésuite, de même que de notre temps, nous avons entendu l'épithète de jésuite donnée à tout homme qui manifestait le moindre sentiment religieux. La prévoyance indiquait naturellement, comme devant succéder à la corporation menacée, deux congrégations ses rivales : les prêtres de l'Oratoire et les missionnaires de Saint-Joseph. Il fallait donc les écraser, et on les accusa de jansénisme. L'affaire même alla si loin, que l'archevêque de Lyon, monseigneur de Montazet, dans une lettre pastorale, datée de Paris 30 juin 1763, fit l'apologie des principes de la congrégation de l'Oratoire (*Tabl. chron.*, alm. de 1832). Ces accusations de jansénisme n'étaient pas nouvelles, car voici le titre de quelques anciens pamphlets publiés contre les missionnaires de Saint-Joseph :

1° Parallèle des erreurs enseignées par les missionnaires de Saint-Joseph de Lyon, surnommés Crétinistes (1), avec celles de Baius, Jansénius, Quesnel et autres, condamnées par l'Eglise. — Sans nom de ville, 1722, in-12.

2° Lettre instructive adressée à MM. les missionnaires de Saint-Joseph de Lyon, sur leur attachement aux erreurs du temps. — Sans nom de ville, 1723, in-12.

3° Maximes des missionnaires de Saint-Joseph de

(1) Les missionnaires de Saint-Joseph, dits crétinistes, furent d'abord assemblés par Jacques Crétenet, chirurgien de Lyon, pour faire des missions dans les campagnes.

Lyon, conformes à celles des anciens et nouveaux hérétiques, par l'abbé de Saint-Pierre. — Avignon, 1724.

Les accusations de jansénisme se sont reproduites récemment encore, à l'occasion des déplorables discussions soulevées par les tentatives de destruction de l'antique liturgie lyonnaise ; mais ces ridicules imputations ont suscité l'improbation générale du clergé de notre ville, lequel n'a pas cessé de donner des preuves de dévouement au Saint-Siége. Il faut espérer que nous ne verrons pas se renouveler des querelles, qui paraissent assoupies, car il est bon de rappeler que les *ultra* ont toujours perdu les partis qu'ils avaient la prétention de défendre.

X.

La guerre déclarée aux Jésuites se termina par un arrêt du parlement, du 6 août 1762, qui prononça la dissolution de l'ordre en France, et le consulat de Lyon fit aussitôt comparaître les PP. Dejame, de Vertrieux et Cochard, pour leur signifier l'arrêt en question. Les Jésuites quittèrent notre ville le 24 décembre suivant et se réfugièrent à Avignon. Leur remplacement, pour la tenue du Grand et du Petit-Collége, avait déjà présenté d'assez nombreuses difficultés ; car il fallait trouver des professeurs capables et dévoués. Les deux établissements furent d'abord livrés à des maîtres laïques, ainsi qu'on peut s'en assurer en consultant l'almanach de 1763, qui donne les noms et les adresses du préfet, Antoine Nivo-

let, et des autres professeurs (1). Mais les nouveaux venus rencontrèrent une certaine opposition : la sénéchaussée supprima plusieurs brochures, relatives aux nouveaux colléges, et une petite sédition motiva une *plainte du procureur du roi à M. le lieutenant-criminel,* en date du 2 avril 1762 : « Un grand tumulte a eu
« lieu dans plusieurs classes du Grand-Collége, no-
« tamment dans la classe de rhétorique, dans lequel
« des jeunes gens qui n'étaient point écoliers ont été
« compromis; il y a eu des pierres lancées contre le
« préfet et les nouveaux régents qui ont été mis en
« possession, le jour d'hier, ainsi que contre les fenêtres
« des classes. » Ces divers faits sembleraient prouver que, dans un certain nombre de familles, on voyait avec peine l'éloignement des Jésuites. (Tabl. chron., alm. 1832. — Morel de Voleine. Chron. lyonn. *Revue du Lyonn.* IV, 423. 2ᵉ série).

En présence de ces difficultés, le consulat, par sa délibération du 1ᵉʳ octobre 1762, s'adressa aux Pères de l'Oratoire, qui prirent possession du Grand-Collége le 4 juillet 1763. Il passa aussi un accord avec les missionnaires de Saint-Joseph, pour la tenue du Petit-Collége; mais il ne paraît pas qu'il y fût donné suite (2); ce que

(1) Pour de plus nombreux détails, on peut consulter l'inventaire des archives communales, par M. Rolle, année 1762, p. 222. Qu'il me soit permis de rendre hommage à l'infatigable rédacteur de cet inventaire, qui constitue une mine excessivement variée. Le collége de la Trinité en particulier fournit une multitude de documents très-importants.

(2) Si l'on consulte les almanachs de Lyon postérieurs à cette délibération consulaire, on voit que le personnel du Petit-Collége se compose d'ecclésiastiques séculiers et de laïques.

l'on pourrait attribuer à certains doutes sur la capacité des prêtres missionnaires. On trouve, en effet, dans le compte-rendu de M. de L'Averdy le passage suivant :

« La congrégation de Saint-Joseph a sept maisons : tout
« son but est l'instruction des jeunes gens de la cam-
« pagne, et elle n'a établi de petits colléges, ou pen-
« sionnats, que dans la vue d'y former des sujets propres
« à recruter la congrégation, ayant toujours négligé la
« littérature, la philosophie et les mathématiques. »

La remise du Grand-Collège aux Oratoriens ne se fit pas sans opposition, et l'on peut à ce sujet consulter une brochure (70 pp. petit format), imprimée en 1763, et dont le titre seul démontre l'importance :

« Représentations de la Cour des monnaies, Séné-
« chaussée et Présidial de Lyon, présentées à M. le
« chancelier, et envoyées au parlement, au sujet des
« lettres patentes du 29 avril 1763, qui confient le
« Grand-Collège à la congrégation de l'Oratoire. »

« Délibérations de divers corps de cette ville, dont
« la sénéchaussée avait demandé l'avis sur ces lettres
« patentes. »

On lit à la page 11 de ces représentations : « L'extrême
« ambition des prêtres de l'Oratoire engage le consulat
« à excéder ses pouvoirs, en cédant à perpétuité ce qui
« ne lui est pas encore définitivement adjugé. Si l'on
« décidait de ce qu'on doit attendre de cette congréga-
« tion, par les entreprises du supérieur de la maison de
« Lyon, à peine élevée sur les dépouilles de ses ennemis,
« les citoyens de cette ville en auraient plus à craindre
« que de la société à laquelle l'Oratoire succède. »

P. 37 : « De toutes ces réflexions il résulte que, dans
« la réforme que la cour a jugée nécessaire sur l'admi-
« nistration des colléges, le plan le plus opposé à ses
« premières vues était de remplacer en partie une com-
« munauté par une autre. »

Ces représentations s'appuient sur les délibérations des chapitres de Saint-Just, de Saint-Paul, de Fourvière, de Saint Nizier, d'Ainay, et sur celles du bureau des finances de la généralité de Lyon, et du collége des médecins. La brochure se termine par un *résumé* des raisons qui doivent empêcher de confier l'enseignement à des congrégations religieuses, auxquelles on reproche l'amour de la routine et l'ignorance des choses du monde (1); car, est-il dit, la science et la pratique des usages sociaux sont nécessaires pour mener à bien l'éducation de la jeunesse (18 mai 1863). Ces conseils n'eurent pas d'effet, et les Oratoriens restèrent chargés de la direction du Grand-Collége jusqu'au moment de la Révolution. Dans les almanachs de Lyon de 1789-92, je rencontre le nom du P. Mollet, chargé de l'enseignement de la physique, et qui, rendu plus tard à la vie laïque, a professé la même science au palais Saint-Pierre. Je me souviens d'avoir suivi ses leçons, et il eut pour successeur, vers 1824, M. Tabareau, qui devint ensuite professeur et doyen de notre Faculté des sciences, et est décédé au mois d'août 1866. (Alm. de 1763. — Gastine. Propriété du collége. — Tabl. chron., alm. 1832. — Morel de Voleine. Petite chronique, *Revue du Lyonn.* IV, 423, 2ᵉ série).

---

(1) D'après ce que j'entends raconter, cette ignorance des choses du monde n'existe plus dans certains établissements, tenus par de peu sévères

XI.

Le drame des Jésuites s'était terminé par leur suppression totale, en vertu d'une bulle du pape Clément XIV, du 21 juillet 1773 (1). Plusieurs établissements, parmi le grand nombre confié à leur direction, durent momentanément souffrir de leur absence, et la maison de retraites n'échappa probablement pas à cet inconvénient passager. Mais un arrêt du parlement, du 13 août 1762, mit à la charge des curés *les maisons et établissements* des Jésuites, et leur enjoignit de veiller *à tout ce qui concerne la décence des vases sacrés, et des chapelles intérieures et extérieures, le tout par provision, et jusqu'autrement il y ait été pourvu.* Il est donc à présumer que le clergé de la paroisse d'Ainay (2), sur laquelle étaient établis les Jésuites, se chargea des exercices religieux de la maison de retraites.

religieux, et les jeunes gens en sortent bien préparés à leur entrée dans les salons élégants.

(1) Cette bulle, imprimée à Lyon sur deux colonnes, texte latin en regard, se vendait chez Vᵉ Reguillat, libraire, place Louis-le-Grand, 1773. Elle a été imprimée — texte français seulement, en 1845, chez Marle aîné, rue Saint-Dominique. Cette édition est accompagnée du fac-similé d'une médaille très-rare commémorative de la suppression des Jésuites par Clément XIV.

(2) On lit dans l'almanach de 1755 : « La paroisse d'Ainay a une église
« succursale, sous le vocable du Saint-Esprit, à côté de la porte du pont
« du Rhône. Il y a sur cette paroisse l'hôpital de la Charité, le couvent des
« dames de la Visitation de Sainte-Marie, celui des dames de Sainte-Claire,
« les PP. Jésuites de Saint-Joseph, le couvent des filles pénitentes et la
« maison des Recluses, la chapelle des pénitents de Saints-Charles. »

Quoi qu'il en soit, la pratique s'en conserva postérieurement à la suppression des Jésuites. M. Perret de La Menue, architecte, dont la famille a possédé l'hôtel attenant à la maison de retraites, a recueilli dans ses traditions de parenté, des souvenirs « de la coutume
« qu'avaient beaucoup d'hommes de la bonne société
« lyonnaise, avant la Révolution, de se retirer, pendant
« quelques jours, loin des affaires et des plaisirs, pour
« se livrer à la prière et à la contemplation. Le plus or-
« dinairement cette retraite était de huit jours, et se
« terminait par la communion. Pendant sa durée, on
« n'avait aucune communication avec les personnes du
« dehors, et l'on recevait seulement celles qui aux heures
« des repas apportaient les aliments dont on pouvait
« avoir besoin ; le seul signe religieux conservé à ce
« bâtiment se voyait sur la porte d'entrée, et a existé
« jusqu'au jour où il a été transformé en caserne de
« gendarmerie à pied. On voyait sur les deux panneaux
« de cette porte, remplacés par des grilles, l'image de la
« sainte Vierge et celle de N. S. Jésus-Christ. Ces deux
« figures de profil, sculptées sur bois, étaient d'une exé-
« cution médiocre. » Il est bien étonnant que ces souvenirs de la destination religieuse de ce bâtiment n'aient pas disparu sous le marteau des vandales de 93, qui trouvaient un si grand plaisir dans la destruction de tout ce qui pouvait rappeler la mémoire du passé. Il paraît que le propriétaire a fait en dernier lieu enlever ces deux médaillons, pour en assurer la conservation.

XII.

Dans le siècle dernier, une grande partie du terrain de la paroisse d'Ainay était occupée par des couvents et des établissements publics. Cette partie de la ville se terminait au sud par des remparts, dont on peut reconnaître la direction, en suivant la rue des *Remparts d'Ainay*, — qui pourtant, du côté du Rhône, s'infléchissait vers le nord, — la place *Henri IV* et la rue *Bourgelat*; et même au bout de cette dernière, près de la Saône, on remarque des traces probables de la porte qui donnait entrée dans la ville (1). Deux seules rues aboutissaient directement de la place *Bellecour* aux remparts : celles de la *Charité* et *Vaubecourt*. Ainsi que je l'ai dit, la rue Saint-Joseph se terminait à l'église des Jésuites sous le vocable de Saint-Joseph, à laquelle elle avait emprunté un nouveau nom ; car antérieurement elle s'appelait rue Saint-Jacques. La circulation et le commerce devaient se trouver absolument nuls dans ce quartier, et il n'est pas sans intérêt de rechercher quelle valeur pouvait y avoir le terrain.

A l'occasion du renvoi des Jésuites de Lyon, M. de

---

(1) Voici ce que je lis, dans le t. 2ᵉ, p. 40, des *Tablettes historiques*, 1823 : « En 1621, on donna aux remparts d'Ainay une forme plus régu-« lière, et ce fut à cette époque qu'on éleva le portail d'Ainay, dit d'Ha-« lincourt, qui se trouvait près de la tête orientale du pont actuel d'Ainay, « et dont il existe encore quelques vestiges. » Sur le plan de 1740, cette entrée de ville se nomme *porte d'Ainay*, et celle d'*Alincourt* (sic) est sur le quai de Serin.

L'Averdy fit, le 8 mars 1763, aux chambres assemblées du parlement, un compte-rendu sur les biens que ces religieux possédaient dans notre ville et les environs. Il s'agissait d'en distraire les diverses propriétés des colléges et de constater ceux de la maison de retraites et des congréganistes. L'emplacement de la maison et du jardin des Jésuites, qui contenait 86,000 pieds carrés, est estimé 150,000 livres. Il est à présumer que, ce rapport étant fait pour être lu à Paris, il est ici question du pied de roi, égal à $0^m,325$; on aurait par conséquent une surface de 9,137 mètres carrés, ce qui donnerait au mètre carré une valeur de 16 livres 8 sous. — La livre tournois, ancienne monnaie de compte, d'après la loi du 7 germinal an XI, équivaut à 0 f. 99 cent. (*Ann. des longitudes.*)

La Révolution vint donner le dernier coup aux établissements religieux, et les vastes terrains de ce quartier ne pouvant rester improductifs, s'ouvrirent bientôt à une circulation plus commode et plus active. La rue Saint-Joseph fut continuée sur l'emplacement de l'église de ce nom, laquelle attenait à la maison de retraites et lui servait probablement de chapelle. Je ne saurais préciser la date de cette ouverture, mais les maisons à l'angle sud-ouest des rues Saint-Joseph et Sainte-Hélène me semblent par leur style être antérieures au siècle présent, et peut-être même ne sont-elles qu'une modification des constructions qui ont fait partie de l'établissement des Jésuites. Dans le *Lyon tel qu'il était*, par A. G., 1797, on lit ces mots à propos de la rue Saint-Joseph : « Elle porte le nom d'une ancienne

« église à laquelle elle aboutissait. » Ces expressions indiquent la disparition de l'église avant l'année 1797.

Lorsqu'une rue présentait une grande longueur, il était d'usage de la partager en tronçons, dans le but d'indiquer plus facilement la position des maisons. Ainsi quand la rue Saint-Joseph fut prolongée jusqu'aux remparts d'Ainay, l'espace parcouru depuis la rue Sala reçut le nom de rue *de Pusy*. Il y avait peut-être bien quelque chose de bon dans cette division, cependant une rue dont toutes les parties, dans le même alignement, ne sont pas séparées par quelque différence bien accentuée ne me semble pas réclamer diverses dénominations ; car souvent on ne se rend pas compte où commence tel ou tel tronçon, et l'on risque de commettre des erreurs. L'administration actuelle a aboli cet état de choses, et je crois qu'elle a eu raison ; mais cette réaction est allée trop loin. Ainsi, par exemple, les deux parties de la rue Impériale, séparées par la place, non-seulement ne sont plus dans la même direction, mais encore sont fortement différenciées par un vaste espace. C'est pour cela qu'en parlant du parcours de la place Bellecour à la place Impériale, on ajoute ordinairement ces mots : *l'ancienne rue Belle-Cordière*. Il eût été d'autant plus convenable de lui laisser cette étiquette, que la rue Bourg-Chanin, à laquelle ce nom a été adapté, n'a jamais servi de demeure à la célèbre Louise Labé, dite la Belle-Cordière. Il serait à désirer que les conseils municipaux recélassent dans leur sein, outre de simples hommes d'affaires, quelques membres au courant de l'histoire locale ; on éviterait ainsi certaines bévues très-regrettables.

XIII.

La maison de retraites, vendue probablement comme propriété nationale, se trouva donc placée à l'angle de la rue Sainte-Hélène et de la rue de *Pusy*. Cette dernière reçut ce nom afin de perpétuer le souvenir d'un administrateur du département du Rhône. Jean-Xavier Bureaux de Pusy, naquit le 7 juillet 1750, d'une famille noble, à Port-sur-Saône, dans le département de la Haute-Saône. Il parvint au grade de capitaine du génie, et quand les états-généraux furent convoqués, en 1789, il fut nommé député à l'Assemblée constituante, qu'il présida plusieurs fois. Lorsque cette assemblée eut terminé ses travaux, il reprit la carrière militaire, et reçut la croix de chevalier de Saint-Louis, le 1er janvier 1792.

Le désordre et la tyrannie révolutionnaires le forcèrent bientôt à s'expatrier, en compagnie du général Latour-Maubourg et d'une foule d'officiers distingués. Arrêté à la frontière par les avant-postes ennemis, il fut traîné de prison en prison, et enfin conduit à Olmutz, sur le territoire autrichien, soumis à un secret rigoureux, et retenu pendant quarante-neuf mois dans une affreuse captivité. Grâce aux victoires du général Bonaparte, les portes de la prison d'Olmutz s'ouvrirent en septembre 1707, et Bureaux de Pusy passa en Amérique, où il proposa un projet de fortifications de New-Yorck.

Bonaparte s'étant emparé du pouvoir, Bureaux de

Pusy revint en France, et fut appelé à la préfecture de l'Allier, en l'an X, et de là il passa à celle du Rhône, en l'an XI. Ce choix fut d'autant mieux approuvé à Lyon, que le nouveau préfet avait épousé la fille d'un de ses plus illustres citoyens, le célèbre Poivre (1). Il s'agissait de relever la ville de ses ruines matérielles et morales, et la tâche était des plus difficiles. Il rêvait une multitude d'améliorations, telles que la substitution d'un pavé en lave du Vésuve (2), à celui en cailloux roulés du Rhône, dont nous sommes en partie débarrassés. Il voulait aussi élever l'eau du Rhône jusqu'au sommet du plateau de la Croix-Rousse, à l'aide d'un bélier hydraulique, mais ces projets furent abandonnés par le déplacement de ce sage administrateur, que le gouvernement envoya à Gênes, où il mourut le 2 février 1806, à l'âge de 56 ans.

(1) Pierre Poivre, de Lyon, né en 1719, mort en 1786. La France lui doit l'introduction dans ses colonies de la culture des épiceries fines, qui était la propriété exclusive des Hollandais. Son administration de l'Ile-de-France fut tellement distinguée que cette colonie voulut tenir sur les fonds de baptême une de ses filles, Mme de Susy, et lui donna pour prénom Ile-de-France. (Cochard. *Guide du Voyag.*)

(2) Ce projet de pavage en lave du Vésuve me semble une utopie. D'abord l'éloignement du gîte aurait rendu le prix de revient excessivement cher. En second lieu, la lave proprement dite donne un très-mauvais résultat; mais je pense que l'on confond la lave avec le basalte. La lave se compose d'une matière très-poreuse, renfermant dans son sein des noyaux siliceux. La matière poreuse s'use plus facilement, mais les noyaux siliceux résistant et présentant des aspérités, il en résulte pour les pieds des passants une sensation très-désagréable. Le basalte, qui n'est autre qu'une lave compacte, fournit un meilleur pavage; cependant il a le défaut de devenir très-glissant. Les trottoirs des rues de Rome sont en lave et les pavés en basalte, et l'on peut, par leur inspection, se rendre compte des inconvénients que je signale.

Ce ne fut que quelques années après son départ que son nom fut donné au prolongement de la rue Saint-Joseph. En effet, le conseil municipal, dans sa séance du 14 mai 1806, exprimait le vœu que, dans le quartier des Capucins, en construction au nord de la place des Terreaux, une des rues nouvelles portât le nom de Pusy. (Eloge de Bureaux de Pusy, par J. Guerre, lu à l'Académie de Lyon, dans sa séance du 21 juillet 1807.) Ce désir de nos municipaux ne fut pas entièrement mis en oubli. En effet, au milieu de la petite place Forez, de forme circulaire, qui divise en deux parties la rue des Capucins, on éleva une fontaine sur laquelle on grava l'inscription suivante : *Le maire de Lyon a consacré ce monument à la mémoire de X. Bureaux de Pusy, troisième préfet du Rhône.* 1808.

L'*Echo de Fourvière* du 3 février 1866 (p. 40), contient la note suivante, relative à la susdite fontaine : « Le
« monument élevé en 1808 par M. Fay de Sathonay,
« maire de Lyon, en l'honneur de M. Bureaux de Pusy,
« ancien préfet du Rhône, fut établi place Forez, au
« centre des rues Saint-Polycarpe, Rozier et des Capu-
« cins. Ce monument se composait d'une fontaine à deux
« vasques, adossées au piédestal d'une colonne sur-
« montée d'une aigle aux ailes ouvertes. En 1814, l'ai-
« gle fut enlevée; la circulation devenant très-active
« dans ce nouveau quartier, la fontaine fut transportée,
« en 1816, à la place Croix-Pâquet, sur la terrasse du
« Grand-Séminaire. C'est alors seulement que la croix
« surmontant la colonne y fut placée, par les soins de

« M. Borély, curé de Saint-Polycarpe ; la pose et la bé-
« nédiction de cette croix furent faites avec une grande
« solennité, quelques mois seulement avant la mort de
« ce vénérable écclésiastique, qui eut lieu le 18 décem-
« bre de la même année. » S. F.

Plus tard, la rue de *Pusy* fut suivie de la rue de *Sarron*, qui s'étendit jusqu'à la place *Louis XVIII*, aujourd'hui *Napoléon*. La voirie a fait disparaître ces diverses dénominations, et la rue *Saint-Joseph* remplace les trois tronçons. Une histoire détaillée de l'ancienne paroisse d'Ainay serait des plus intéressantes et nous montrerait la transformation des nombreux établissements de ce quartier.

La maison des Jésuites de Saint-Joseph fut convertie en prison. Des lettres-patentes du roi, du 5 mars 1767, reconnaissant la nécessité de la reconstruction des prisons de Roanne, il fallut songer au transport des prisonniers dans un autre local. Alors des lettres-patentes, du 5 avril 1772, ordonnèrent de réparer les prisons de Saint-Joseph, et d'autres lettres, du 14 juillet 1773, prescrivirent d'y transférer provisoirement les détenus de Roanne (Voir ma notice sur l'architecte Bugniet, *Revue du Lyonnais*, 2ᵉ série, tome XXVII, p. 23). Le 9 septembre 1792, la populace ayant envahi le château de Pierre-Scise, y massacra plusieurs officiers du régiment *Royal-Pologne*, et de là se porta dans les prisons de Roanne et de Saint-Joseph, où plusieurs assassinats eurent lieu. Plus tard, après le 9 thermidor, les passions réactionnaires ensanglantèrent de nouveau les prisons de la ville, parmi lesquelles se trouva celle de Saint-Joseph

(A. Guillon, *Histoire de la Révolution à Lyon*). Cette maison de détention subsista jusque vers 1832, où le transport de ce pénitentiaire à Perrache permit d'ouvrir la rue de Bourbon, de la rue Sainte-Hélène à celle de Jarente.

Les Jésuites, chassés de France en 1762, supprimés par Clément XIV en 1773, et rétablis par Pie VII en 1814, revinrent à Lyon vers 1832, et dans leur local de la rue *Sala* ils ont établi une magnifique bibliothèque. Je ne saurais trop louer la complaisance du R. P. Prat, conservateur de cette collection, ouverte aux chercheurs de documents. La rue *Sainte-Hélène* offrira bientôt un nouvel asile à ses anciens habitants, qui y font bâtir un vaste établissement, au centre duquel s'élèvera une église.

Quant à la maison de retraites, elle a perdu, sans aucun espoir de résurrection, son ancienne destination, et depuis le 24 juin 1861, elle a été prise en location pour servir de caserne à la gendarmerie à pied.

LA MAISON DE RETRAITES

ET LES JÉSUITES DE SAINT-JOSEPH

POST-SCRIPTUM.

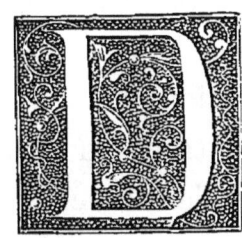EPUIS que ma notice sur *la maison de retraites et les Jésuites de Saint-Joseph* a été publiée par la *Revue du Lyonnais,* j'ai reçu divers documents d'un amateur des souvenirs du vieux Lyon, M. Sarsay, auquel j'adresse des remercîments.

La chapelle de la Congrégation des hommes, à l'angle des rues Sainte-Hélène et d'Auvergne, avait sur la première un portail dont on a tiré parti pour la porte d'allée d'une maison n° 24, dans la rue Sainte-Hélène, à l'angle de la rue de Bourbon. Cette porte, de forme carrée, est entourée d'un chambranle en pierre, qui encadrait également une tablette de petite dimension, en marbre noir, placée au-dessus, et sur laquelle on lisait l'inscription suivante, dédiée aux saints époux, Marie et Joseph : *Sanctissimis sponsis Mariæ et Josepho parthenii sodales.* 1620. Cette épithète de *parthenii*, donnée aux confrères, *sodales*, vient du mot grec παρθένειος, virginal ; cependant je ne pense pas que la Congrégation se composât seulement de célibataires, et il est à présumer qu'il s'agissait plutôt du culte de la Vierge.

Il est fâcheux que ces petits monuments ne soient pas toujours conservés ; car ce sont des médailles souvent fort utiles pour élucider certains détails historiques et bien préciser les dates. A la page 40, dans ma note, j'ai cité un passage, — Tablettes historiques, 1823, — dans lequel on porte à l'année 1621 la réfection d'une partie des remparts et la construction de la porte d'Ainay, dont il existait encore des vestiges en 1823. On doit lire 1611 et non 1621, et comme l'inscription qui décorait cette porte existe encore au palais Saint-Pierre, sous le numéro 278, en face de l'entrée de la salle de l'ancienne Bourse, il n'y a pas de discussion possible. Voici le texte de cette inscription, que l'on trouvera peut-être légèrement emphatique, et de peu facile traduction :

Qua Rhodano fert dives Arar, qua dividit orbi
Alter opes, nova quæ facies assurgat Athenæ
Annibal ausoniæque acies et templa loquuntur,
Sub fidi Francorum oculo custode leonis.

Ludovico XIII regnante. Maria de Medicis regente. Carolo de Neuville, D. d'Halincourt, prorege meritissimo. Balt. de Villars, D. de Laval, mercat. præf. ill^{mo}. Alex. Bollioud. — Hor. Cardon. — Cl. Pellot. — Ant. de Pure, Coss. Anno CIƆ.DCXI.

« Là où la Saône opulente apporte ses richesses au Rhône, et où celui-ci les distribue à l'univers, les souvenirs d'Annibal, ceux des armées romaines et les restes des temples proclament que, sous une nouvelle forme, Athènes se relève, grâce aux regards vigilants du fidèle lion qui gouverne la France. »

Sarsay del. Bo lith.

La porte d'Ainay
à l'extrémité occidentale des remparts. 1823.

« Louis XIII. Marie de Médicis, sa mère, régente. Charles de Neuville, seigneur d'Halincourt, gouverneur pour le roi. Balt. de Villars, seigneur de Laval, prévôt des marchands. Alex. Bollioud. — Hor. Cardon. — Cl. Pellot. — Ant. de Pure, échevins. L'an 1611. »

Cette inscription indique donc bien positivement l'année 1611 comme l'année de la construction ou de la réfection de la porte d'Ainay, et ce qui ne permet pas d'élever des doutes, c'est le document suivant, que je trouve dans l'Inventaire des archives communales :

« 1611. Requête de Guillaume Fouquet de Lavaranne,
« abbé d'Ainay, tendant à obtenir une pension annuelle
« de 180 livres, en dédommagement des dégâts produits
« dans le pré et le broteau de son abbaye, situés l'un et
« l'autre au confluent du Rhône et de la Saône, en y
« creusant des fossés et en y élevant des fortifications
« pour compléter les défenses de la ville. »

Les derniers vestiges de cette porte d'Ainay ont disparu vers 1823. Elle occupait l'emplacement où a été construite une haute maison carrée, près du pont d'Ainay. Il est cependant à présumer que cette maison a été élevée sur un périmètre un peu plus étendu, et le dessin de cette entrée de ville, qui a été conservé par M. Sarsay, semble confirmer cette assertion. Cette porte consistait en un petit bâtiment, une espèce de pavillon, surmonté d'un clocheton en bois, destiné sans doute à supporter la cloche qui en annonçait l'ouverture et la fermeture. Sur la face qui regardait la ville, on remarque deux écussons l'un au-dessus de l'autre. Le premier était formé d'un médaillon ovale, entouré d'un cartouche, et n'offrait plus aucun vestige d'armoiries ; le second, placé plus haut, représentait dans une surface carrée les anciennes armes de France, entourées du collier de Saint-Michel, composé de torsades et de coquilles; mais les trois fleurs de lis et la couronne royale avaient été effacées. Cette pierre figure dans le musée lapidaire, sous le n° 267, près de l'inscription dont j'ai donné le texte, et qui était encastrée dans la partie du pavillon qui regardait le midi, c'est-à-dire à l'extérieur de la ville. Cette partie extérieure avait été masquée par diverses constructions, en sorte qu'il n'était possible de voir ni la façade, ni l'inscription. Ce monument épigraphique a été donné à la ville par le propriétaire de la maison neuve, M. Riboud, qui dans la suite fut adjoint à la mairie de Lyon, et eut la bonne idée de faire reproduire la susdite inscription, au dessus de la porte d'allée de la maison neuve.

Il serait possible que la façade extérieure de la porte d'Ainay ait subi, seule, une reconstruction en 1611 ; car les ornements de la façade intérieure semblaient accuser le XVIe siècle, tandis que les murs de la première, avec leurs angles garnis de pierres en bossages, indiquaient parfaitement le XVIIe. On peut s'assurer de ce détail en consultant une gravure de 1666, qui donne un petit dessin de l'entrée extérieure.

Rectification. A la page 29, dans une note, il est dit que l'on posa la première pierre du Grand-Théâtre en 1734. Cette date est une erreur des tablettes chronologiques de l'Almanach de 1831. Le théâtre ne fut construit par Soufflot qu'en 1754. (L'Almanach de 1832.— Invent. des arch. comm. 1754.)

Errata. P. 14. Le départ de Pourcent fit éprouver au consulat un vif plaisir. *Lisez* : un vif déplaisir.

p. 30. Dans une note. Collombete. *Lisez* : Collombet.

P. 33. Les erreurs de Bains : *Lisez* : Baïus.

P. 37. 18 mai 1863. *Lisez* : 1763.

P. 43. Septembre 1707. *Lisez* : 1797.

LES
VASES MURRHINS

I la renommée des vases murrhins est arrivée jusqu'à nous, l'antiquité ne nous en a laissé aucun débris connu, en sorte que l'on ignore quelle était leur nature. On sait seulement qu'ils coûtaient excessivement cher ; ce qui est une preuve de rareté, non pas toujours de beauté. Le luxe les mit donc à la mode, et pour s'en procurer il fit des folies. Tous les auteurs qui traitent des prodigalités de la décadence romaine, citent les vases murrhins comme une de ces magnificences dont la vanité se montrait spécialement satisfaite. Néron en dépouillait les héritiers et consacrait à leur achat des sommes énormes. Héliogabale, renchérissant sur son prédécesseur, les destinait aux usages les plus immondes. Zoïle, cette malheureuse victime de Martial, prodiguait à ses bouf-

fons, dans des coupes de cristal et murrhines, du vin récolté sous le consulat d'Opimus (1). — III. 82. — Le même poète reproche à Candidus de posséder des vases murrhins et une multitude d'autres objets de luxe, que personne ne pouvait se vanter d'avoir ; mais par contre il était l'époux d'une femme que le peuple partageait avec lui :

Uxorem sed habes, Candide, cum populo. — III. 26.

On sait que les Romains du monde le plus élégant ne se gênaient pas pour commettre à table d'horribles saletés, et qu'ils avaient contracté l'habitude de vomir, afin de pouvoir se remplir plusieurs fois l'estomac. Sénèque, parlant des vases murrhins, et voulant mettre en regard le luxe et ses abominables coutumes, dit que l'on buvait dans des pierres précieuses, *capacibus gemmis*, un vin destiné à être rejeté. — De benef. VII. 9. — Le même philosophe tombe ensuite dans la déclamation, quand il prétend qu'on apaise aussi bien sa soif en buvant dans une coupe de matière commune que dans une murrhine. — Epist. 119. — Lucain développe la même idée, en nous montrant des soldats se désaltérant dans la rivière :

Non auro murrhaque bibunt ; sed gurgite puro
Vita redit. — IV, 380.

« Ils n'ont pas besoin, pour boire, de coupes d'or ou
« murrhines ; mais l'onde limpide du fleuve leur rend
« la vie. »

(1) 121 ans avant l'ère chrétienne, année de la mort de C. Gracchus, et dans laquelle le vin fut excellent.

« La victoire remportée sur Mithridate introduisit
« les vases murrhins à Rome, et Pompée fut le premier
« qui en dédia à Jupiter Capitolin. Bientôt ils servirent
« aux usages particuliers, et leur matière fut employée
« à confectionner de petites tables, *abacos*, et des plats.
« Ce luxe prit de jour en jour un tel accroissement
« qu'un vase murrhin d'une capacité de trois setiers,
« *sextarios tres*, — 1 litre 62 centilitres (1) — fut
« acheté au prix de 70 talents, 344,400 francs (2) ;
« un homme consulaire, possesseur de cette coupe,
« s'en était tellement passionné qu'il en rongea le bord,
« et ce dommage ne fit qu'en augmenter le prix. » Je
remarquerai en passsant que le fait est une de ces mille
manies si communes aux amateurs de collections, lesquels
attribuent une immense valeur à la rareté et à la
singularité. « On peut juger combien ce personnage dé-
« pensa en pièces de ce genre, par la multitude qu'il en
« laissa, et qui fut si grande, que Néron, les ayant en-
« levées à ses héritiers, en remplit le théâtre particulier
« qu'il possédait dans ses jardins au-delà du Tibre, et
« qui lui servait à exercer sa voix, avant de paraître
« sur celui de Pompée C'est dans ce même temps qu'en
« montrant les débris d'une coupe murrhine, renfer-
« mée précisément dans un coffre, et pour exciter la
« douleur publique aussi bien que pour faire honte à
« la fortune jalouse, on les exhibait respectueusement,

(1) Mesure donnée par Desobry, dans *Rome au siècle d'Auguste*.
(2) Traduction de Pline par Littré, éd. Nisard. — Desobry évalue
ces 70 talents à 365,167 fr.
Ce travail a été inséré dans les mémoires de la Société Littéraire de
Lyon, 1860-61.

« comme s'il se fût agi du corps d'Alexandre-le-Grand.
« T. Petronius, consulaire, étant sur le point de mou-
« rir, ordonna de briser un vase murrhin, qui lui avait
« coûté 300 talents,—évalués par E. Littré à 4,476,000
« fr. — afin que Néron ne pût s'en emparer; mais celui-
« ci, voulant montrer sa puissance, acheta une coupe
« murrhine à ce même prix. »

« C'était l'Orient, et principalement le pays des Par-
« thes; qui fournissait les vases murrhins : les plus
« beaux venaient de la Carmanie. On pensait que la
« matière dont ils étaient composés avait été formée
« sous terre par un liquide qui devait sa solidification
« à la chaleur. » Je ne m'arrêterai pas à démontrer
l'absurdité de cette théorie, préconçue en dehors de
toute connaissance physique et géologique. « Les objets,
« fabriqués avec cette substance ne dépassaient pas la
« grandeur des petits guéridons, *parvos abacos*, et ils
« étaient d'une très-faible épaisseur. Ils n'avaient qu'une
« très-imparfaite translucidité, *splendor sine viribus*, et
« leur éclat était plus remarquable que leur transpa-
« rence, *nitorque verius quam splendor*. » Ces expressions sont assez difficiles à comprendre; cependant je me
hasarde à traduire *splendor* par transparence. En effet,
Publius Syrus dit : *Fortuna vitrea est, tum cum splendet
frangitur*, et comme la qualité la plus spéciale du verre
est la transparence, je pense qu'on peut en induire que
le mot *splendet* signifie l'éclat uni à la transparence.
Panciroli, érudit du XVIe siècle, a compris ce passage
comme moi, et il s'exprime ainsi : *Non tralucebat murrhinum, sed erat nitidum*. Tout en me permettant ce
commentaire, je pourrais cependant faire plusieurs cita-

tions dans lesquelles *splendor* est simplement l'équivalent d'éclat ; mais ce qu'il y a de sûr, c'est que Pline, auquel j'emprunte ces détails, fait une différence entre *nitor* et *splendor*, et je ne vois pas quelle autre explication l'on pourrait donner, sinon que *nitor* est simplement l'éclat provenant d'un corps opaque soigneusement poli.

« Les vases murrhins prenaient une grande valeur
« par la variété des couleurs, lorsqu'elles se présen-
« taient en taches successives et contournées, mélan-
« gées de pourpre et de blanc, ainsi que d'une troi-
« sième couleur de feu qui servait à la fusion des deux
« autres, de manière que le pourpre pâlît et le blanc
« rougît, *sed in pretio varietas colorum, subinde circum*
« *agentibus se maculis in purpuram candoremque, et*
« *tertium ex utroque ignescentem, veluti per transitum*
« *coloris purpura condescente aut lacte rubescente.* On
« rencontrait des amateurs qui aimaient les extrémités,
« dans lesquelles les couleurs se mélangeaient entre
« elles, comme dans l'arc-en-ciel. »

Cette description de la coloration et de la disposition des nuances pourrait se rapporter à plusieurs espèces minérales, telles que le spath fluor, l'agate onyx, le marbre onyx, peut-être même quelques albâtres gypseux. Le fait de la possibilité d'être entamé par la dent, comme je l'ai relaté plus haut, ne permet pas de faire de la matière murrhine une agate onyx, ni un silicate quelconque, et à peine un fluorure de calcium qui a la propriété de rayer la chaux carbonatée. Il faut déjà de bonnes dents pour en laisser la marque sur des substances calcaires tendres ; cependant j'ai expérimenté sur quelques échantillons de marbres onyx, — ainsi nommés en raison de leurs veines nuageuses et contournées, — et j'ai pu m'assurer avec mes vieilles dents que la chose était possible, en les appuyant sur les parties anguleuses. Quant au sulfate de chaux hydraté, le gypse, il est tellement tendre, qu'on peut le rayer avec l'ongle. « Quelques amateurs estimaient les taches opaques et « les espèces de verrues qui se manifestaient à la sur- « face de cette substance. Enfin ce minéral se recom- « mandait par son odeur, *aliqua et in odore commenda-* « *tio est.* » Tous ces détails sont extraits de l'Histoire naturelle de Pline, — xxxxii. 7 et 8. — Le passage relatif à l'odeur exhalée par la substance des vases murrhins peut sembler difficile à comprendre ; cependant les minéraux ne sont pas absolument dépourvus d'odeur : les bitumes en développent *à priori* une remarquable ; mais beaucoup d'autres ont besoin pour cela d'être frottés, insufflés ou chauffés. (Landrin, *Dict. minér.*)

Valmont de Bomare, dans son Dictionnaire d'histoire naturelle, parle des pierres odorantes, et il cite la pierre de porc ou pierre puante, la pierre de violette et certaines petites ammonites. Cette dénomination de violette semble indiquer une bonne odeur, et quoique l'auteur soit fort ancien, je pense que le fait rapporté par lui ne doit pas être entièrement rejeté. Quoi qu'il en soit, les plus récentes expériences de la chimie contemporaine ont fait découvrir dans plusieurs roches siliceuses, calcaires et gypseuses, des produits de composition organique, lesquels, dégagés par la chaleur ou les réactifs, donnent une forte odeur. M. Fournet, professeur à la Faculté des

Sciences de Lyon, a expérimenté cette propriété odorante. Ces produits, qui sont des carbures d'hydrogène, exhalent généralement une mauvaise odeur ; mais l'on sait cependant que certains de ces composés, tels que le succin, en fournissent une excellente.

Je vais maintenant chercher à contrôler la description de Pline par les opinions de différents auteurs anciens et modernes. Voici une épigramme de Martial, qui prouve que les vases en question n'étaient pas transparents :

Nos bibimus vitro, tu, myrrha, Pontice, quare ?
Prodat perspicuus ne duo vina calix. — *IV.* 86.

« Nous buvons dans du verre, et toi, Ponticus,
« dans une coupe murrhine : pourquoi cela ? C'est
« qu'une coupe transparente permettrait de voir que
« l'on te sert un vin meilleur que celui de tes con-
« vives. »

La preuve que la matière des vases murrhins n'était pas celle de l'onyx, c'est le passage suivant de Lampride, dans la vie d'Héliogabale, à l'occasion de son luxe : *Onus ventris auro excepit ; in myrrhinis et onichinis minxit,* — 31. — Il est évident que, si la matière murrhine eût été celle de l'onyx, Lampride n'eût fait qu'une seule citation. Malgré cela, dans un très-savant ouvrage de notre temps, l'auteur émet l'opinion suivante : « On a beaucoup disserté pour connaître la
« matière des vases murrhins ; mais il n'y a guère que
« deux opinions qui aient vraiment partagé les savants :
« ce sont celles d'après lesquelles ces vases auraient
« été de la porcelaine de Chine ou une sorte d'agate.
« Cette dernière opinion a prévalu, et il paraît constant

« que la matière des vases murrhins appartenait au
« genre des onyx. » — *Mém. de l'acad. des inscript.*,
t. 43, p. 217. — Désobry. *Rome au siècle d'Auguste*,
lettre XV. Notes.

Je ne pense pas non plus que la porcelaine de Chine
ait été la matière des vases murrhins; mais il est vrai
de dire que plusieurs auteurs modernes ont émis cette
opinion. On lit dans l'*Antiquarius Gulielmi Laurenbergi*,
1622 : *Murrhina vasa, sunt Græcorum,* Καλαϊνα ὄστρακα,
quæ odie corrupto vocabulo vocantur porcelæna. Rich,
dans son très-récent dictionnaire d'antiquités, tranche
la question en faveur d'une porcelaine, qu'il prétend
avoir été colorée de nuances conformes à la description
de Pline, et il cite, à l'appui de son opinion, ce fait que
plusieurs bouteilles de vraie porcelaine de Chine ont été
trouvées dans des tombeaux égyptiens ; il est cependant obligé d'accuser Pline d'inexactitude dans l'idée
qu'il exprime sur l'origine minérale des vases murrhins.
Les partisans de la porcelaine peuvent produire en leur
faveur un vers de Properce :

Murrheaque in Parthis pocula cocta focis. — IV, 5, 26.

Mais on peut opposer à cette opinion de l'amant de
Cynthie, qu'il était infiniment plus rapproché de l'époque
où les vases murrhins avaient été apportés à Rome,
et que par conséquent le manque d'observations ne
permettait pas de connaître leur nature ; tandis que
Pline, mort en 79, sous le règne de Tite, se trouvait
beaucoup plus en position de recueillir des faits pour
élucider la question. Au reste, ce dernier est tellement
persuadé de l'origine minérale des vases murrhins,

qu'on lit dans un autre passage : « Nous retirons des « mêmes terrains le murrhin et le cristal de roche, » *murrhina et cristallina ex eadem terra affodimus*. — xxxiii, 2.

Je dois dire aussi, pour remplir mon office de rapporteur, que Martial donne aux *murrhina* l'épithète de *picta*, ce qui semblerait indiquer une opération industrielle. Domitius Calderinus, son commentateur, explique ce mot par *maculis distincta*, et je me range à son avis. Pour concilier ces diverses opinions, je remarquerai que Pline nous apprend que l'on fabriquait de faux murrhins avec du verre coloré des nuances qui les distinguaient. — xxxvi, 67. — Mais s'il est vrai que les murrhins eussent de l'odeur, les acheteurs ne pouvaient pas être trompés par cette falsification. En outre, des matières vitrées, pas plus que la porcelaine, ne se laissaient entamer par la pression des dents, ainsi que l'avait fait l'amateur dont j'ai déjà parlé.

On dirait que Panciroli, érudit italien qui florissait dans la dernière moitié du XVIe siècle, ait voulu accorder les deux opinions en présence, dans le passage suivant, relatif à la porcelaine, dont je lui laisse toute la responsabilité, ainsi qu'à ses devanciers, desquels il avait adopté cette singulière théorie: « La porcelaine est « fabriquée avec un certain mélange de plâtre, d'œuf « broyé, de carapace de langouste et de diverses autres « choses. Lorsque ce mélange a été bien trituré et aggloméré, on le cache secrètement sous terre, afin que « personne ne puisse connaître le lieu de ce dépôt. Celui « qui fait cette opération a soin d'enseigner cette cachette « à ses enfants, et ce n'est qu'au bout de 80 ans qu'on

« devra en retirer le mélange en question. C'est alors
« que les enfants ou les petits-enfants le livreront à la
« fabrication, afin d'en confectionner des vases exces-
« sivement précieux. »

Je ne m'arrêterai pas à discuter de semblables rêveries, et je pense que ce qu'il y a de mieux à faire est de
s'en tenir au passage de Pline, duquel il résulte que les
vases murrhins étaient fortement colorés de diverses
nuances, qui se fondaient entre elles. C'est en raison de
cette disposition sous forme de taches que Martial s'exprime ainsi : *Maculosæ pocula myrrhæ.* — x. 80. — La
couleur dominante était le pourpre, qui en se mélangeant
devenait semblable à celle du feu, *ignescentem*. La pourpre acquérait diverses nuances, mais la plus estimée
était celle du rouge sombre, du rouge de sang coagulé,
colore sanguinis concreti. — Pline, ix, 62. — Au reste
le porphyre rouge antique nous en donne une idée,
puisque son nom vient du grec πορφυραξ, qui signifie
pourpre. Il n'est personne qui ne connaisse le porphyre,
possédant les divers tons du rouge sombre, légèrement
violeté.

Je vais essayer de résumer la question en prenant
toujours pour base la description de Pline. La matière
des vases murrhins devait être une substance minérale
pas trop dure, puisqu'elle pouvait être attaquée par les
dents ; par conséquent elle n'appartenait à aucune espèce siliceuse, pas même au spaht-fluor, qui d'ailleurs
n'est jamais signalé comme ayant des nuances de pourpre, mais dans lequel seulement on rencontre très-rarement des veines roses. Il resterait donc à choisir parmi

les calcaires et les gypses, dont les variétés sont infinies. Ces substances, formées souvent d'un grain excessivement fin, acquièrent un très-beau poli qui répondrait au mot *nitor*. En outre, elles n'ont jamais qu'une substranlucidité, qui expliquerait le *splendor sine viribus*. Une espèce calcaire à grains très-fins, nuancée de rouge sombre et de blanc, passant de l'un à l'autre par la fusion des couleurs, et ayant l'aspect de l'agate onyx, c'est-à-dire couverte de taches contournées et nuageuses, répondrait passablement à la description de Pline. J'ai rapporté de Rome un fragment de plaque remplissant parfaitement le programme ci-dessus, et l'on se rappellera que le *murrhinum* s'employait non seulement aux coupes, mais encore qu'on en fabriquait de petites tables, *parvos abacos*. Pour achever la ressemblance, on remarque sur ce fragment une tache dont le tissu est semblable à celui d'une verrue, *verrucæ non eminentes*.

Il manque cependant à mon échantillon une condition essentielle, qui est celle de l'odeur agréable, et quoique Pline soit souvent d'une crédulité extrême et d'une grande inexactitude, il se pourrait qu'il n'eût pas tout-à-fait tort dans cette circonstance. En effet, ces mots *murrhinus, murrheus, ou myrrhinus, myrrheus*, qui dérivent du grec, signifient la matière des vases murrhins, ou celle de la myrrhe, résine odoriférante dont on parfumait le vin. Les murrhins auraient donc été ainsi nommés parce qu'ils exhalaient un parfum semblable à celui de la myrrhe Au reste, voici une épigramme de Martial qui indiquerait que ces vases répandaient véritablement une bonne odeur, puisqu'ils la communiquaient au vin, surtout lorsqu'on buvait chaud, ce qui arrivait assez souvent :

> *Si calidum potas, ardenti myrrha Falerno*
> *Convenit, et melior fit sapor inde mero.* XLV, 113.

« Si tu bois chaud, une coupe murrhine convient au
« Falerne ardent, qui sait y puiser une meilleure sa-
« veur. »

Cette citation indiquerait peut-être que l'odeur de la matière murrhine ne se développait qu'au moyen de la chaleur. Cependant Pline dit que l'on buvait également froid et chaud dans les coupes murrhines. — xxxvii, 11. Dans la nomenclature des pierres précieuses, il cite l'*autachates*, qui par l'échauffement ou la calcination, répand l'odeur de la myrrhe, *autachates, cum uritur, myrrham redolens*, — xxxvii, 54, — La myrrhite a la couleur de la myrrhe, et si on la frotte elle a l'odeur d'un parfum, et même celle du nard. La myrsinite a la couleur du miel, et l'odeur du myrthe, — id. 63.

Je ne peux pas quitter ce sujet sans signaler un passage d'Athénée, relatif à des vases d'argile auxquels l'industrie savait donner des qualités odoriférantes. Ces vases étaient apportés de Coptos, en Egypte, et il entrait dans leur composition de la terre broyée avec des parfums. Il est bien étonnant que Pline, qui cite Coptos fort souvent à l'occasion de ses nombreuses productions, n'ait pas parlé de cette singulière poterie. Athénée, continuant son énumération des vases parfumés, dit, d'après Aristote, que l'île de Rhodes fournissait des vases dont la matière était composée d'une argile pétrie avec de la myrrhe, de la fleur de jonc odorant, du safran, du baume, de la cannelle et de l'amome. Une coupe ainsi fabriquée, lorsqu'on y buvait du vin chaud, produisait l'étonnant effet d'empêcher l'ivresse, *et venerem extinguere*. — Athen., XI. — Cette espèce de coupe n'eût pas été estimée d'Héliogabale, qui donnait des repas de vingt-deux services, ordonnés de telle manière qu'après chaque service *mulieribus uterentur et ipse et amici, cum jurejurando quod efficerent voluptatem*. — Lamprid. 29.

Les incroyables propriétés physiologiques attribuées aux coupes rhodiennes permettent de ne pas ajouter une grande foi aux autres détails donnés par Athénée ; d'autant plus que les vases décrits par lui, étant probablement mis au four pour acquérir de la ténacité, devaient perdre, par l'évaporation des substances odorantes, le parfum dont on prétendait les doter.

Les diverses opinions dont je me suis fait le rapporteur, prouvent que le problème est loin d'être résolu, et si j'ai recueilli quelques documents pour le procès, ce n'est pas dans le but de rendre un arrêt sur des pièces de conviction, mais seulement afin de les soumettre à l'examen de juges plus compétents que moi.

Ce travail a été inséré dans les numéros de la Société littéraire de Lyon, 1860-61.

ARCHÉOLOGIE ROMAINE

RÉCENTES DÉCOUVERTES.

I.

UNE STATUE D'AUGUSTE.

Es découvertes archéologiques rectifient parfois des erreurs historiques, et parfois donnent un appui à des faits que l'on serait tenté de reléguer au nombre des contes enfantés par l'imagination populaire. Dans le courant de 1863, des fouilles exécutées à Rome furent couronnées de succès, en restituant des restes précieux d'antiquité, qui ont surtout démontré l'exactitude d'un passage de Suétone (in Galb. I.), relatif à une statue d'Auguste brisée par la foudre. Au reste, voici l'article publié par un grand nombre de feuilles françaises, tiré, je crois, du journal le *Monde*, et que je ferai suivre de quelques observations :

« On vient de faire des découvertes d'une grande im-
« portance. Une société s'était organisée pour opérer
« des fouilles sur un terrain couvert de ruines, et où

« l'on croit reconnaître l'emplacement de la *villa Cœsa-*
« *rum*, fondée par Livie sur le territoire de Veies, dans
« une situation délicieuse, et qui offre une des plus belles
« vues de la campagne romaine. On a trouvé trois bustes :
« l'un représente Septime-Sévère ; le second une femme
« qui, par l'arrangement de sa coiffure, se rapporte
« à la même époque que le premier ; le troisième est
« celui d'un jeune homme appartenant probablement
« à la famille impériale. Le 20 avril on a découvert
« une statue plus grande que nature, et qui est une des
« plus belles et des plus intéressantes qui se puisse ren-
« contrer ; elle représente l'empereur Auguste, âgé d'en-
« viron quarante ans. Le bras droit est brisé, ainsi que
« la partie inférieure des jambes ; mais les fragments
« subsistent intacts, et l'on n'a qu'à rapprocher les par-
« ties disjointes. Des ferrures, restées dans le bras et
« dans la jambe gauche, prouvent que les cassures
« remontent à l'antiquité. La tête ne tient pas au buste
« et, ainsi que le reste du corps, elle est dans un tel état
« de conservation qu'il n'y manque même pas ce bout
« de nez, dont sont dépourvues les plus belles statues
« antiques. Le prince, dont la tête et les pieds sont nus,
« porte, outre une cuirasse ornée d'admirables bas-
« reliefs, la tunique et un vêtement léger, sorte de large
« écharpe, qui par devant laisse à découvert la cuirasse,
« et par derrière n'en cache qu'une partie. La main
« gauche devait porter probablement un sceptre de
« métal. Des traces de couleur apparaissent sur les
« vêtements dont les franges sont azurées. Le travail
« est d'un fini d'exécution qui ne laisse rien à dé-
« sirer. »

Pline, Suétone, Dion Cassius, Aurelius Victor, parlent de cette villa, rendue célèbre à l'occasion d'un fait extraordinaire. Auguste avait épousé Livie, enlevée par lui à son mari, Tibère Néron, et grosse d'un fils qui fut ensuite l'empereur Tibère. Livie, peu de temps après son singulier mariage, alla visiter un domaine qu'elle possédait sur le territoire véien, *Veientanum suum*, lorsqu'un aigle, qui tenait une poule blanche, la laissa tomber adroitement, en semblant la déposer dans le sein de celle qui venait de recevoir le titre d'*Augusta*, laquelle contemplant ce singulier présent du ciel fut tout étonnée de voir que la poule portait à son bec un rameau de laurier chargé de baies. Dion Cassius prétend que cet événement merveilleux présageait simplement la puissance de Livie sur Auguste, qui dans la suite se réfugia, pour ainsi dire, dans le sein de sa femme. Cette réflexion passablement ironique semblerait prouver dans l'historien grec un peu d'incrédulité.

Les aruspices consultés ordonnèrent de conserver la poule et sa progéniture. Ce prodige eut lieu dans la *villa Cæsarum*, située au-dessus du Tibre, à neuf milles de la ville, sur la voie flaminienne. Les poussins provenant de la poule furent si nombreux que la villa prit le nom de maison des poules, *ad gallinas*. Livie fit planter la branche de laurier, qui produisit une véritable forêt. Les Césars triomphateurs vinrent y cueillir les lauriers qu'ils tenaient à la main et dont ils couronnaient leurs têtes. Après avoir triomphé, ils avaient soin de planter un de ces arbustes, et l'on observa qu'à la mort de chacun d'eux ces lauriers, qui leur devaient l'existence, périssaient aussitôt. La dernière année du règne de Néron, tout le plan se desséeha jusque dans les racines ; les poules moururent ; le tonnerre frappa l'édifice appartenant aux Césars, *Cæsarum œdem ;* les têtes de toutes les statues tombèrent et le sceptre fut enlevé des mains de celle d'Auguste. Ce prodige annonçait la fin de la dynastie impériale : c'est qu'en effet la dynastie par alliance du neveu de César allait cesser de régner, puisque Néron descendait de Livie par sa mère et qu'il ne laissait point de successeur direct. Galba, qui s'empara de l'Empire, ne touchait par aucun point à la famille de César : il avait de plus hautes prétentions, car il se faisait descendre de Jupiter, du côté de son père, et de Pasiphaé, femme de Minos, du côté de sa mère.

Ces détails historiques expliquent comment la statue d'Auguste, brisée dans quelques-unes de ses parties, a été trouvée avec la tête séparée du buste. La main portait effectivement un sceptre que la foudre enleva ; ce que Suétone dit positivement : *Augustique sceptrum e manibus excussum est.* La tentative faite pour rassembler les fragments et reconstituer au moyen de ferrures la statue d'Auguste, démontre que la *villa ad gallinas* recouvra plus tard son ancienne splendeur. Un autre témoignage en faveur de cette opinion, c'est la découverte du buste de Septime Sévère, qui parvint à l'Empire en l'an 193, plus d'un siècle après la mort de Néron, laquelle eut lieu en 68.

Je ferai remarquer que la statue d'Auguste offre des traces de couleur dans ses vêtements, dont les franges sont azurées. Je citerai, comme exemple de cet usage que je qualifierai de mauvais goût, une petite statue en marbre, provenant de la collection Campana et donnée à notre Musée des antiques, par S. E. le ministre d'Etat, sur laquelle on aperçoit des traces de coloration. Les Romains avaient cette habitude, et Pline nous apprend (XXXIII, 36) que dans certains jours de fête on peignait en rouge la tête de Jupiter. On prétend même que Camille, lors de son triomphe, se passa sur le corps une couche de même couleur. Cette substance colorante étant le sulfure de mercure, il serait curieux d'examiner son influence relativement à l'hygiène de l'homme. Ce rouge, dont l'emploi était considérable, fournissait matière à un grand commerce, et Vitruve (VII, 8 et 9) donne de nombreux détails sur l'extraction et la préparation de ce produit, auquel il donne le nom de *minium* (1).

Je ne terminerai pas ce petit travail, sans faire remarquer la ressemblance frappante qui existe entre Auguste jeune, c'est-à-dire Octave, et le général Bonaparte. On pourra facilement contrôler ma manière de voir, sans aller à Rome, en visitant simplement le Musée de la statuaire antique, au Louvre, dans lequel on se rencontre avec Octave et Auguste.

II.

LA VILLE CARRÉE DE ROMULUS.

Le journal l'*Union* du 25 juin 1863 nous apprend que, dans la séance de l'Académie pontificale romaine du 15 juin, le commandeur Visconti, secrétaire perpétuel, ren-

---

(1) Notre minium est un deutoxyde de plomb.

dant compte des travaux et des fouilles qui se font au Palatin, par ordre de Sa Sainteté, a dit : « Les fouilles qui s'exécutent sont remarquables par la découverte d'une partie importante de la Rome carrée, œuvre de Romulus. »

Cette dénomination de Rome carrée, *Roma quadrata*, s'applique à la ville primitive fondée par Romulus sur le mont Palatin. Plutarque lui donne l'épithète de τετραγωνος, et Solin s'exprime ainsi : « *Dicta est primum Roma qua-* « *drata, quod ad œquilibrium foret posita.* Elle a été « appelée Rome carrée parce que ses côtés étaient à « angle droit. » La célèbre colline a encore conservé de nos jours une forme quadrangulaire, irrégulière il est vrai, et non à angle droit comme le prétend Solin. Elle présente généralement des escarpements, excepté dans les parties qui donnaient issue à ses portes. Pline a écrit (III, 8) que Romulus laissa trois portes ou quatre au plus ; mais comme à la mort du premier roi la ville s'était déjà assimilée d'autres collines, cette assertion pouvait devenir le sujet d'un long examen, auquel du reste elle a été soumise par Nibby, dans ses *Mura di Roma*. Après avoir étudié la question sur le terrain, je me réunis à l'opinion du susdit, qui reconnaît trois portes à la ville primitive de Romulus, avant l'attaque des Sabins, commandés par Tatius.

A dater de la paix faite entre les deux peuples, de nouvelles fortifications furent certainement élevées, afin de réunir au Palatin le Capitolin habité par les Sabins, et la porte primitive *Mugonia*, située à l'angle occupé maintenant par l'église de Sainte-Anastasie, dut n'avoir plus qu'une importance secondaire, par suite de l'adjonction du Vélabre à la ville. Le Vélabre était un marais qui s'étendait entre les deux collines, et sur l'emplacement duquel fut établi le *forum romanum*. Il se pourrait donc que l'on eût construit un peu en avant une nouvelle porte, sans avoir fait disparaître l'ancienne demeurée en second plan, et voilà pourquoi Pline aurait parlé de trois ou quatre portes. On doit aussi présumer que la porte *Mugonia* resta entourée d'un respect religieux ; car ce fut près d'elle que Romulus arrêta les Sabins et bâtit le temple de Jupiter Stator.

On était incertain de savoir si Romulus construisit des murailles, ou s'il se contenta de creuser un fossé. Florus semble croire à de simples travaux de terrassement, quand il dit : « *Ad tutelam novæ urbis sufficere vallum « videbatur, cujus dum irridet angustias Remus, idque « increpat saltu* (I, 1). Un fossé semblait suffire pour la « défense de la nouvelle ville, et Rémus se moquant de « ses mesquines dimensions, le traversa d'un saut. » Aurélius Victor a aussi écrit : « *Et ut eam (urbem) prius « legibus muniret quam mœnibus, edixit nequis vallum « transiliret* (de Vir. ill. 1). Romulus voulant assurer sa « ville par les lois, plutôt que par les murailles, défendit « de franchir le fossé. »

Quoi qu'il en soit, le nouveau roi commença par creuser un fossé autour de Rome naissante et, comme le dit Denis d'Halicarnasse, il donna à cette enceinte une forme carrée. Pour se conformer au rit étrusque, il attela à une charrue un bœuf et une vache réunis sous le même joug, et ce fut avec cet instrument de labour qu'il traça le contour des remparts. Tacite nous apprend (Ann. XII. 12) que le point de départ fut l'angle du Palatin regardant le *forum Boarium*, c'est-à-dire le lieu où est maintenant l'église de Sainte-Anastasie. D'après Plutarque (in Romul. xi), lorsqu'il s'agissait d'indiquer l'emplacement d'une porte, on portait le soc et la charrue, et on laissait par conséquent une interruption dans le tracé. De là les étymologistes ont fait dériver *porte* de l'action de porter; ce qui semble assez naturel. Cependant Varron (de L. L. v, 142) prétend que *porte* vient de la nécessité où l'on se trouvait de passer par cette ouverture, pour porter ce qui était utile aux besoins des habitants.

On doit comprendre combien les fouilles entreprises sur le Palatin sont intéressantes, relativement à la résolution de certains problèmes qui regardent les remparts et les portes du temps de Romulus. Ces portes, au nombre de trois, *Mugonia*, *Romana* et *Trigonia*, correspondaient nécessairement aux trois principales déclivités, encore très-apparentes, de la colline.

Les recherches poursuivies avec succès ont mis à jour une portion notable de murs, appartenant à l'enceinte de la Rome carrée de Romulus. On a acquis la preuve que, dès cette époque reculée, on connaissait l'art de fortifier les places et de les munir de tours. En effet les fouilles exécutées ont constaté l'existence de tours de distance en distance. Ainsi donc, les doutes exprimés par Florus et Aurélius Victor, sur la question de savoir si les fortifications de Romulus consistaient en fossés ou en murailles, n'ont plus leur raison d'être. Ces remparts primitifs étaient bien réellement des constructions en pierre. Il resterait à savoir — ce que les relations des journaux ne nous ont pas appris — si les tours étaient arrondies ou carrées; ce détail ne manquerait pas d'intérêt, car la pratique des Romains a varié sur ce point. Vitruve (I, 5) recommande les tours rondes ou à plusieurs pans, *rotundæ aut polygoniæ,* parce que les béliers peuvent entamer plus facilement les carrées, en raison de leurs angles saillants. Cependant l'opinion du célèbre architecte n'a pas toujours fait règle : en effet, les murs de Rome, dont l'achèvement ou la réfection datent d'Honorius — fin du IVe et commencement du Ve siècle — sont garnis de tours carrées. Les rondes, qui servent de défense à plusieurs des anciennes portes, sont l'œuvre de Bélisaire, resté fidèle aux préceptes de Vitruve. J'ai observé que les tours rondes des portes Latine et Salara reposent sur des bases carrées, et l'on sait que l'illustre général de Justinien répara presque toutes les portes, qui avaient été ruinées par les Goths.

Il serait également curieux de savoir quelle était la nature des matériaux employés à bâtir les remparts de Romulus. Les journaux qui font mention des fouilles n'en ont pas parlé ; cependant il est à présumer que le tuf volcanique a dû servir à la construction de ces antiques murailles. On le retrouve dans les plus anciens monuments de Rome, et il est naturel qu'il ait été primitivement employé, car il constitue en grande partie le sol, et par conséquent on le trouvait sous la main. Le tuf est un produit volcanique plus ou moins décomposé, et la fable du brigand Cacus vomissant des flammes n'est probablement que le souvenir de quelque fumerole. L'Aventin, qui recelait la grotte du voleur des bœufs d'Hercule, est effectivement formé de déjections volcaniques, et il contient des carrières exploitées de nos jours pour les constructions particulières.

L'histoire du Palatin serait presque celle de Rome et demanderait un cadre des plus étendus. On sait que, depuis quelques années, l'empereur Napoléon III a acquis sur cette colline les jardins Farnèse, appartenant à la famille royale de Naples, et que des fouilles s'y exécutent sous la direction de M. Léon Rénier, le savant épigraphiste. Ces recherches seront probablement l'occasion d'une étude sur cette poétique protubérance du terrain qui, avant de supporter le palais des empereurs, avait vu régner l'arcadien Evandre, lequel, d'après Virgile, aurait eu pour prédécesseurs les Faunes et les Nymphes :

Hæc nemora indigenæ Fauni Nymphæque tenebant.
(*Æneid.* VIII, 314).

Ce travail a été inséré dans le volume des mémoires de la Société littéraire, 1865.

ANTIQUITÉ DE L'USAGE DU CORSET [1]

N lit, dans le dernier *Compte-rendu des travaux du Conseil d'hygiène publique et de salubrité du département du Rhône*, les considérations suivantes : « Tout a
« été dit et répété depuis longtemps
« sur l'usage des corsets, auxiliaire obligé de la toilette
« féminine, et il faut reconnaître que leur construction
« a subi d'heureuses modifications, qui font qu'à pré-
« sent ils ne sont préjudiciables à la santé que lorsque
« journellement ils sont serrés outre mesure, et de ma-
« nière à changer la forme naturelle de la charpente
« osseuse de la poitrine. »

Je ne suis dans aucune des conditions requises pour pouvoir constater les *heureuses modifications* apportées aux corsets contemporains; mais d'un autre côté, je ne sais si tout a été dit sur ce sujet, et les lecteurs de la *Gazette médicale* voudront bien me permettre de les faire rétrograder jusque dans les boudoirs de l'ancienne

(1) Inséré dans la *Gazette médicale de Lyon* du 16 avril 1861.

Rome. A une grande distance, notre œil pourra scruter sans scandale les secrets de cet appareil qui avait sa principale raison d'être, autrefois comme aujourd'hui, dans les exigences de la coquetterie, et qui, lorsqu'on voulait outrer ses avantages, engendrait également des inconvénients *préjudiciables à la santé*.

On trouve dans les auteurs latins la désignation d'un certain nombre d'appareils, qui n'avaient d'autre emploi que celui des corsets : *capitium, fascia, tænia, strophium, mamillare, amictorium*. Je vais chercher à différencier ces divers objets qui avaient un but commun, et ne se distinguaient les uns des autres que par des détails. Il ressortira de cette étude ce fait évident, que les femmes romaines étaient dans l'habitude de soutenir leur sein par une des pièces de leur toilette. Parfois on employait cet appareil à l'égard des jeunes filles qui cependant n'avaient pas besoin de ce soutien. Térence nous donne l'explication de cet usage en nous apprenant que, dans cette circonstance, le corset antique avait pour destination de rendre les tailles minces, et de comprimer le sein, qui acquérait un développement dont les Romaines contemporaines semblent avoir hérité.

Haud similis virgo est virginum nostrarum, quas matres student
Demissis humeris esse, vincto pectore, ut graciles sient.
Si qua est habitior paulo, pugilem esse aiunt, deducunt cibum.
Tametsi bona est natura, reddunt, curatura, junceas.

(Eun. II. 4.)

« Cette jeune fille n'est pas semblable aux nôtres,
« dont les mères s'étudient à leur abaisser les épaules
« et à leur comprimer le sein, afin qu'elles paraissent

« plus minces. Si quelqu'une a un léger embonpoint,
« on prétend qu'elle est épaisse comme un lutteur, et
« alors on la met à la diète. Si la nature les a bien
« traitées, sous prétexte de faire mieux, on les assimile
« à des joncs. »

Les ridicules sont de toutes les époques, et les femmes s'appliquent à gâter l'ouvrage du bon Dieu. Cette prétention à la taille fine est une des manies féminines, et cependant un corset trop serré aboutit à cela, que la taille forme un angle plus ou moins droit avec les hanches, ce qui est fort disgracieux. Ce préjugé anti-pittoresque a donné lieu à l'invention des paniers du XVIIIe siècle et des crinolines du XIXe. En effet, l'élargissement des hanches formant opposition avec la taille, celle-ci paraît beaucoup plus mince. Qu'il me soit permis de dire que je regrette singulièrement la Vénus antique, laquelle, au lieu de nous montrer des formes anguleuses, dessine à nos yeux un galbe gracieusement sinueux. Je renvoie pour cet examen à la Vénus de Milo, à celle d'Arles, à celle du Capitole, etc.

Le mot *capitium* n'exprime pas un capuchon, comme plusieurs l'ont présumé. Varron est très-explicite là-dessus, quand il dit : *Ab eo quod capit pectus*, « ainsi nommé parce qu'il enveloppe la poitrine. » C'était donc une partie de vêtement destinée à garantir le sein. Aulu-Gelle prétend que ce mot *capitium* avait vieilli et qu'on ne l'employait plus de son temps.

(XVI. 7.)

Fascia, faciola, signifie proprement une bande que l'on disposait de manière à soutenir et comprimer le sein. Martial en explique parfaitement l'usage dans un distique intitulé : *Fascia pectoralis.*

Fascia crescentes dominæ compesce papillas,
Ut sit quod capiat nostra tegatque manus.

(XIV. 134.)

Cette *fascia* s'enroulait autour du corps, et devait avoir par conséquent une certaine longueur ; le Dictionnaire d'antiquités de Rich nous fournit deux figures de femmes, l'une d'après une statuette antique en bronze, l'autre d'après une peinture de Pompéi : ces deux figures présentent un système de bandes porté au-dessous du sein et passant derrière le dos. Il est noté dans le texte explicatif que la bandelette de la figure peinte est rouge. Apulée, parlant de sa maîtresse Fotis, dit : « Elle « était vêtue élégamment d'une tunique de lin, et por- « tait une gracieuse ceinture rouge brun, attachée au- « dessous du sein. » *Ipsa, linea tunica mundule amicta, et russea fasciola pronitente, altiuscule sub ipsas papillas succintula.* (Métam. 2.) Ce qui prouve encore ce multiple enroulement autour du corps, c'est un passage de Tacite, racontant un des épisodes de la conspiration de Pison contre Néron. Une femme, nommée Epicharis, se trouva mêlée dans cette affaire. On la mit donc à la plus cruelle question, afin de lui arracher des aveux, mais elle la supporta avec la plus admirable constance. Le lendemain, comme on la rapportait sur une chaise — car ses membres disloqués ne lui permettaient pas de marcher — elle prit la *fascia* qui lui soutenait le sein, l'attacha à la chaise et s'étrangla : *Vinclo fasciæ, quam pectori detraxerat, in modum laquei ad arcum sellæ res-*

tricto, indidit cervicem, et pondere corporis connisa, tenuem jam spiritum expressit (Ann. XV. 57). Pour attacher la bande à la chaise, se la passer autour du cou, et s'étrangler par le poids du corps, il fallait que le lien fût long et solide.

La *fascia* venait aussi s'appuyer sur les épaules, ainsi que le démontre le passage précité de Térence : *Demissis humeris*. Nous allons retrouver un souvenir de cet appareil, et peut-être l'appareil lui-même, dans la manière dont les Arlésiennes soutiennent encore leur sein. Chez ces femmes, dont la beauté est justement renommée, le corset est remplacé par un système de mouchoirs qui, s'appuyant naturellement sur les épaules, passent ensuite sous le sein en le soutenant, et s'attachent derrière le dos. On peut d'autant mieux conjecturer que ce système est un souvenir de la *fascia* que le mot italien *fazzoletto*, mouchoir, peut bien tirer son origine de l'expression latine en question. Il paraît que la *fascia* recouvrait entièrement le sein, puisque Martial fait ainsi parler un mari, qui reproche à sa femme sa trop grande décence : *Fascia te tunicæque tegunt* (XI. 105). Cette citation vient à l'appui de ma conjecture, car une étroite bandelette n'aurait pu jouer que difficilement le rôle d'un mouchoir : elle devait donc posséder une certaine largeur.

La *tænia* était probablement une modification de la *fascia*; dans tous les cas, sa forme équivalait à une bandelette, à un ruban. C'est en raison de cela que la dénomination de *tænia* a été imposée au ver solitaire, dont je trouve la description dans le Dictionnaire des sciences médicales : « Ver plat, très-long, articulé, blanc, ainsi

« nommé à cause de sa ressemblance avec une petite « bande de toile. » Pline appelle ce ver du même nom, et P. Festus, sans être très-explicite, donne cependant à entendre que, d'une manière générale, le mot *tænia* signifie une bandelette. Je trouve, dans un passage de l'Ane d'or d'Apulée, cette expression employée comme soutien du sein, et c'est à l'occasion de l'âne se disposant à jouer le rôle du père du minotaure : *Tunc ipsa prorsus spogliata tegmine, tænia quoque, quas decoras devinxerat papillas...* (X). Peut-être n'y avait-il entre la *fascia* et la *tænia* d'autre différence que celle-ci : la première, plus large, passait sur les épaules, ainsi qu'un mouchoir, tandis que la seconde, plus étroite, s'enroulait seulement autour de la taille. Je ferai remarquer que cette expression de *decoras papillas* montre que l'appareil en question ne se portait pas toujours, *ad sustentandum rugosum pectus*, puisque la Pasiphaë d'Apulée en faisait usage.

Il est question dans Martial de *tænia bombycina* (XIV, 24) de ruban de soie ; — dans quelques éditions on lit *tenua*, — mais au lieu de servir à soutenir le sein, ils sont ici employés à nouer la chevelure. Virgile nous représente la *tænia*, comme un lien qui entourait la tête :

Puniceis ibant evincti tempora tæniis.

(Æn. V. 269.)

« Ils marchaient la tête couronnée de bandelettes rouges. » Dans un autre passage, on rencontre cette expression : *longæ tænia vittæ* (VII, 352), que Servius explique par *extremitas vittæ*; en sorte que la *tænia* serait la partie de la bandelette formant un nœud derrière la tête, et que l'iconographie nous représente toujours comme un ruban.

Dans plusieurs des textes précités, relatifs aux bandelettes qui ceignaient la taille ou la tête, on a dû remarquer l'épithète de rouge qui leur est donné. Cette couleur était probablement en usage pour ce genre d'ornement, et l'on pourrait peut-être en conclure que de là on a fait le mot ruban, dérivant de *rubens, rubor, rubidus, rubicundus*, modifications exprimant les divers tons de la couleur rouge.

Le *strophium* indique par son nom qu'il avait une origine grecque. Les racines de cette expression servent à désigner un corps arrondi ou cylindrique, et Catulle donne à cet appareil l'épithète de *teres*, dont le sens est semblabe à celui des susdites racines :

Non contecta levi velatum pectus amictu,
Non tereti strophio luctantes vincta papillas.

(LXIV, 65.)

Je soupçonnerais que le *strophium* était composé de deux parties hémisphériques, destinées à recevoir les globes féminins, une espèce de cuirasse, semblable à celle dont on recouvre la poitrine de Minerve. Dans tous les cas, le fait suivant prouve que cet appareil accusait distinctement les protubérances pectorales. On connaît l'aventure de Clodius qui profana les mystères de la bonne déesse, en s'introduisant, sous un déguisement de femme, dans un lieu où ils se célébraient. Cicéron lui reproche ironiquement ce crime, en disant qu'il est devenu célèbre par ses rubans rouges et son *strophium, a purpureis fasciolis, a strophio*..... (de Arusp. XXI). Clodius avait certainement choisi le *strophium*, parce qu'il était le plus propre à enfler sa poitrine, et par conséquent à lui donner une apparence féminine.

Martial surmonte du titre de *mamillare* une de ses épigrammes :

> *Taurino poteras pectus constringere tergo,*
> *Nam pellis mammas non capit ista tuas.*

(XIV. 66.)

Ce distique, ainsi qu'on le voit, est adressé *ad mulierem mammosam*, et il nous apprend que le *mamillare* consistait en une pièce de peau. Le Dictionnaire d'antiquités de Rich donne, comme explication de ce mot, une figure d'après une peinture de Pompéi, laquelle représente une espèce de corset semblable à celui des Romaines contemporaines. Mais l'auteur n'ayant pas mis en présence les diverses dénominations, en cherchant à les différencier, la question ne m'a pas paru tranchée en faveur du *mamillare*.

Il paraît que les *mammosæ* ne servaient pas de modèle pour représenter la déesse de la beauté. C'est pour cela que Martial les poursuit de ses railleries, à propos de l'*amictorium* :

> *Mammosas metuo : teneræ me trade puellæ,*
> *Ut possent niveo pectore lina frui.*

(XIV. 149.)

Cette épigramme nous apprend que l'*amictorium* était un appareil en lin, porté probablement à nu, *et ideo poterat niveo pectore frui*. Domitius Calderinus, commentateur de Martial, explique ainsi l'utilité de l'*amictorium* : *Indumentum erat pectoris dormienti, ne temere jactatus nocturno frigore offenderetur*. « C'était un vêtement qui « garantissait la poitrine pendant le sommeil, afin que « si l'on se découvrait imprudemment, on ne fût pas

« incommodé par la fraîcheur de la nuit. » *Amictorium* est un diminutif, dérivant d'*amictus* et d'*amiculum*, qui, d'après Varron et P. Festus, étaient des espèces de manteaux ou de peignoirs, dans lesquels on pouvait s'envelopper. Je présume donc que l'*amictorium* ressemblait à une simple pèlerine, ou à une chemisette sans manches, et qu'il servait, par conséquent, plutôt à voiler qu'à supporter le sein.

Si le corset remonte à une haute antiquité, il est cependant à présumer qu'il fut mis seulement en usage à l'époque où la femme n'eut plus aucune ressemblance avec celle des premiers temps, dont Juvénal fait ainsi le portrait :

Sed potanda ferens infantibus ubera magnis,
Et sœpe horridior glandem ructante marito.

(VI, 9.)

Alors, la nature souveraine devait donner aux *ubera* une force qui leur permettait de se tenir sans appui, et quand le poète traite la femme de *horridior marito*, il veut dire qu'elle n'était assujétie à aucune des délicatesses inventées depuis par la coquetterie. D'abord on a désiré aider la nature, ensuite on a prétendu la corriger, et l'on est graduellement arrivé à toutes les excentricités de la mode.

MORALITÉ

DU

CULTE DES ANCIENS SOUVENIRS[1].

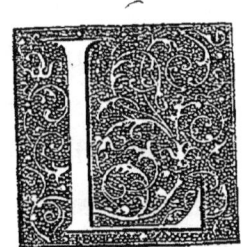

La tendance de notre époque consiste à se laisser entraîner par le courant des idées américaines, c'est-à-dire utilitaires. La grande raison, *à quoi est-ce que cela sert ?* sort d'une multitude de bouches influentes, et trouve naturellement un écho dans la jeunesse, qui, n'aimant pas beaucoup le travail, s'empare de l'opinion paternelle comme d'une excuse en faveur de la paresse. Cette tendance purement utilitaire est facile à expliquer : la haute Société contemporaine se compose d'hommes d'affaires enrichis, ne comprenant pas que dans la vie on puisse avoir un but autre que celui de faire fortune. Ils ne connaissent que la jouissance matérielle, et celle de l'esprit leur est parfaitement étrangère. La prospérité produit chez eux un enivrement qui se traduit par l'orgueil du luxe et par le

---

(1) Lecture faite dans la séance de la Société d'éducation du 25 octobre 1866.

mépris de ceux qui cultivent sans bruit le champ des occupations intellectuelles. Les hommes qui trouvent du charme dans la recherche des anciens souvenirs sont surtout regardés comme des citoyens inutiles et des originaux. On leur prête mille ridicules : ils regrettent les pavés pointus ; ils prennent les allées de traverse, plutôt que de cheminer le long de la rue Impériale ; ils aiment la malpropreté et ne comprennent rien aux nécessités de ce qu'on est convenu d'appeler le progrès.

Cette classe de rétrogrades est cependant beaucoup plus nombreuse qu'on ne le croit ; mais, elle se compose de gens qui ont simplement l'ambition de l'étude, et pour lesquels la mise en scène serait chose insupportable. Ce sont ces hommes inutiles, qui, peu à peu, et sans faire de bruit, ont presque ruiné le système de la bifurcation. Chaque jour ils produisent, surtout en dehors de Paris, d'intéressants travaux historiques, et le gouvernement semble entraîné par ce mouvement pacifique. Le chef de l'Etat lui-même descend dans l'arène ; il prend fait et cause dans les discussions archéologiques ; il ordonne des fouilles et publie des volumes (1). Ainsi donc, les utilitaires, malgré leur puissance, ne réussissent pas à

---

(1) On lit dans la chronique de la *Revue du Lyonnais* d'octobre 1866 :
« Nos lecteurs n'ont pas oublié avec quel talent de critique
« M. Debombourg, dans son article sur les Allobroges, a rectifié quel-
« ques points de la belle carte des Gaules publiée dans la *Vie de César*.
« On aurait pu croire que l'Empereur, fort des documents qu'il possède,
« laisserait passer l'attaque sans réponse. Il n'en a point été ainsi, et
« M. Debombourg a reçu du cabinet de S. M. une lettre de remercî-
« ment, d'autant plus flatteuse qu'il est plus rare de voir les écri-
« vains revenir sur leurs opinions. Espérons qu'un exemple venu
« de si haut trouvera des imitateurs. »

s'emparer de tout le terrain, et ils rencontrent certaines digues qui arrêtent l'inondation du matérialisme et de l'abaissement intellectuel.

La véritable démocratie devrait consister dans l'aristocratie de l'intelligence. C'est l'esprit qui élève et je n'ai jamais compris les prétendus démocrates qui, pour vanter le gouvernement républicain des Etats-Unis, nous apprennent que le président actuel ne savait pas lire à l'âge de vingt ans. Eh bien, pour mon compte, je préfère un empereur qui écrit la vie de César, et je ne crains pas de dire que cette occupation a dû être une compensation aux soucis du gouvernement. Quant à l'homme vivant dans la retraite et ne courant pas après les honneurs, les études archéologiques font son bonheur et le prédisposent à la morale sociale. Au reste, je vais citer, à l'appui de mon opinion, quelques fragments empruntés à des discours de personnages haut placés, et que l'on n'osera pas ranger parmi les rétrogrades.

M. Drouyn de Lhuys, qui avait remplacé le ministre de l'instruction publique à la dernière distribution des prix du concours général des lycées de Paris, s'exprime ainsi en s'adressant aux élèves : « Le siècle où vous êtes nés
« est resté ferme en ce point que, de nos jours comme
« au temps de Rollin, la meilleure discipline, pour élever
« une jeunesse d'élite, c'est l'étude des langues ancien-
« nes et la fréquentation des grands écrivains de l'anti-
« quité. » L'orateur fait ensuite ressortir toutes les connaissances que l'on puise dans cette étude, au point de vue de l'histoire, de la littérature et des arts, et il affirme que, même pour former « des citoyens habiles aux affai-
« res, la première préparation et la plus efficace, c'est

« encore l'enseignement classique et le commerce des
« anciens » Le fondateur de l'université, « traçant le
« plan d'une éducation nationale, lui donnait pour fon-
« dements la connaissance des langues anciennes, en
« même temps que la morale sociale et religieuse. »
Nos utilitaires ont bien cherché à changer cet état de
choses, mais le corps enseignant a su « opposer de pa-
« triotiques résistances à ce que Napoléon Ier appelait :
« *les petites fièvres de la mode.* » (lettre à M. de Fontanes.)

On voit par ces quelques citations combien l'éducation
de la jeunesse gagne à l'étude de l'antiquité; mais, si
nous reportons l'utilité de cette étude à l'homme fait,
nous allons voir tout ce dont profiteront la science et la
morale sociales. M. de Persigny, enfant du Forez, s'in-
téresse vivement à l'histoire de son pays natal, et c'est
sous ses auspices que s'est fondée à Montbrison la
Société archéologique de la Diana. Dans une réunion de
cette Société, tenue au commencement de septembre
dernier, il a prononcé un discours dans lequel les amateurs d'achéologie trouveront d'excellentes raisons pour
rester fermement attachés à leurs études. Je vais donc donner quelques fragments de ce discours, dans lequel l'o-
rateur s'est élevé à de hautes considérations. Il débute
en félicitant la Société de la Diana de la généreuse entreprise par laquelle elle s'associe au mouvement des esprits
qui se produit en France : « C'est un fait digne d'être
« observé, que, malgré les préoccupations de la vie in-
« dustrielle qui caractérisent si fortement notre époque,
« jamais les études historiques n'ont été plus en faveur. »
Après avoir fait l'éloge de l'émulation qui pousse tous
les départements de l'Empire à publier les inventaires de

leurs archives, il se demande la cause de cette excitation intellectuelle ; et il répond par les considérations suivantes : « La France d'hier, parvenue glorieuse au
« milieu des vieilles sociétés de l'Europe, se demande
« aujourd'hui pourquoi elle ne remonterait qu'à 1789,
« quand, en réalité, des siècles de grandeur et de gloire
« en tout genre lui appartiennent légitimement ; de là
« l'intérêt profond avec lequel elle fouille dans les titres
« de son héritage, et reprend peu à peu possession de
« son antique patrimoine. Or, ce n'est pas une vaine
« curiosité. Quelles que soient les grandeurs nouvelles
« auxquelles la France est arrivée, n'a-t-elle donc rien à
« regretter du passé ? Une société ne subit pas impu-
« nément, pour les générations à venir, de si brusques
« transformations ; car, pour une vérité qui surgit, pour
« une grande idée qui sort du chaos, que d'erreur mar-
« chent souvent à la suite ! » . . . .

« C'est une faiblesse naturelle à l'esprit humain de ne
« pouvoir traverser les grandes crises auxquelles sont
« exposées les Sociétés, sans se laisser aller, soit en
« exagérant, soit en dénaturant les principes, à ériger
« en doctrines les passions mêmes qui ont concouru à la
« lutte. Quand le peuple d'Israël a vaincu les Moabites,
« il avait bien le droit de rapporter en triomphe les
« idoles de ses ennemis ; mais, à force d'exalter les tro-
« phées de sa victoire, il finit par adorer ces fausses
« images et tomber lui-même dans l'idolâtrie. » . .

. . . .
« Le poids des siècles passés, sans que nous en ayons
« conscience, pèse, sur notre esprit, comme le poids de
« l'atmosphère sur notre corps. L'ignorance et la pré-

« somption peuvent seules concevoir la pensée de s'en
« affranchir. A force de vouloir supprimer le passé, les
« passions qui ont servi la Révolution auraient rendu
« son œuvre irréalisable. En rattachant, au contraire,
« les grandes idées de cette époque aux traditions de
« notre histoire, le héros réparateur (Napoléon Ier) en
« assurait, au contraire, le triomphe. »

Je voudrais bien savoir ce que penseront de M. de Persigny nos grands progressistes utilitaires. D'après lui, le progrès ne consiste pas seulement à démolir et à innover, mais encore à conserver précieusement ce qui est bien. Il est à présumer que M. de Persigny regrette, comme tous les archéologues, une multitude de monuments historiques, disparus sous le passage inexorable de la ligne droite, et qu'il comprend parfaitement le rôle que la poésie des souvenirs joue dans l'élévation des idées, laquelle conduit naturellement à la saine morale. Beaucoup de gens sont incapables de soupçonner la somme de tranquilles jouissances que donne un séjour à Rome, lorsqu'on s'y est préparé par l'étude. Pour eux, rien n'est plus dépourvu d'intérêt qu'un voyage dans la ville des souvenirs, et ils préfèrent cent fois une cheminée à vapeur à la colonne Trajane. M. Massimo d'Azeglio, dans une brochure intitulée : *Lettera agli elettori*, publiée en 1864, fait un grand éloge de Richard Cobden, le célèbre économiste anglais. Il raconte, que, se trouvant à Rome avec lui et gravissant les hauteurs du Janicule qui domine la ville, le grand praticien de la réalité disait laconiquement, au sujet de toutes les ruines que l'on aperçoit du sommet de la colline classique : « Cela ne sert à rien. » En effet, en faisant disparaître ces restes d'antiquités, vous pourrez semer du blé et engraisser les bestiaux, et le résultat se traduira par un bon morceau de pain et un excellent beefteck. Voilà l'idéal des utilitaires, et si nous sommes jamais emportés par le courant de leurs doctrines, la décadence morale marchera au pas accéléré.

ESSAI

D'INTERPRÉTATION D'UN PASSAGE D'HORACE

SUR

LES BACCHANCALES (1).

ES auteurs anciens présentent souvent certaines obscurités qui donnent lieu à des interprétations contestables, et si, dans le début, ces interprétations sont dues à un traducteur faisant autorité, ses successeurs deviennent des imitateurs qui ne prennent plus la peine de rechercher s'il a eu tort ou raison. Ces réflexions me sont suggérées par une étude sur l'ode 18me du livre Ier d'Horace, dans laquelle on rencontre des sentiments paraissant prouver que le poète, tout en ne professant pas une morale sévère, n'était cependant pas un réaliste de mauvais goût. Il existe dans cette ode un passage assez obscur, sur lequel je me permettrai un léger commentaire. Je prends mon point de départ dans

---

(1) Lecture faite dans la séance de la Société d'éducation de novembre 1866.

la traduction de Dacier, qui d'ailleurs présente une pauvre idée du talent poétique d'Horace, devenu véritablement *Flaccus* de nom et d'effet, sous la plume de son interprète. J'entre en matière en donnant l'imitation en vers de l'ode que je veux étudier, j'essayerai de discuter ensuite le passage en question. Cette pièce est adressée au poète Quintilius Varus, parent de Virgile, le même dont Horace pleure la mort dans l'ode 24e du Ier livre, et qui mourut en l'an de Rome 729, lorsque Horace était âgé de 42 ans. (Note de Dacier.)

>Sur le coteau fameux par sa fertilité,
>Où repose Tibur, cette antique cité
>Qui fut par Catillus de remparts entourée (1),
>Ne cultive, ô Varus, que la vigne sacrée.
>Les dieux ont en mépris les ennemis du vin,
>Présent de leur bonté pour chasser le chagrin.
>Le buveur intrépide affronte la misère,
>Et brave en se jouant les dangers de la guerre.

(1) Virgile parle des trois frères, Tibur, Catillus et Coras :

>*Tum gemini fratres tiburtia mœnia linquunt;*
>*Fratris Tiburti dictam cognomine gentem,*
>*Catillusque acerque Coras, argiva juventus.*
>
>(Æn. VII, 670.)

« Les deux frères Catillus et Coras, nés à Argos, sortent de Tibur, ainsi nommée du nom de leur frère Tibur. »

On lit dans C. Solinus (cap. 2) :

>*Dicta vel condita Tibur a Catillo, arcade præfecto classis Evandri... tres liberos in Italia procreavit, Tiburtum, Coram, Catillum qui..... a nomine Tiburti fratris natu maximi urbem vocaverunt.*

« Tibur fut fondée ou nommée par Catillus, commandant de la flotte d'Evandre.... il eut trois enfants en Italie, Tibur, Coras et Catillus, qui donnèrent à cette ville le nom de leur frère aîné. »

S'il est ton serviteur, ô bienveillant Bacchus,
Il est aussi le tien, séduisante Vénus.
Pourtant n'abusons pas de ces faveurs célestes,
Et rappelons-nous bien les attentats funestes,
Qui, rendus par l'ivresse encore plus affreux,
Ont souvent provoqué la colère des dieux.
Bacchus, tu n'aimes pas l'indécente folie :
Aussi je ne veux pas, dans ta fête avilie,
Etaler aux regards, impudique effronté,
Ce qui doit être au moins d'une feuille abrité.
Quand tourne près de moi la bacchanale ardente,
J'abhorre sa trompette à la voix discordante.
L'ivresse donne essor à l'orgueil privé d'yeux,
Prétendant élever sa tête dans les cieux,
Et permet trop souvent à la langue légère
De livrer les secrets comme un vase de verre.

Dans cette ode, Horace se montre homme de bon goût ; il veut bien qu'on use du vin, mais non pas qu'on en abuse ; il permet la gaieté et proscrit la grossièreté. Du moins, c'est ainsi que je comprends la moralité contenue dans cette petite pièce. Voici maintenant le passage pour lequel je me permets une interprétation nouvelle :

.... *Non ego te, candide Bassareu* (1)
Invitum quatiam nec variis obsita frondibus
Sub divum rapiam.........

(1) *Bassareus*, surnom de Bacchus, pris de *Bassarus*, bourg de Lydie où il avait un temple ; ou d'une sorte de robe longue appelée *Bassaris*, faite de peaux de renard, que Bacchus avait coutume de porter dans ses voyages ; ou du nom de ses nourrices, *Bassaræ* ; ou du nom d'une chaussure ; ou enfin de l'hébreu *bassar*, vendanger.

(Noël, *Dict. Fabl.*)

Dacier, qui fait règle, a ainsi traduit: « Bacchus, je
« n'ôterai point malgré vous vos statues de leur place, et
« je n'exposerai point au jour vos mystérieuses cor-
« beilles, couvertes de diverses feuilles. » L'édition
Nisard donne la traduction suivante de M. Chevriau :
« Dieu, ennemi du mensonge, jamais on ne me verra
« tirer du sanctuaire, pour les traîner au grand jour, et
« ton image sainte, et les symboles cachés sous un
« feuillage mystérieux. »

Le P. Sanadon, Charles Batteux et Jules Janin mar-
chent à peu près dans la même voie d'interprétation.
Voyons maintenant les traducteurs en vers, Daru et
Goupy.

>   Daru. — Dieu, ne crains pas que je veuille
>   Sonder tes divers secrets,
>   Ni faire tomber la feuille
>   Qui cache certains objets.
>
>   Goupy. — Dieu puissant, dans ton sanctuaire
>   Je n'entrerai pas malgré toi,
>   Tes feuillages et leur mystère
>   Ne seront pas trahis par moi.

Je propose maintenant cette traduction littérale : « Ce
« n'est pas moi, ô candide Bacchus, qui, malgré ton
« désir, troublerai ta tranquillité, et montrerai au grand
« jour ce qui doit rester caché sous des feuilles. » Je ré-
pète les vers de mon imitation, qui accentuent davantage l'interprétation :

>   Bacchus, tu n'aimes pas l'indécente folie :
>   Aussi, je ne viens pas, dans ta fête avilie,
>   Etaler aux regards, impudique effronté,
>   Ce qui doit être au moins d'une feuille abrité.

J'ai cherché ici à donner l'explication du sens que j'attribue à la pensée d'Horace.

Dans les peintures antiques, on nous représente les acteurs des bacchanales portant une couronne et une ceinture de lierre et de pampres de vigne. Ce vêtement de feuillage était une légère satisfaction donnée à la pudeur; mais, quand l'ivresse prenait le dessus, il arrivait souvent que ces derniers restes de préjugés pudiques se voyaient écartés, et l'on ne se gênait plus pour produire au grand jour, *sub divum, pudenda virilia et feminea*. Horace, comme je l'ai dit, homme de bon goût, veut bien sacrifier à la gaieté; cependant il se révolte contre le dévergondage de l'orgie, et l'on sait, en effet, que les fêtes de Bacchus descendaient souvent au dernier degré d'infamie. Saint Augustin nous dit : *Ad quantam turpitudinem pervenerint (bacchanalia) piget dicere. J'ai de la peine à dire à quel degré de turpitude sont arrivées les bacchanales*. Et malgré cela, il nous donne des détails passablement réalistes (De civit. dei, VII, 21.). Il fallait que ces fêtes causassent déjà un grand scandale dans une antiquité très-reculée, puisque le Sénat rendit un décret, en l'an de Rome 568 — d'après Noël, dans son *Dictionnaire de la Fable*, et 566, selon Crévier, commentateur de Tite-Live, — pour supprimer ces indécentes cérémonies; mais ce décret tomba en désuétude, et les Romains de la décadence se moquaient probablement des sots préjugés de leurs ancêtres arriérés.

Joannes Rosinus, dans ses *Antiquitatum romanarum, libri decem.* (p. 245) décrit ainsi les fêtes de Bacchus : *Nudi viri, cum nudatis omnia membra mulieribus, ad sacra conveniebant, quæ non nisi nocturna erant, caput omnes pariter femoraliaque pampinis et uvarum racemis cincti.* « Les hommes et les femmes entièrement nus se « présentaient à la fête et, lorsque ce n'était pas l'heure « de la nuit, ils portaient une couronne et une ceinture « de lierre, de pampres de vigne et de grappes de « raisins. »

Ces couronnes et ces ceintures de feuillage sont souvent désignées dans les poètes. Ovide nous parle du lierre qu'il appelle la ceinture de Bacchus, *hederas, Bacchica serta* (Trist. 1, 5, 2); il demande, en signalant une vieille bacchante : *Cur hedera cincta est? Hedera est gratissima Baccho.* « Pourquoi a-t-elle une ceinture de « lierre? C'est que le lierre est très-agréable à Bacchus. » (Fast. III, 767.) Dans un autre passage, il s'adresse au dieu lui-même : *Bacche, racemiferos hedera redimite capillos.* « Bacchus, toi dont la tête couverte de grappes « de raisins est couronnée de lierre. » (Fast. VI, 483.) Noël, dans son *Dictionnaire de la Fable*, nous représente les prêtresses de Bacchus à moitié nues, et couvertes seulement d'une écharpe en peau de tigre; elles portaient des couronnes de lierre et des ceintures de pampres. Le lierre avait, dit-on, la propriété d'éloigner l'ivresse; cependant Pline dit en parlant de cette plante : *Hedera in medicina anceps.* « Le lierre est un remède douteux. » (XXXIV, 47.) Quoi qu'il en soit, on en couronnait aussi les poètes, et peut-être voulait-on par là leur rappeler qu'ils devaient se prémunir contre l'enivrement de l'exaltation ; ce qui n'empêche pas Horace de se montrer glorieux d'être ainsi décoré :

Me doctarum hederæ præmia frontium
 Dis miscent superis.......... (Od. 1, I, 29.)

« Cet ornement des doctes fronts semble me permettre
« la compagnie des dieux. » Virgile invite les bergers
arcadiens à couronner de lierre le poète dans sa jeunesse :

Pastores, hedera crescentem ornate poetam,
Arcades.........   (Eclog. VII, 25.)

Je n'ai pas besoin de faire de plus nombreuses citations pour prouver que les célébrants des fêtes de Bacchus se couvraient de feuilles de vigne et de lierre, et rien ne surprendra que, dans les excès de l'orgie, on mît de côté ce léger vêtement. Quand on flagellait l'immoralité, on posait en scène les bacchanales, et c'est à leur occasion que Juvénal parle des hypocrites, qui font semblant d'être des Curius (1) et vivent au milieu des bacchanales :

Qui Curios simulant et bacchanalia vivunt.
                              (Sat. IIe, v. 3.)

Quelques siècles plus tard, Aur. Prudentius (2) tonnait contre les Ménades ou bacchantes, qui tournaient dans un cercle d'abominations :

Mœnadas inflammante mero, in scelus omne rotatas.
                              (Contra Symn. I, 134.)

---

(1) M. Curius triompha des Samnites et des Sabins, et chassa Pyrrhus de l'Italie. Les Samnites lui offrant de riches présents, il les refusa, en disant qu'il préférait commander à ceux qui avaient de l'or, plutôt que d'en avoir lui-même.

(2) Aurelius Prudentius Clemens, poète latin né en Espagne, florissait vers l'an 392 de notre ère. Il fut successivement avocat, magistrat, homme de guerre, et se distingua dans toutes ces professsions.

(*Dict. des Auteurs classiques*, par Math. Christophe.)

Cette citation de Prudentius montre que le scandale des bacchanales se maintint, même après la victoire du christianisme.

Les corbeilles couvertes de feuillage qui servent à la traduction donnée par Dacier, et que, d'après lui, on emportait, en les exposant à la clarté du jour, ne me sembleraient pas devoir exciter l'indignation d'Horace. Il n'y avait rien dans cet acte qui eût un cachet d'immoralité, et la muse de bon goût du poète aurait eu à peine à blâmer une conduite irrespectueuse envers des symboles sacrés. Au reste, ces corbeilles jouent un très-petit rôle dans le culte de Bacchus, car je n'ai rien trouvé qui y eût trait ; et d'ailleurs Horace devait être assez philosophe pour y attacher une médiocre importance. Si les préposés au culte de Bacchus laissaient emporter la statue et les corbeilles couvertes de feuillage, c'est que rien ne s'opposait à cette action, qui n'occasionnait pas le moindre scandale; tandis que la dénudation complète des bacchants et des bacchantes en état d'ivresse, était capable de révolter même les païens, chez lesquels le sentiment de la pudeur n'était pas entièrement éteint, puisqu'on voyait à Rome, dans la XIe région, deux temples consacrés à la pudeur : *Ædes pudicitiæ patriciæ, et ædes pudicitiæ plebeiæ.*

NOTICE SUR L'ILE DE MÉTELIN

L'ANTIQUE LESBOS

Ruinée par un tremblement de terre du mois de mars 1867.

E charme attaché aux souvenirs classiques est compris de tous les hommes d'intelligence élevée, et les grands seigneurs utilitaires, qui se moquent du grec et du latin, seraient bien étonnés si l'on cherchait à leur démontrer l'immense intérêt qui résulte de l'étude des langues antiques. A tout moment les faits contemporains ramènent sur la scène des nations ou des villes célèbres presque oubliées, et l'esprit du penseur trouve une jouissance infinie à se reporter au temps de sa jeunesse, en entendant prononcer des noms grecs ou latins, restés gravés dans sa mémoire. Ces réflexions me sont suggérées par la nouvelle que les journaux ont donnée, de la ruine presque complète des villes et villages de l'île de Métélin, à la suite d'un tremblement de terre du mois de mars 1867. L'antique Lesbos s'est aussitôt présentée à ma mémoire, et, me laissant aller sur la pente de mes inclinations, je me

suis mis à rechercher les titres historiques de cette île, une des principales de la mer Egée.

L'île de Métclin, moins connue de nos jours que l'antique Lesbos, a pris son nom actuel de Mitylène, sa ville capitale. Avant de porter celui de Lesbos, elle s'est appelée successivement Himerta, Lasia, Pelasgia, Ægira, Æthiope, Macaria, et elle possédait neuf villes, parmi lesquelles Pyrrha fut engloutie par la mer et Arisbe renversée par un tremblement de terre. (Plin, v. 39.) On voit donc que, dès la plus haute antiquité, Lesbos eut à souffrir le contrecoup des phénomènes terrestres. Diodore de Sicile (v. 49) prétend qu'elle fut dévastée par le déluge de Deucalion, ce dont il est permis de douter. En effet, il est généralement admis que ce déluge fut le résultat d'une dislocation qui, dans les montagnes de la Thessalie, aurait façonné le lit du Pénée et donné écoulement à ses eaux, retenues auparavant par un barrage naturel. Quand on jette les yeux sur une carte de la Grèce et de la mer Egée, on reconnaît bientôt, par suite de l'éloignement de Lesbos des côtes de la Thessalie, que ce cataclysme, qui relativement ne fut pas considérable, n'a pu produire des effets diluviens dans l'île de Lesbos.

Si elle a eu réellement à subir une inondation, ce fut probablement à la suite d'une catastrophe géologique, signalée par Diodore lui-même, et dont les observations contemporaines paraissent avoir confirmé la réalité. Cette catastrophe aurait été la suite d'une issue donnée aux eaux du Pont-Euxin, dans la Propontide, par la rupture d'une digue naturelle, dont les îles Cyanées, à l'entrée du canal de Constantinople, semblent être un souvenir. A cette époque le Pont-Euxin, ayant un niveau beaucoup plus élevé, ne formait qu'une vaste mer avec la Caspienne, et si l'on calcule la masse d'eau que la dislocation en question dut amener dans la Propontide et, de là, dans la mer Égée, on peut présumer, sans trop risquer de se tromper, que d'immenses vagues balayèrent les parties basses des îles de cette mer (1). D'après Diodore, les habitants de la Samothrace avaient conservé le souvenir de ce diluvium, antérieur à ceux d'Ogygès et de Deucalion. Le premier est attribué au lac de Copaïs, dont les eaux se répandirent dans la Béotie et parvinrent jusqu'à l'Attique. (Strab, 1, 9.)

Quoi qu'il en soit, la catastrophe qui vient de ruiner l'île de Métélin n'est pas un phénomène absolument nouveau. Strabon (XIII, 2) nous signale Pyrrha, une de ses villes, comme entièrement détruite et dont il ne restait plus, de son temps, qu'un petit nombre d'habitations, en dehors de la ville ancienne. Il n'explique pas la cause de cette destruction; mais Pline nous a appris plus haut que Pyrrha fut engloutie par la mer (V, 39), et l'on peut, dans ce fait, soupçonner le résultat d'un tremblement de terre. Au reste, l'immense quantité d'îles dont se compose l'archipel de Grèce, indique de grands bouleversements dans cette partie du globe. L'île de Santorin, l'antique Thérasia du groupe des Cyclades, était consacrée à Vulcain et contenait un volcan. Pline parle d'une série de commotions qui ont fait apparaître dans

(1) Pour les détails, je renvoie à la *Géologie de la période quaternaire et introduction à l'histoire ancienne*, par Henri Reboul, correspondant de l'Institut.

ses eaux plusieurs îlots. De fortes éruptions, l'une en 1573, les autres en 1707 et 1709, firent surgir dans ces parages deux îles : la petite et la nouvelle Kaméni. (Pline, iv, 23, iii, 14. — Labèche, Géologie, p. 143.) On voit que l'archipel de la Grèce a été le théâtre de plusieurs révolutions terrestres. Il n'est donc pas étonnant de voir se renouveler des catastrophes, qui sont la suite des anciennes perturbations du sol, et qui se sont reproduites en 1866; car les journaux de mars de cette année signalent l'éruption volcanique de Santorin et l'apparition imprévue d'une île nouvelle.

Lesbos, située près du rivage de la Troade, était célèbre dans l'antiquité, et c'est pour cette raison qu'Horace lui donne l'épithète de *Nota*. Lesbus, fils de Lapithe et petit-fils d'Æole, pour obéir à un oracle, aborda dans cette île avec ses compagnons. Il épousa Méthymno, fille de Macarée, roi du pays, et il devint son successeur. Quand il fut définitivement établi, il donna son nom à son petit royaume, et les deux villes principales, Méthymne et Mitylène, prirent le leur des deux filles de Macarée. Il paraît que Lesbos avait joui, dans des temps reculés, d'une certaine puissance maritime; car on cite une sibylle qui avait annoncé, bien longtemps avant l'évènement, que les Lesbiens perdraient l'empire des mers, *Lesbios amissuros imperium maris*. (Hor. i, 2. — Diod. v, 49. — P. Mela, ii, 7. — Solin, ii.)

Un petit État, entouré de puissants rivaux, sent ordinairement le besoin de se fortifier en contractant des alliances, et c'est dans cette intention que les Lesbiens cherchèrent un appui auprès des Athéniens; mais il paraît que ces protecteurs intéressés, voulant tirer parti des secours accordés à leurs alliés, s'emparèrent peu à peu des villes de Lesbos et en refoulèrent les habitants dans celle de Mitylène. Les Mityléniens constituèrent donc la vraie nationalité de l'île, et une haine patriotique fermenta parmi eux, en attendant que l'occasion leur permît de secouer le joug.

Dans la première moitié du V⁰ siècle avant l'ère chrétienne, la guerre du Péloponèse et l'invasion de la peste tenaient les Athéniens en échec. Les habitants de Mitylène résolurent donc de profiter des événements en se révoltant contre la tyrannie étrangère. Ils envoyèrent une ambassade aux Lacédémoniens et offrirent de mettre une flotte à leur disposition ; mais les Athéniens, avertis par leurs partisans de Méthymne, envoyèrent aussitôt de nombreux bâtiments qui surprirent les Mityléniens et les obligèrent, après un combat naval, à chercher un refuge derrière leurs murailles. Les Lacédémoniens, arrivant trop tard avec quarante-quatre vaisseaux, se rabattirent sur l'Attique, dont ils ravagèrent les campagnes, et rentrèrent ensuite dans leurs ports. Les malheureux Mityléniens, abandonnés à eux seuls, pressés par les assauts, par la famine et les dissensions intestines, furent obligés de capituler.

Lorsque la nouvelle de cette capitulation arriva à Athènes, le peuple, furieux contre des alliés défectionnaires, vota le massacre de la population mâle et la réduction en esclavage des femmes et des enfants, et un navire partit aussitôt pour porter cet ordre impitoyable. La multitude avait agi sous l'influence de Cléon, homme violent et cruel ; mais la partie saine des citoyens réagissant contre cette décision, la raison et la compassion reprirent le dessus, et un second vaisseau fut chargé d'empêcher l'exécution de cette terrible sentence. Il arriva heureusement à temps, et la population de Mitylène fut sauvée. Les Athéniens démolirent les remparts de la ville et tirèrent au sort, à leur bénéfice, toutes les propriétés territoriales, à l'exception seulement de celles qui appartenaient aux habitants de Methymne, qui, ainsi que je l'ai dit, étaient étrangers à Lesbos et partisans des vainqueurs. (Diod., xii, 22.) De tout temps les forts ont dominé les faibles, et le fait de l'alliance des Lesbiens avec les Athéniens doit fournir un sujet continuel de réflexions aux États secondaires qui contractent des traités avec des voisins puissants et ambitieux; un jour ou l'autre le sort des Mityléniens les attend.

Lesbos, comme Athènes, absorbée dans l'empire romain, ne joua pas un grand rôle dans l'histoire, et je rappellerai seulement que Germanicus, vers l'an 18 de Jésus-Christ, faisant un voyage en Grèce, aborda dans l'île de Lesbos, où sa femme, la grande Agrippine, accoucha de son dernier enfant, Julie, dont on connaît l'incestueuse conduite avec son frère Caracalla, et la fin déplorable. (Tac., ann. ii, 54.)

Mitylène, ville principale de Lesbos, était située entre Mithymne et Malia. Elle avait deux ports, et dans l'espace qui les séparait surgissait une île, qui constituait un de ses quartiers. (Strab., xii, 2.) Elle fut illustrée par un assez grand nombre de personnages célèbres; mais, sous le rapport de la moralité, elle avait une très-mauvaise réputation; c'est à ce point que le verbe *les-*

biari, du grec λεσβιάξειν, exprimait des actes d'une révoltante impudeur, et pour l'explication desquels je renvoie au *Glossarium eroticum*, à un grand nombre d'épigrammes de Martial, et surtout au chapitre XLIV° de la *Vie de Tibère*, par Suétone, qui donne des détails extrêmement réalistes. Je me permettrai de présumer que la charmante maîtresse de Catulle pourrait bien avoir reçu, comme châtiment de son dévergondage, le surnom de *Lesbia*. En effet, Apulée nous apprend, dans son *Apologie*, qu'elle s'appelait *Clodia*, et que c'est Catulle lui-même qui l'avait ainsi surnommée, *quod Lesbiam pro Clodia nominarit*. L'amant devait parfaitement connaître les inclinations de sa belle, et ce ne fut certainement pas sans raison qu'il lui infligea un nom déshonorant.

L'amour désordonné des jouissances matérielles permet ordinairement à la conscience de transiger facilement avec la question d'argent, et le fait suivant semble prouver la vérité de cette proposition. Pactyas était un Lydien dont Cyrus réclamait l'extradition. Réfugié à Cyme (1), les habitants de cette ville, pour se débarrasser d'un hôte compromettant, le confièrent aux Mityléniens ; ceux-ci appartenant déjà à l'école positive et sérieuse et voulant faire une bonne affaire, consentirent à le livrer, moyennant un prix convenu. Les habitants de Cyme, instruits de ce honteux marché, envoyèrent un vaisseau qui enleva Pactyas et le déposa à Chios. Mais

---

(1) Cyme, ville de l'Eolide ou Mysie ; elle possédait un temple d'Apollon, dans lequel Alexandre-le-Grand avait déposé un lustre, enlevé lors de la prise de Thèbes, et qui orna ensuite le temple d'Apollon Palatin. Plin., V, 32. — XXXIV, 8.)

les citoyens de cette île ne valaient pas mieux que ceux de Mitylène, et Pactyas, arraché du temple de Minerve, fut rendu aux Perses, qui donnèrent en échange à leurs complaisants auxiliaires le territoire de l'Atarnée, situé sur la côte voisine de la Mysie. (Herod., i, 160.)

La musique et la poésie furent une cause d'illustration pour l'île de Lesbos, et même l'on donna aux beaux vers l'épithète de lesbiens. Le musicien Terpandre naquit dans cette île, vers la 33e olympiade. Il ajouta trois cordes à la lyre, qui jusque-là n'en avait eu que quatre. On prétend qu'il apaisa une sédition à Sparte par la douceur de ses accents, et que le premier il composa des poèmes pour la lyre, *citharœdica carmina* (1).

Phrynis, de Mitylène, un descendant de Terpandre, remporta le prix aux jeux des Panathénées, célébrés à Athènes la 4e année de la 80e olympiade. Quelques-uns prétendent qu'il enrichit la lyre de deux nouvelles cordes; mais d'autres attribuent la huitième à Simonide et la neuvième à Thimothée. Etant à Sparte, il voulut se faire entendre sur cette lyre à neuf cordes; mais l'éphore Ecrépès, ennemi du progrès et dilettante du brouet noir, ne permit pas cette innovation, et même coupa, avec une hache, les deux cordes récemment ajoutées. (Strab., xiii, 2. — Pline, vii, 42. — Plutarque, dans la *Vie d'Argis*. — Rollin, *Histoire ancienne*.)

Arion, de Méthymne, florissait du temps de Périandre,

---

(2) Je recommande ce remède contre l'émeute à nos nombreuses sociétés musicales, mais je me permets cependant de douter de son efficacité contemporaine.

tyran de Corinthe, qui mourut à l'âge de 80 ans, l'année qui précéda la 49ᵉ olympiade. Quoique d'un caractère cruel et d'une excessive immoralité — car on prétend qu'il commit un inceste avec sa mère — Périandre protégeait cependant les gens de lettres et les artistes. Arion le suivit dans ses expéditions et en rapporta de grandes richesses. S'étant embarqué pour retourner à Lesbos, les matelots résolurent de le tuer afin de s'emparer de ses trésors. Réduit à cette extrémité, il les supplia de lui permettre de tirer encore quelques sons de sa lyre, et bientôt après il se précipita dans la mer. Un dauphin, attiré par la douceur de ses chants, le prit sur son dos et le transporta au cap de Ténare. Arion, miraculeusement sauvé, revint à la cour de Périandre, qui fit mettre les matelots en croix. Hérodote raconte qu'on voyait à Ténare un petit monument en bronze, consacré par Arion, et représentant un dauphin portant un homme sur son dos. Cette fable est acceptée par Properce, qui met en scène le dauphin:

Qui... Arionam vexerat... lyram.
(Eleg., II, 26.)

Pline cite des faits fort surprenants relatifs à l'attachement du dauphin pour l'homme et à son goût musical. Il dit qu'il n'oserait pas les rapporter, *pigeret referre*, s'ils n'étaient affirmés par des auteurs fort respectables, et il part de là pour accepter comme vraisemblable l'histoire d'Arion. (Strab., XII, 2. — Hérod., I, 23-24. — Pline, VIII, 9. — Diog. I, 7. — Sil. Ital., XI, 448.)

Le poète Alcée, inventeur des vers alcaïques, était de

Mitylène et contemporain de Pittacus, qui gouverna l'île de Lesbos, vers la 42ᵉ olympiade. La poésie d'Alcée était si vigoureuse qu'on le réprésentait comme tenant à la main un *plectrum* d'or. Horace, racontant qu'il a échappé à une mort imminente, par suite de la chute d'un arbre, dit qu'il a été bien près d'entendre Alcée chanter dans le royaume des ombres :

> *Et te sonantem plenius aureo,*
> *Alcœe, plectro. . . . .*
> (Od. II, 13.)

Il donne aux vers de ce poète l'épithète de menaçants, *Alcæi minaces camenæ* (Od. IV, 9), parce qu'en effet il avait vigoureusement déclamé contre les tyrans. Il prodigue des éloges au citoyen de Lesbos, *Lesbio civi* (Od. I, 32), qui, terrible pendant la guerre, sait pourtant chanter les Muses, Bacchus, Vénus,

> *Et Lycum, nigris oculis nigroque*
> *Crine decorum* (ut supra).

Ces chants, en l'honneur de *Lycus aux yeux et aux cheveux noirs*, sembleraient indiquer de la part d'Alcée un vice honteux, toléré par les Grecs, et sur lequel il serait scabreux de donner des détails. Cicéron, en parlant d'Alcée, le qualifie ainsi : *fortis vir in sua republica cognitus, qui de juvenum amore scribit.* (Tuscul., IV, 33.) Au reste, on peut consulter sur ce sujet un petit volume sans nom d'auteur, édité à Paris en 1861, par J. Gay, et intitulé : *Un point curieux des mœurs de la Grèce.*

Quant aux déclamations contre la tyrannie, nous savons par expérience qu'elles sont, le plus souvent, le résultat de l'ambition déçue et de l'exagération. Je pourrais même citer un tyran contemporain, expulsé avec ignominie, qui ne fut cependant qu'un roi bonhomme, tendant la main à tout le monde. Les dissensions intestines des Mityléniens, les conduisant au règne de l'anarchie, il devenait nécessaire de constituer un pouvoir qui pût ramener la régularité dans le gouvernement, et naturellement les hommes d'ordre se ralliaient au *tyran*. Les exaltés et les ambitieux continuaient leur opposition, et le poète Alcée était au nombre de ces derniers. Je vais même essayer de rechercher les motifs de sa haine contre Pittacus, qui fut un tyran des plus bénévoles, et dont les historiens parlent avec éloge.

Pittacus arriva au pouvoir avec l'aide d'Alcée et de son frère Antiménidas, guerrier célèbre, qualifié dans ses poèmes de *lutteur des rois*, βασιλήων παλαιστὴς. La guerre ayant éclaté entre les Athéniens et les Mityléniens, au sujet du promontoire et de la ville de Sigée, Pittacus résolut de terminer le différend par un combat singulier contre le général ennemi Phrynon, qui avait remporté le prix de la lutte aux jeux olympiques et qui, par conséquent, devait être un combattant redoutable. Ayant caché un filet sous son bouclier, il en enveloppa son adversaire, le tua et assura ainsi la victoire à ses concitoyens. Mais il paraît cependant que les Athéniens ne se tinrent pas pour battus, et qu'après avoir continué la guerre, ils restèrent maîtres de Sigée (1). Dans un combat, Alcée, obligé de fuir, abandonna ses armes au pouvoir des ennemis, qui les suspendirent dans le temple de Minerve, à Sigée. Il raconte lui-même et déplore son

---

(1) Sigée, ville de la Troade, sur le promontoire de ce nom, n'existait plus du temps de Pline. (V, 33.)

malheur, dans une épître adressée à son ami Mélanippe. Si Horace passe sous silence cette fuite honteuse, et s'il donne à Alcée l'épithète de *ferox bello*, c'est que, hélas ! lui-même, à la bataille de Philippes, en avait fait autant. Il est à présumer que la conduite d'Alcée, mise en regard du courage de Pittacus, fit fermenter l'envie dans le cœur du poète, et l'on sait que cette passion pardonne difficilement. Mais voici un fait qui contribua peut-être plus encore à exciter son animosité.

Pittacus, dans le but de prévenir l'ivrognerie, avait promulgué une loi qui punissait doublement un crime commis dans un moment d'ivresse. Or, l'île de Lesbos produisait des vins réputés, et Alcée passait pour être un fervent adorateur du dieu Bacchus. Athénée, qui donne un certain nombre de citations empruntées aux œuvres du susdit, nous le représente comme étant presque toujours ivre. Il nous apprend qu'Alcée, le poète lyrique, et Aristophane, le comique, composaient leurs vers dans un état d'ébriété. De notre temps, ils eussent probablement fumé la pipe et bu de l'absinthe. On comprend que la loi en question devait singulièrement exciter l'indignation des buveurs qui, sans doute, accusaient Pittacus de ne pas favoriser le commerce. C'est cette accusation que nous entendons répéter chaque jour contre *les puritains à courte vue, les partisans du brouet noir* (1), qui défendent les droits de l'esprit et du cœur, menacés par l'envahissement du culte de la matière. Notre poète devait naturellement se mettre à la tête du parti qui atta-

(1) Voir le *Salut public* du 7 mars 1867, à propos de l'organisation de la Société des courses.

quait les tendances anti-progressistes de l'ennemi du vin, et je pense que l'économie politique contemporaine ferait chorus avec lui. En effet, tous les vices font aller le commerce, car ils ont l'habitude de beaucoup consommer.

Pour démontrer combien était grande l'injustice d'Alcée à l'égard de Pittacus, je dirai que celui-ci, solidement installé, ne garda le pouvoir que dix ans, et qu'après avoir remis en ordre les affaires de l'Etat, il se démit volontairement de ses fonctions. Ses concitoyens voulant reconnaître les services qu'il avait rendus, lui firent présent de terres considérables. D'après Valère-Maxime, il refusa, pensant qu'il diminuerait d'autant sa gloire que la récompense serait plus considérable. Diogène de Laërte dit qu'il en garda seulement une partie. Ce dernier raconte aussi que Crésus ayant envoyé à Pittacus une somme d'argent, il ne voulut pas la recevoir, prétendant qu'il était assez riche. Strabon raconte que l'anarchie avait nécessité le règne des tyrans, et il fait l'éloge de Pittacus, qui ne profita du pouvoir que pour rendre le calme à son pays. Il donne aux poèmes d'Alcée l'épithète de στασιωτικοί, séditieux, et semble, par cette expression, infliger un blâme au poète, injustement satirique. Voici l'opinion de Quintilien sur Alcée : « Dans
« certaines parties de ses ouvrages, il mérite bien de
« tenir le *plectrum* d'or avec lequel il flagelle les tyrans.
« On trouve aussi chez lui de la moralité. Son style
« est précis, riche et clair, parfois semblable à celui
« d'Homère ; mais quand il veut plaisanter et parler
« d'amours, il tombe dans la bassesse. Il est beaucoup
« plus apte à parler des grandes choses. » (Strab., XIII,

2. — Hérod., v, 95. — Athen., x. — Diog., 1, 4. — Cicer. Tuscul., IV, 33.—Val.-Max,, VI, 5.—Quint., x, 1.)

Sapho, fille de Scamandronime et de Cléis, était native de l'île de Lesbos, et, d'après Athénée, vécut sous le règne d'Alyate, père de Crésus. Elle cultiva glorieusement la poésie et fut contemporaine d'Alcée, qui en devint amoureux, mais qui fut dédaigneusement repoussé. Ce refus doit sembler étonnant de la part d'une femme dont la morale paraît avoir été très-indépendante. Cependant il se pourrait que l'abandon fait par Alcée de ses armes, dans le combat dont j'ai parlé, fut la cause du mépris que Sapho lui témoigna. Je désirerais qu'il en fût ainsi, dans l'intérêt de la muse de Lesbos; mais je crois malheureusement qu'il existait d'autres motifs. En effet, on prétend que notre héroïne s'adressait de préférence aux jeunes filles, en les poursuivant de son amour contre nature. Horace met en scène :

. . . . *Quærentem*
Sapho puellis de popularibus.

et Ovide s'écrie tristement :

Lesbia quid docuit Sapho, nisi amare puellas?

Dans l'épître intitulée *Sapho Phaoni*, elle fait sa confession à son amant, et, après avoir nommé Anactorie, Cydno et Athis, elle ajoute :

Atque aliæ centum quæ non sine crimine amavi.

On pourrait objecter à cette grave accusation l'amour de Sapho pour Phaon, passion tellement ardente et malheureuse, qu'elle la conduisit au suicide ; mais Pline va se charger de nous donner l'explication un peu naïve de ce fait, qui semble contradictoire. L'île de Lesbos produit une substance végétale qu'on nomme *Eryngion*, et dont la racine a la forme des parties sexuelles de l'homme ou de la femme. Si un homme est assez heureux pour rencontrer la racine qui a l'aspect des parties mâles, il est assuré d'être adoré du sexe féminin. Or, Phaon fit cette rencontre, et telle fut la cause de la passion de Sapho. S'il ne céda pas, c'est que probablement il avait l'embarras du choix, puisque la racine miraculeuse lui livrait entièrement les beautés féminines, ou bien encore, c'est qu'il repoussait une femme qui avait des penchants contre nature.

Quoi qu'il en soit, Sapho s'abandonnant au désespoir, résolut d'en finir avec son amour, en se précipitant dans la mer, du haut du rocher de Leucade, situé dans une île du même nom, au débouché du golfe d'Ambracie, dans la mer Ionienne (1). Elle exécuta son projet, mais ne fut pas aussi heureuse que Vénus et Deucalion, qui, voulant se guérir de l'importunité des passions amoureuses, avaient tenté le même saut et prirent simplement un bain de mer. La malheureuse Sapho disparut sous les flots, et sa mésaventure corrigea probablement pour toujours les autres femmes du désir d'essayer ce dangereux remède. Au reste, on devait savoir que le saut de Leucade équivalait ordinairement à la mort. En effet, Strabon raconte qu'au-dessus du rocher existait un temple d'Apollon, et chaque année on avait coutume d'offrir

---

(1) Leucade est aujourd'hui Sainte-Maure, et le célèbre rocher se nomme Ducato. Dans une haute antiquité, Leucade était une péninsule, qui se reliait au golfe d'Ambracie; mais l'isthme fut coupé et la péninsule devint une île. (Strab., X, 3.)

en sacrifice au dieu des muses un criminel que l'on précipitait dans la mer. Il est vrai qu'on lui attachait, de chaque côté du corps des plumes et même des oiseaux pour amortir la chute. Quantité de rameurs se tenaient dans des barques, prêts à le recevoir, et si l'on parvenait à le sauver, on le conduisait en dehors de l'île de Leucade. (Athen., xiii. — Herod., v, 95. — Hor., od. ii, 13. — Ovid., Trist., ii, 365., Epist. xv. — Pline, xxii, 9, iv, 2. — P. Mela., vii. — Strab., x, 3.)

Voici l'histoire, ou, si l'on veut, la légende de Sapho, telle qu'on la trouve dans la plupart des recueils biographiques, et que j'ai vérifiée en remontant aux principales sources. Je dois dire cependant qu'aucune vie n'a été autant discutée; en effet, le talent poétique de Sapho lui avait valu justement un grand nombre d'admirateurs, qui ne se résignèrent pas à voir, dans cette muse remarquable, une femme de très-mauvaises mœurs, et si dans l'antiquité ce sentiment de bienveillance se fait déjà parfaitement remarquer, il n'arrive cependant pas à une absolution complète. Une chose positive, c'est que le nom de Sapho portait avec lui une très-mauvaise réputation morale. Il fallait donc trouver, dans l'intérêt de la cause, un moyen de défense, et alors on se rejeta sur ce fait, qu'il y a eu deux femmes du nom de Sapho, l'une célèbre par ses écrits, l'autre par sa mauvaise conduite. On les fait naître, la première à Mitylène, la seconde à Eressos. Elien, contemporain d'Adrien (xii., 19), dit que Platon met au nombre des sages Sapho, fille de Scamandronime, et que Lesbos avait donné naissance à une autre Sapho, courtisane et non poétesse, ἑταίρα οὐ ποιήτρια. Athénée, qui vécut aussi dans le 2ᵉ siècle, prétend que ce fut une courtisane du nom de Sapho qui s'éprit d'amour pour Phaon, et qu'elle était d'Eressos (Noct. att. XIII); ce qui n'a pas empêché Suidas, écrivain grec qui florissait vers l'an 1100, de faire naître à Eressos la muse de Lesbos (Notice sur Sapho, par Bréghot du Lut.) Dacier, dans ses notes sur l'ode XIII du Iᵉʳ livre d'Horace, adoptant l'opinion d'Athénée, assigne pour patrie à la poétesse la ville de Mitylène. Voici cependant un fait qui semblerait prouver que l'élève d'Apollon était véritablement d'Eressos : On sait que les habitants de Lesbos, glorieux des œuvres de leur compatriote, Sapho, firent graver son image sur leurs monnaies. (Pollux. onomast. IX, 6, 84). Or, en 1822, on trouva dans les ruines d'Agrigente une médaille ornée d'une tête de femme, avec le mot Σαπφο, suivi de ces quelques lettres ερεσι, ce qui signifie Sapho éressienne (1). (Bréghot du Lut. Notice sur Sapho). Il n'est pas à présumer que cette image fût celle de la vile courtisane; par conséquent la Sapho, illustre par son talent et l'honneur de son pays, était bien certainement d'Eressos. Il existe aussi au musée du Capitole un buste de Sapho, et la ville d'Eressos y est indiquée comme sa patrie. Visconti, qui adopte l'opinion des deux Sapho, pense que ce buste ne peut appartenir qu'à la courtisane; mais il est à présumer que la numismatique et la sculpture ont plutôt voulu faire passer à la postérité le poète féminin que la femme sans pudeur. (*Ut supra*).

(1) Un amateur d'antiquités, Allier d'Hauteroche, né à Lyon en 1766 et mort à Paris en 1827, a publié une gravure de cette médaille, qui lui a fourni le sujet d'une *Notice sur la courtisane Sapho d'Eressos*.

Pour sortir de l'impasse au fond de laquelle je suis arrêté, je ne trouve rien de mieux que de supposer qu'il n'y a eu qu'une seule Sapho, née à Eressos et habitante de Mitylène.

Malheureusement pour elle, son front s'est probablement couronné des lierres du poète et de ceux de la bacchante (1), et, comme je l'ai dit, l'embarras des admirateurs n'a trouvé d'autre issue que dans la création imaginaire de deux femmes du nom de Sapho.

La notice de feu Bréghot du Lut sur Sapho précède la publication des fragments poétiques de la célèbre Lesbienne, et dans la pièce VII elle dit franchement adieu à la virginité, qui lui promet de ne plus revenir. L'apologie entreprise par notre érudit compatriote est très-modérée et laisse la porte ouverte à la discussion ; car l'auteur, s'appuyant sur Visconti, avoue que l'opinon de Ménandre et celle de Strabon, confirmées par Ovide, sont d'un grand poids, quoique combattues par les témoignages de Nymphis, Athénée, Elien, Suidas, Apostolius.

Une dissertation approfondie sur tout ce qui a été écrit au sujet de l'existence d'une ou de deux Sapho demanderait un volume considérable, et je recommande aux curieux de ce genre d'érudition le poème en dix chants, à la gloire de Sapho, de L. Gorsse (Paris, 1805), accompagné de plus de trois cents pages de notes.

---

(1) Les poètes et les bacchants se couronnaient de lierre :

Hederas, bacchica serta.

(Ovid. trist., I, 5, 2.)

Doctarum hederæ præmia frontium.

(Hor. od., I, 1, 29.)

Après la lecture de cet immense plaidoyer, j'ai été convaincu, plus que jamais de l'existence d'une seule Sapho, et de sa peu vertueuse conduite. L'auteur cite un assez grand nombre de passages défavorables à sa cliente; mais alors il prétend qu'il y a eu des fautes de copistes, et il corrige les textes. Ainsi Ovide, dans son héroïde XVe, met à nu, d'une manière fort réaliste, les penchants contre nature de la poétesse de Lesbos, et voici quelques-unes des corrections de Gorsse : *atque aliæ centum quæ non sine crimine amavi*, doit être rétabli de cette façon : *quæ hic sine crimine amavi*. Plus loin, *Lesbides infamem quæ me fecistis amatæ*, lisez : *quæ me fecistis amare*, et le mot *infamem* se rapporte à Phaon. Ayant à citer la traduction d'un dialogue sur l'amour, de Plutarque, dans lequel il est dit, en parlant de Sapho, qu'elle compose des vers à la vue de sa tendre amie, *visa sibi amasia*, il prétend qu'on doit lire : *amasio*. Horace (Ep. I, 19) et Ausone (Idyl. VI) donnent à Sapho l'épithète de *mascula*, ce qui signifie clairement qu'elle aimait, comme les hommes, le sexe féminin; mais Gorsse, qui trouve partout d'excellentes raisons, soutient que cette épithète s'adressait à la beauté des vers de sa cliente. Cependant, Ovide, Ephestion, Suidas, Maxime de Tyr, Zénobius, Anagore de Milet, etc., citent les noms des *amatæ* de Sapho, et son avocat, pour sortir d'embarras, prétend que ces femmes étaient simplement des élèves en poésie. L'auteur de ce plaidoyer met en présence les amis et les ennemis de sa protégée, et parmi les premiers il cite une madame Pipelet! devenue ensuite madame de Salm, qui aurait produit sur la scène l'héroïne de ce débat. Dans le nombre des seconds, il range le *fameux* Bayle qui a été *un des plus violents détracteurs des mœurs de Sapho*. Il nous apprend aussi que Wolf a réuni tout ce qui a été dit pour et contre, et que le jugement de cet écrivain est peu favorable à Sapho. La question de savoir si elle a été belle, oui ou non, a été fortement controversée; mais comme ce n'est qu'un détail peu important, je ne m'en occuperai pas, et je laisserai toute la responsabilité à Ovide, qui fait ainsi parler Sapho : *mihi difficilis formam natura negavit…. brevis sum*, etc. (Héroïd. xv.)

Cette discussion sur les mœurs de Sapho peut trouver son analogue dans celle qui a lieu, au sujet de Louise Labé, dite la Sapho lyonnaise. La proximité de l'époque où vécut cette muse ne permet pas de trancher la question, en supposant qu'il a existé deux femmes du même nom, et l'on doit simplement résoudre le problème du vice et de la vertu par l'examen des faits bien connus et des œuvres de notre célèbre compatriote. Le sentiment qui poussa les admirateurs de la muse de Lesbos à en faire un modèle de vertu a peut-être agi de la même manière à l'égard de la Sapho lyonnaise. Cependant beaucoup de gens sont restés dans le doute, et je recommande à ce sujet le Dialogue entre Sapho et Louise Labé, composé par feu Dumas. L'auteur ne me semble pas plus persuadé de la vertu de la Sapho lesbienne que de celle de la Sapho lyonnaise, et en effet il serait bien difficile de croire à la pudeur de cette dernière, quand on lit le sonnet suivant, imité en partie de Catulle (Carm. v.), *Da mi basia mille, deinde centum* :

> Baise m'encor, rebaise moy et baise :
> Donne m'en un de tes plus savoureus,

> Donne m'en un de tes plus amoureus:
> Je t'en rendrai quatre plus chaus que braise.
>
> Las, te pleins-tu ? ça que ce mal j'apaise,
> En t'en donnant dix autres doucereux.
> Ainsi meslans nos baisers tant heureux
> Jouissons-nous l'un de l'autre à notre aise.
>
> Lors double vie à chacun en suivra.
> Chacun en soy et son ami vivra.
> Permets m'amour penser quelque folie :
>
> Toujours suis mal, vivant discrètement,
> Et ne me puis donner contentement,
> Si hors de moy ne fay quelque saillie.

Outre ces vers, qui ne sentent pas l'amour platonique, l'histoire nous apprend qu'en 1542 Louise Labé, âgée de seize ans à peine, suivit l'armée française, qui allait mettre le siége devant Perpignan, et qu'elle reçut le nom de capitaine Louis. Dans le dialogue précité de Dumas, la Sapho lyonnaise s'exprime ainsi : « Il est fâcheux qu'en « montrant ma bravoure au siége de Perpignan, j'aie « montré aussi mon attachement pour l'amant que j'y « suivis. » M. Bréghot, dans sa notice, émet l'opinion que le désir de s'illustrer fut le seul motif qui poussa Louise Labé à jouer un rôle militaire, et qu'après cette expédition seulement *elle commença à ressentir les premières atteintes de l'amour.* Je laisse mes lecteurs libres de prononcer un jugement; mais je pense que si notre compatriote a reçu le nom de Sapho, c'est que son talent et ses mœurs ressemblaient beaucoup à ceux à l'illustre Lesbienne. On désirerait que la vertu fût toujours la compagne du talent, mais malheureusement la pratique de la vie nous apprend qu'il n'en est pas toujours ainsi, et que parfois le cœur ne s'élève pas au niveau de l'esprit.

Sapho avait trois frères, Eurige, Larichus et Charaxès. On ne connaît aucun fait relatif au premier ; le second, dans les repas du prytanée de Mitylène, où l'on servait les mets les plus exquis, remplissait les fonctions d'échanson, lesquelles n'étaient ordinairement confiées qu'à un beau jeune homme. Le troisième, Charaxès, fut, ainsi que sa sœur, victime de l'amour. Xanthus, habitant de Samos, avait à son service une esclave d'une beauté remarquable, et voulant tirer parti de ses charmes, il l'amena en Egypte. Charaxès, qui s'y trouvait, aperçut la belle Rhodope, en devint éperdûment amoureux, et la racheta très-chèrement. Mais, devenue libre, elle abandonna son bienfaiteur et s'établit à Naucrate, ville célèbre par sa population de courtisanes. C'était alors le seul marché de l'Égypte ouvert aux étrangers qui n'avaient pas la permission d'aborder ailleurs. Si un vaisseau se présentait à une autre branche du Nil, il fallait que l'équipage jurât que c'était malgré lui, et on obligeait le bâtiment à reprendre la bouche canopique. Quand les vents s'y opposaient, les marchandises devaient être déchargées et conduites à Naucrate, en faisant le tour du delta. C'est ainsi que cette ville devint extrêmement florissante.

Charaxès revint un peu désappointé à Mitylène, et Sapho, qui donne à Rhodope le nom de Dorica, se moqua dans ses vers de la déconvenue de son pauvre frère. Comme il faisait le commerce maritime, il avait apporté à Naucrate un chargement de vin de Lesbos très-réputé pour son excellence. Après sa ruine complète par Rhodope, il fut obligé de reprendre ses pérignrinations maritimes, et, si nous en croyons Ovide, il ne se conduisit pas avec toute l'honnêteté désirable. Ruiné par une vile courtisane, *victus meretricis amore*, il voulut refaire sa fortune en employant toute espèce de moyens :

> *Factus inops, agili peragit freta cœrula remo,*
> *Quasque male amisit nunc male quærit opes.*

Ce distique pourrait malheureusement trouver de nombreuses applications dans le passé et le présent. Celui qui a été ruiné par une vie de luxe et de dissipation est prêt à tout pour remonter sur le piédestal de la fortune et de l'orgueil. Ovide semble indiquer que Charaxès se fit honteusement pirate ; ce qui serait, au point de vue moral, l'équivalent de certains de nos contemporains, qui vont jouer à la Bourse avec l'intention bien arrêtée de ne pas payer leurs différences.

Il paraît qu'en peu d'années Rhodope fit une fortune considérable en ruinant probablement une grande quantité d'hommes, qui, dans ces temps-là, étaient aussi imbéciles que ceux d'aujourd'hui. Reconnaissante envers les dieux, Rhodope voulut laisser un souvenir qui rappelât leur protection à son égard. Elle fit fabriquer et placer dans le temple de Delphes de nombreuses broches de fer, propres à rôtir des bœufs entiers, probablement pour les sacrifices, et la dépense occasionnée par cette offrande se monta à la dixième partie de ses biens. Je ne saurais dire si cette pieuse prodigalité fut antérieure ou postérieure aux dernières faveurs dont la fortune combla l'illustre courtisane. Un jour, pendant qu'elle prenait un bain, un aigle ayant enlevé une de ses chaussures la porta jusqu'à Memphis, où le roi rendait alors la justice en plein air. L'aigle, planant au-dessus, laissa tomber l'objet de son larcin. Frappé d'un événement si extraordinaire et admirant la mignonne pantoufle, le monarque égyptien ordonna qu'on recherchât la femme à qui elle appartenait. On la trouva bientôt à Naucrate, et elle fut amenée au roi, qui s'éprit d'amour pour elle et finit par l'épouser. On ne peut pas lire cette jolie histoire sans s'écrier qu'il n'y a rien de nouveau sous le soleil, *nil sub sole novi,* et en effet, voilà le conte de Cendrillon renouvelé des Grecs et des Egyptiens ! Quand Rhodope mourut, on lui éleva un tombeau que Strabon prétend être la plus petite des trois pyramides. Hérodote cependant semblait douter de ce fait, lorsqu'il disait que la susdite courtisane avait amassé d'immenses richesses, mais pourtant pas au point d'en pouvoir élever une des pyramides. (Hérod., II, 135, 129. — Strab., X, 3; XVII, 1, 14. — Ovid., epist. I, 21, Sapho Phaoni.)

J'ai puisé mes documents sur Rhodope dans Hérodote et Strabon ; mais je dois ajouter qu'Athénée, — qui florissait dans le second siècle de notre ère, — prétend qu'Hérodote s'est trompé. D'après lui, l'amante de Charaxès se nommait réellement Dorica, et Rhodope, qui consacra des broches dans le temple de Delphes, était une autre célébrité féminine. Rollin accepte la Rhodope d'Hérodote, et je laisse à de plus érudits que moi le soin d'élucider cette difficulté. Je ferai seulement remarquer combien il serait étonnant que Strabon, contemporain d'Auguste et de Tibère, et qui vécut plusieurs siècles après Hérodote, eût adopté sans examen la version de son prédécesseur.

Alcée et Sapho, dont il ne reste que de rares fragments, trouvèrent un commentateur dans la personne de Callias, leur compatriote, sur le compte duquel l'histoire est restée muette.

Hellanicus de Mytilène, historien, florissait du temps d'Hérodote et de Thucydide. Au commencement de la guerre du Péloponèse, le premier avait 65 ans, le second 53 et le troisième 40. Cette guerre, qui dura 27 ans, s'engagea la première année de l'olympiade 67, et l'ère des olympiades date de l'an 776 avant Jésus-Christ. Hellanicus composa l'histoire des anciens rois et celle des fondateurs des villes célèbres. Pline le cite, sans donner de détails sur ses travaux, sinon que cet historien prétend que des individus de la nation des Epiens, en Etolie, atteignaient l'âge de deux cents ans. Cette affirmation indiquerait, de la part d'Hellanicus, un esprit peu enclin à l'examen critique; car cette longévité n'est pas croyable. Diodore cite le nom d'Hellanicus à l'occasion d'un travail sur les sources du Nil; mais il est à présumer qu'il s'agit ici d'Hellanicus de Milet, postérieur à celui de Mitylène, et qui a donné une description de la terre. (Strab., XIII, 2. — Plin., VII, 49. — Diod., I, 1, 23, notes de l'abbé Terrasson. — Aul. Gell., XV, 23. — *Dict. aut. class.*, par Math. Christophe. — Rollin, *Hist. anc.*)

L'île de Lesbos n'était pas seulement célèbre par ses poètes, elle avait encore acquis de la notoriété par la bonté de ses vins. Au reste, les vins grecs étaient très-estimés à Rome, et cependant ils subissaient une préparation qui nous semblerait bien singulière, car on les mélangeait avec une assez forte proportion de sel. Cette invention était due à un esclave de l'île de Cos, qui remplaçait par de l'eau de mer ses larcins dans les amphores de son maître. Le vin de Lesbos possédait naturellement cette saveur artificielle, — je ne dirai pas salée, mais résultant plutôt d'une certaine combinaison des éléments du sel avec ceux du vin, — et cette propriété lui donnait un grand prix. Au reste, il n'était pas le seul à avoir les qualités de vins préparés au moyen de divers ingrédients. Ainsi, par exemple, les Romains communiquaient artificiellement au vin le goût de la poix, et celui de Vienne possédait naturellement cette saveur. C'est en raison de cela que Martial donne à cette ville les épithètes de *pulchra* et de *vitifera*. (XIII, 107. — VII, 87.)

Quand on voulait fabriquer du vin grec, on faisait sécher les raisins au soleil pendant trois jours ; le quatrième on les pressait, en y ajoutant du sel, et si l'on égrenait les grappes, le vin gagnait en qualité. Il est à présumer que le sel ne restait pas dans son état naturel : le chlorure de sodium se décomposait et ses éléments se combinaient avec ceux du vin ; la même chose a lieu pour le sucre, qui précipite son alcool, met en liberté l'acide carbonique, chargé de produire la mousse, et ne donne pas au liquide une saveur sucrée. Ælianus, dans une nomenclature des vins grecs, parmi lesquels il cite celui de Lesbos, en signale un que l'on nommait Doux, γλυκυς, parce qu'il avait en effet cette saveur. Peut-être était-ce le vin grec dans son état naturel. En effet, le vin de Chypre contemporain est très-doux, très-liquoreux, et ressemble à celui de Malaga.

Le vin de Lesbos commença à avoir une grande vogue par l'autorité d'Erasistrate, médecin renommé, qui florissait vers l'an de Rome 450. Au début, le vin grec était si estimé que dans les repas on n'en servait qu'une seule fois, et chez le père du fameux Lucullus on s'était toujours astreint à cette règle; mais le fils n'imita pas la ridicule parcimonie paternelle, et quand il revint d'Asie, il en fit distribuer au peuple cent mille cadus (1). César, dictateur, dans le repas donné à la suite de son triomphe, en distribua à chaque groupe de convives une amphore (2). Nommé prêtre épulon, lors de son troisième consulat, il distribua du Falerne, du Chios, du Lesbos et du Mamertin. Ce fut la première fois que l'on servit quatre espèces de vins, et ce progrès conduisait à grands pas vers l'époque de la décadence. (Plin., XIV, 3, 4, 6, 16, 17, 18. — Colum., XII, 23, 24, 25, 37. — Cat., 105, 112, 113. — Ælian., XII, 31.) Ce furent probablement les descendants de ces Romains, enivrés par César, qui plus tard allaient déposer sur le tombeau de l'abominable Néron les fleurs du printemps et de l'été, *et tamen non defuerunt, qui, per longum tempus, vernis œstivisque floribus tumulum ejus ornarent.* (Suet., *in Ner.*, 57.)

La vigne n'était pas le seul végétal de Lesbos qui eût de singuliers priviléges. J'ai déjà parlé de la racine de l'Eryngion, et maintenant je citerai l'Evonymos, arbre qui avait beaucoup de ressemblance avec le grenadier.

---

(1) Le cadus, suivant les uns ou les autres, valait de 32 à 38 litres. (Notes de l'édition Nisard).

(2) L'amphore, 25 litres 92 (*ut supra*).

Si on le portait dans une maison, il y rendait les accouchements dangereux, et même occasionnait la mort. Il partageait cette propriété avec l'Ostrys, que produisait la Grèce. Le Picca, qui probablement n'est autre que le sapin, repoussait après avoir été brûlé sur pied, et le fait eut lieu à Lesbos, lors de l'incendie de la forêt de Pyrrha. (Plin., XIII, 37, 38. — XVI, 19.)

L'île de Lesbos absorbée dans l'empire romain en suivit les destinées, et quand il fut divisé en deux groupes de l'Orient et de l'Occident, elle fit partie du premier. Elle eut cependant, du XIV° au XV° siècle, un semblant d'indépendance. Jean Paléologue I*er*, en 1355, réussit à se débarrasser de Cantacuzène, son tuteur, par le secours de François Gatelusio, riche armateur génois, qui mit à sa disposition plusieurs bâtiments de commerce, et lui facilita la conquête par surprise du port de Constantinople. Pour reconnaître un tel service, Jean Paléologue donna en mariage à cet audacieux et intéressé auxiliaire sa sœur Marie Paléogine, à laquelle il constitua pour dot l'île de Lesbos, qui devint une principauté, et vécut ainsi l'espace d'un siècle, la prise de Constantinople par Mahomet II ayant eu lieu en 1458.

Déjà, en 1455, le jeune prince Dominique Gatelusio avait été obligé de rendre hommage au puissant musulman et de se reconnaître son tributaire. En 1462, Nicolas Gatelusio avait usurpé la souveraineté de l'île sur son frère Dominique, après l'avoir fait étrangler. Mahomet II, sous prétexte de venger ce crime, vint mettre le siége devant Mitylène ou Mételin. A la suite de honteuses intrigues, le grand-visir gagna Lucio Gatelusio, qui engagea son cousin Nicolas à traiter avec le sultan. L'affaire s'arrangea, et les deux traîtres, séduits par de superbes promesses, livrèrent leur pays aux Ottomans et partirent pour Constantinople. Ils furent bientôt accusés d'être les auteurs de la fuite d'un icoglan et de l'avoir converti au christianisme. Pour se tirer d'affaire, ils abjurèrent leur religion et se soumirent à la circoncision ; mais cet acte de lâcheté les rendit encore plus méprisables aux yeux de Mahomet II, qui trouva sans peine un prétexte pour leur faire trancher la tête. (Le Beau, *Hist. du Bas-Empire.*)

Dans le siècle suivant, un renégat, potier de l'île de Métélin, donna naissance à deux fils qui portèrent successivement le nom de Barberousse et se rendirent extrêmement célèbres. Ils demandèrent des ressources à la piraterie, et, la fortune favorisant leur audace, ils parvinrent à disposer d'une flotte importante. Barberousse Ier (l'aîné) s'empara traîtreusement du royaume d'Alger ; mais, par suite de sa tyrannie et de ses cruautés, il souleva contre lui une grande partie des Arabes. Ceux-ci, en 1518, soutenus par Gomarès, gouverneur d'Oran, qui leur amena un secours de dix mille Espagnols, attaquèrent l'usurpateur, au passage de la rivière de Huexda. Accablé par le nombre, il fut massacré avec la plupart de ses soldats, à l'âge de 44 ans.

Son frère, Barberousse II, lui succéda à Alger, et pendant vingt-huit ans remplit le monde du bruit de ses exploits. Sentant la nécessité d'avoir un fort point d'appui, il se mit entièrement au service du sultan, et sa vie fut une suite de triomphes et de barbaries. François Ier s'allia avec lui contre Charles-Quint, et la raison d'Etat, invoquée par M. Thiers (discours du 14 mars 1867 au

Corps législatif), ne me semble pas suffisante pour donner l'absolution au roi de France, qui prenait un auxiliaire dans la personne d'un barbare. La flotte française, réunie à celle de Barberousse, vint mettre le siége devant Nice, qui bientôt capitula; mais elle avait été évacuée par les habitants. Les assiégeants, ne pouvant réussir à s'emparer du château, se retirèrent et, par vengeance, incendièrent la malheureuse ville. Les ravages exercés sur les côtes d'Italie par l'heureux pirate Barberousse furent immenses, et après sa dernière campagne, il ramena à Constantinople sept mille captifs. A cette époque, il avait soixante-et-dix ans, et il continuait à s'abandonner aux délices du harem; mais, vainqueur des hommes, il était le sujet de la nature, et le 4 juillet 1546, on le trouva mort dans son lit. Ce ne fut probablement pour lui qu'un petit voyage, du paradis terrestre dans celui de Mahomet, avec cette agréable différence qu'il dut se trouver subitement rajeuni et qu'il put sans danger continuer sa voluptueuse carrière. (Garnier, continuateur de Velly. — Le Beau, *Hist. du Bas-Empire*. — *Biog. univ.*)

L'île de Métélin n'était plus connue que de nos marins; car elle entretient un commerce actif d'huile, de figues et de vin avec Smyrne. En 1755, elle souffrit beaucoup du tremblement de terre qui causa de si grands ravages à Lisbonne, et dont on ressentit la secousse, non-seulement en Europe, mais jusqu'aux Indes occidentales. En mars 1867, elle a été dévastée par un violent tremblement de terre, dont les oscillations se sont fait sentir pendant trois jours, à divers intervalles. La plus terrible secousse est celle qui a ébranlé la ville de

Métélin, dans la journée du 8 mars, et a duré quinze à dix-huit minutes. La mer, au milieu du port, se soulevait et écumait, comme si une explosion sous-marine venait d'avoir lieu. Le vieux et beau château, la cathédrale, le palais du gouverneur, la prison, les mosquées ne sont plus qu'un amas de ruines. Dans la partie basse de la ville, la terre s'est ouverte et a englouti complètement deux rangs de maisons qui bordaient une rue. A la place où elles étaient, il n'y a plus maintenant que la mer et des amas de boue. On compte plus de mille tués et un grand nombre de blessés. Métélin compte 7,000 habitants, qui presque tous appartiennent à la religion grecque. Le tremblement de terre s'est fait sentir sur toute la côte d'Asie, de Smyrne à Constantinople, et même a causé des ravages à Aïvali et Antivari.

Ces quelques détails, puisés dans les journaux, laissent certainement beaucoup à désirer, et si les effets de ce phénomène terrestre étaient étudiés par un géologue habile, la science s'enrichirait probablement d'observations importantes.

SERAIT-CE UN PRÉJUGÉ ?

ES réflexions que je vais soumettre aux doctes lecteurs de la *Gazette médicale* m'ont été suggérées par un feuilleton (16 juin 1866) de M. le docteur Garnier, qui, en nous détaillant quelques-uns des singuliers remèdes recommandés par Dioscorides et par son commentateur Mathiolus, demande à ses collègues s'ils n'ont jamais éprouvé de répulsion en faisant à leurs malades certaines prescriptions médicales. Il existe, en effet, des substances pharmaceutiques qui véritablement soulèveraient le cœur si l'on en connaissait la provenance. Ainsi donc l'auteur prend la défense de ce qu'on est convenu d'appeler la propreté, et je me sens aussitôt disposé à combattre à ses côtés. Cependant, bientôt après, voici la réflexion qui lâche à mon oreille ce grand mot philosophique : pourquoi ? et alors je me demande : Qu'est-ce que la propreté ? Cette interrogation d'abord me paraît ridicule ; mais peu à peu le rationa-

lisme l'emportant sur le sentiment, j'ai presque honte de résoudre malgré moi le problème, en répondant par le mot de préjugé.

En effet, dans le premier instant, je me suis écrié que tout ce qui affectait désagréablement l'odorat, le goût, la vue et la salubrité, devait être rangé dans la catégorie des choses malpropres, et qu'en outre, une multitude de substances de provenance animale faisaient naturellement soulever le cœur. Je croyais répondre victorieusement; mais la réflexion, renouvelant son examen, s'adresse à mon odorat, et lui demande s'il est disposé à donner un brevet de propreté à des habitudes qui le vexent singulièrement, et qui ne rencontrent pas la moindre contradiction, même dans le monde élégant, ce monde si délicat, qui impose à ses adeptes des lois d'une prétendue propreté, souvent tellement tyranniques, que les gens de bon sens se mettent en révolte contre leurs exigences.

Ainsi, par exemple, est-ce que l'usage de fumer sans se gêner n'équivaut pas à une fabrication de mauvaise odeur, qui s'exhale, non seulement pendant l'exercice du fumeur, mais qui imprègne toute sa personne d'une puanteur plus exécrable encore que celle de la fumée? Eh bien, cet attentat contre l'odorat est parfaitement reçu! Si l'on invite à dîner une société élégante, de suite après avoir pris le café les hommes vont fumer, et ils rentrent imprégnés d'une odeur qui fait mal au cœur. Les belles dames supportent philosophiquement ce crime de lèse-galanterie, et n'ont pas l'idée d'établir, dans une pièce contiguë au fumoir, un atelier de désinfection, où ces messieurs seraient passés au chlore. Je crois même qu'un homme qui ne fume pas est regardé comme une ganache, manquant totalement de *chic*. Quant à moi, j'avoue qu'un fumeur, après avoir accompli sa fonction, soumet mon odorat à un véritable supplice, et je ne sais si je ne préférerais pas des émanations d'hydrogène sulfuré. Lorsqu'on pense que les plus belles dames consentent à coucher côte à côte avec des maris empestés d'une haleine âcre et fétide, il est bien clair alors que la mauvaise odeur n'est pas regardée comme un élément de malpropreté; car les femmes à la mode ne voudraient pas être accusées de n'avoir aucun scrupule à cet égard.

Si de la fumée du tabac nous passons aux substances alimentaires, j'en pourrais citer une certaine quantité qui se distinguent par leur fétidité, et qui pourtant servent journellement à notre nourriture : ainsi, le fromage ! Si par un temps de chaleur on passe près d'un magasin fourni de Mont-d'Or, de Gruyère, de Roquefort, etc., il y a de quoi être asphyxié par l'infection, et cependant le nombre de gens, logiquement dégoûtés, qui ne mangent pas du fromage, est excessivement restreint. Beaucoup d'amateurs recherchent le gibier qui commence à se putréfier et répand une légère émanation d'hydrogène sulfuré. Dans l'antiquité, le *garum*, sauce puante, provenait de la décomposition des intestins de certains poissons que l'on faisait macérer dans le sel. Ce condiment répandait une odeur détestable, et il était très-estimé des gourmands du meilleur monde. Martial se plaint souvent de ses émanations, et cependant il lui donne l'épithète de *nobile*. Ce dernier trait prouve que de tout temps, si l'habitude a donné sa sanction, il n'y a plus rien de dégoûtant, surtout lorsque la substance est d'un haut prix; et le bon *garum*, celui de Carthagène, coûtait effectivement très-cher.

Les dames romaines du meilleur genre usaient d'un cosmétique fabriqué à Athènes, l'œsipe, qui provenait du suint des brebis et répandait une mauvaise odeur :

> *Æsipa quid redolent, quamvis mittantur Athenis,*
> *Demtus ab immundo vellere succus ovis?*
>
> (Ovid. *De art. am.* III, 213.)

Cette substance graisseuse empêchait la trop grande sécheresse de la peau, et il suffisait qu'elle fût reçue dans le beau monde pour que ses effluves puantes fussent universellement acceptées.

Je pourrais citer l'hydrogène sulfuré qui, dans certains cas, excite une grande répulsion, et que cependant on va respirer à pleins poumons à Aix, à Uriage, à Allevard, etc. Je ne m'étends pas sur ce détail, car il me faudrait différencier les diverses provenances de cet hydracide gazeux et donner des explications trop réalistes. Seulement, ce fait prouve que la mauvaise odeur ne constitue pas uniquement une accusation de malpropreté, et par conséquent je ne produirai pas d'autres exemples.

Voyons maintenant si le sens du goût a le droit d'établir une limite entre la propreté et la saleté. Avez-vous parfois essayé de mettre dans votre bouche une pincée de tabac à fumer, afin d'expérimenter en quoi consistaient les délices de la chique? J'ai fait cet essai, et je ne crois pas que mon palais et ma langue aient jamais éprouvé une sensation plus désagréable. Cependant on m'assure qu'à New-York, ce pays du confortable, la chique était parfaitement reçue. Je pense, en outre, qu'une bouche adonnée à la chique doit être empestée d'une haleine épouvantable. Eh bien! je suis persuadé d'une chose : si l'usage de savourer un *globulum stercoris*, comme une chique de tabac, était admis, on ne pourrait plus se dispenser de cette agréable distraction. Je pourrais citer une multitude de remèdes fort désagréables au goût, et qui pourtant ne sont pas réputés malpropres. Dans l'alimentation générale, il existe des substances qui donnent lieu à des répugnances particulières; mais personne ne les classera parmi les immondices. Ainsi donc, le sens du goût n'a pas qualité pour décider sur ce qui est propre ou sale.

La vue joue nécessairement un grand rôle dans les appréciations auxquelles je me livre. Il est certaines habitudes qui vexent singulièrement mes regards; mais comme elles ne sont plus le partage que des gens d'autrefois, la réaction commence à leur jeter la pierre. Je parle ici du tabac à priser qui, jadis, possédait son brevet de bon genre, ainsi que le cigare aujourd'hui. Les roués du siècle dernier, qui avaient ce que nous appelons du *chic*, se barbouillaient le nez de tabac, et les femmes acceptaient cet ignoble sans-gêne. Les priseurs n'ont pas la moindre conscience du dégoût qu'ils inspirent; ils semblent même se complaire dans la durée de leurs exercices. Le mouchoir affreusement souillé commence par se déployer aux yeux des spectateurs, en répandant une odeur fade et dégoûtante. Le priseur continue ainsi la conversation, et lorsque le nez, menaçant de couler, exige qu'on lui oppose une digue, alors, entre deux efforts d'expulsion, on place encore des paroles, et les auditeurs sont tentés de dire : Mouchez-vous donc vite, et vous continuerez. Certains priseurs sont affectés de l'incommodité de la roupie, et les malheureux ne l'essuient qu'après sa chute sur une lèvre complaisante ou sur une chemise tachée de bistre.

Je considère parfois avec anxiété les péripéties de ce drame impur, et je ne peux m'empêcher de plaindre la malheureuse victime de cet écoulement nasal. Afin de justifier ce titre de victime, je raconterai qu'un jour, me trouvant en présence d'un priseur, je divisai le nombre de minutes de ma visite par celui des opérations incessantes de mon interlocuteur, et je trouvai qu'il s'était mouché toutes les trois minutes. Comprend-on qu'on puisse se donner volontairement une pareille incommodité? Au reste, je demeure également ébahi, lorsque par des chaleurs caniculaires, je rencontre des passants avec un appareil de combustion dans la bouche. C'est à n'y rien comprendre, et quand je réfléchis au grand nombre de gens qui, dans semblable circonstance, aiment à faire de leur bouche une cornue distillant un gaz brûlant, et de leur nez un réceptacle de sécrétions embarrassantes, je suis tenté d'avouer mon inintelligence en matière de jouissances matérielles.

Parmi les choses désagréables à la vue, il est impossible de ne pas signaler les huîtres et tant d'autres coquillages qui, pour beaucoup de personnes, sont un objet de répulsion invincible, ce que l'on comprend parfaitement, tandis que les gourmets en font leurs délices. Mais je ne m'étends pas davantage sur un sujet qui trouvera sa place dans l'examen des matières animales.

Parmi ces substances, il en est une quantité pour lesquelles nous avons, sans aucune réflexion, une horreur instinctive. Ainsi, nous rangeons en général les sécrétions animales dans la classe des ordures. C'est probablement en raison de cette répugnance naturelle que M. le docteur Garnier plaint la belle dame nerveuse qui prend de la teinture de *castoreum* sans en connaître la provenance. Elle la connaîtrait qu'elle n'en refuserait pas plus l'emploi que celui du musc, élaboré dans les mêmes conditions, pourvu qu'il soit reçu d'en faire usage. De tout temps l'usage et la mode ont absous toute chose de l'accusation de saleté. Les élégantes de l'ancienne Rome employaient un cosmétique, extrait, d'après Horace (od. v, 12), *a stercore crocodili*, et qui exhalait une bonne odeur. Pline parle aussi de cette substance et donne l'explication suivante : *intestina crocodili diligenter exquiruntur, jucundo nidore farta* (XXXVIII, 28). Je pense qu'il n'y a de différence entre ces *stercora* et beaucoup d'autres que celle de l'odeur. Je demanderai de quoi se compose cette graisse amère qui des petits oiseaux à la broche découle sur des tranches de pain grillé, délices des amateurs ? Personne ne refuse d'en manger, et cependant ! Le lait n'est-il pas une sécrétion animale, et boirait-on toute espèce de lait ? Qu'est-ce que la laitance de carpe ? Du *sperma cyprini*. Maintenant analysons toutes ces sécrétions, et nous y rencontrerons de l'azote, du carbone, de l'hydrogène, de l'oxygène, et quelques autres corps simples en petite quantité. Y a-t-il une grande différence entre la m..... *de petit enfant*, laquelle, d'après Dioscorides ou Mathiolus, guérit de l'esquinancie, et celle des petits oiseaux que nous mangeons délicieusement ?

Rappelons-nous que le diamant n'est autre que du

charbon, et que la forme l'emporte sur le fond. M. Garnier met en scène la petite dame qui se révolte en voyant passer une araignée, et qui donne très-volontiers, sous l'influence de son médecin, une cuillerée de sirop de cloportes à son enfant, auquel cependant elle défend de toucher ces vilaines bêtes, qu'on appelle vulgairement rats de cave. En réfléchissant sérieusement, on ne voit pas pourquoi un cloporte serait plus malpropre qu'un bœuf ou qu'un mouton. Et les huîtres, les clovisses, les oursins! Nous les avalons pleins de vie et saturés d'un liquide visqueux, ressemblant à de bien horribles choses. Beaucoup de gens ne peuvent pas réprimer leur répugnance à l'égard de ces mollusques, dont les gourmands avalent des douze douzaines, et que personne ne songe à ranger parmi les produits de la malpropreté. La liste des substances du règne animal en usage chez les peuples étrangers excite notre répulsion, de même que ces peuples ne comprennent pas comment nous pouvons faire entrer dans notre alimentation certains produits qui leur paraissent immondes. On m'assure que les Chinois ont horreur du lait; et nous, serions-nous bien alléchés par des nids d'hirondelles? Nous nous envoyons mutuellement d'ironiques épithètes, et nous rions les uns des autres.

Quand on jette un coup d'œil sur le grand atelier de la nature, c'est bien alors que, tombant dans la stupeur, on devient sceptique sur le pourquoi de la propreté. Les végétaux sont consommés par les animaux, qui à leur tour les triturent, s'en assimilent une partie, et rendent le reste sous une forme repoussante. Ces végétaux, rendus ensuite à l'état de fumier, se reconstituent de nouveau, et cette métempsycose de la matière subit toujours les mêmes évolutions. Le pain est le résultat du blé, et le blé s'est nourri de l'engrais. Que de choses on pourrait dire à ce sujet! Mais l'espace limité d'un feuilleton ne le permet pas, et je vais maintenant examiner si les substances insalubres constituent ce que l'on appelle la saleté.

Parmi les habitudes les plus malsaines de notre temps, celles du tabac à fumer et de l'absinthe jouent un rôle considérable. La consommation de ces deux produits augmente chaque jour, et les faits d'empoisonnement intellectuel deviennent de plus en plus fréquents. Le fumeur, qui à chaque instant allume son cigare ou sa pipe avec une allumette, avale, en outre, une certaine quantité de phosphore, et ces diverses opérations, si on les taxe d'insalubrité, ne le sont pas de malpropreté. On pourrait citer de nombreux poisons minéraux et végétaux dont les femmes surtout font usage en consommant des cosmétiques de toute sorte, et je recommande à ce sujet le volume du docteur Constantin James, qui m'a fourni le sujet de deux précédents feuilletons. Enfin, je ne finirais pas si je voulais énumérer tous les attentats à l'hygiène publique et particulière signalés par la médecine, lesquels non seulement ne sont pas rangés parmi les éléments de la malpropreté, mais sont même recommandés par les usages du monde élégant. La toilette des dames fournirait de nombreux détails à cet égard, et ce serait en vain que l'on prêcherait sur un pareil sujet. On vous répondrait : C'est reçu, on ne peut pas faire autrement, et le procès serait bientôt jugé.

Il résulte de tout ce que je viens de dire, que l'habitude est la souveraine absolue, et que le propre ou le sale sont soumis à ses caprices autocratiques. Je ne peux mieux terminer qu'en citant un fragment d'un travail sur le tabac, dû à la plume spirituelle de M. Armand Fraisse, et inséré dans le *Salut public* du 2 juillet 1866 :

« Puissance de l'habitude !..... Moi qui fume beaucoup,
« j'affirme que les trois quarts du temps je n'ai aucun
« plaisir à fumer. Pour une ou deux pipes que je
« trouve bonnes dans une soirée, les autres m'empor-
« tent la bouche et me font peler la langue, et cepen-
« dant je fume toujours. C'est comme cela ! Raisonner
« d'une façon et se conduire d'une autre, c'est une des
« facultés qui distinguent l'homme de l'animal. Jamais
« un bœuf n'agira de la sorte, ni un âne non plus ; aussi
« le bœuf n'est pas un animal raisonnable, non plus
« que l'âne. Nous seuls sur la terre avons la faculté de
« raisonner, — et de déraisonner, par conséquent. »

(Extrait de la *Gazette médicale de Lyon*, du 16 juillet 1866.)

EXPLOITATION DES AMATEURS

D'OBJETS D'ART ET D'ANTIQUITÉ

E n'est pas seulement à la Bourse que l'on exploite certaines catégories du public, en faisant miroiter ce que l'on appelle une bonne affaire. Les marchands d'objets de curiosité savent aussi allécher les clients et leur vendre, non des actions, mais des tableaux ou des antiques dont l'authenticité est plus que douteuse. Il faut que les amateurs se tiennent continuellement en garde contre cette exploitation, et, pour appuyer mon conseil de quelques exemples, je vais citer certains faits, recueillis par moi il y a déjà longtemps, alors que je me préparais au voyage de Rome. En effet, si dans cette ville on ne rencontre pas de palais de la Bourse, on trouve une grande quantité de marchands de tableaux ayant autant d'*intelligence* que nos lanceurs d'actions.

Un gentilhomme irlandais se trouvait à Rome chez un brocanteur en renom, quand il voit entrer un domestique à livrée portant une lettre pour le marchand.

Celui-ci lit la lettre et dit au valet de répondre à ses maîtres qu'il n'a pas le temps de s'occuper de leur affaire. Il raconte alors confidentiellement à l'Irlandais qu'une grande famille bolonaise, à peu près ruinée, lui a envoyé plusieurs caisses de tableaux à vendre, mais que ses nombreuses affaires l'ont empêché jusqu'à présent d'exécuter la commission qu'il avait reçue. Aussitôt, impatience de milord, qui veut absolument voir ces chefs-d'œuvre ; résistance et indifférence feintes du marchand qui se décide enfin à déballer ces tableaux. On regarde le catalogue qui brille des noms du Dominicain, du Guide, des Carrache, de Carlo Dolce, etc. Ces toiles sont tellement enfumées que l'on peut à peine les voir. L'acheteur n'est que plus empressé, et il paye 24,000 francs en bloc ces tableaux valant tout au plus la dépense d'un nettoyage.

Un Anglais, amateur consommé, se trouvait chez le même marchand, lorsqu'il voit arriver un courrier à cheval, apportant une lettre au rusé brocanteur : celui-ci annonce à son acheteur qu'elle provenait d'un seigneur russe, qui regardait comme conclu le marché, à un prix très-élevé, du tableau qui était convoité par l'amateur en question. Dans la crainte de le laisser échapper, l'Anglais le paye plus cher que le Russe, sans se douter que le domestique, le courrier et la lettre, tout avait été inventé.

Un amateur russe, de passage à Florence, fut invité à une partie de chasse par quelques connaissances. Arrivés dans les Maremmes, les chasseurs remisèrent les chevaux et les voitures dans une ferme isolée. Le Russe, fatigué, laissa ses compagnons au milieu de la chasse et vint se reposer dans cette même ferme. Le paysan qui l'habitait le prit en particulier et lui avoua qu'il avait hérité d'un superbe tableau, dont la possession avait une origine un peu frauduleuse, et qu'il ne voulait s'en défaire qu'auprès d'un étranger, afin qu'on ignorât cette vente qui pouvait l'exposer à des poursuites judiciaires. Bref, le chef-d'œuvre était de Raphaël : l'amateur en fut persuadé et le paya 35,000 francs. Il emporta ce tableau, en quittant la Toscane pour éviter toute répétition, et vint à Rome où il exposa sa conquête. Un habile trafiquant reconnut que c'était simplement une imitation, fort bien exécutée, de la célèbre toile de Raphaël, *la madona del gran duca*, et l'auteur de la copie avoua son œuvre, qu'il avait vendue 800 francs. La partie de chasse, l'incident du paysan et l'héritage du Raphaël, tout cela avait servi à fabriquer une magnifique escroquerie. Le Russe revint à Florence dans l'intention d'entamer un procès ; mais l'affaire fut étouffée, moyennant la restitution d'une partie du prix. Ce Raphaël *bien authentique* orne probablement quelque musée d'Allemagne ; car le susdit Russe l'avait revendu à un prix peu inférieur à celui d'achat. On rencontre tant de Raphaëls, qu'il faut toujours être très-défiant à cet égard. Quelques connaisseurs même prétendent que la *vierge à la chaise* est d'une date bien postérieure au grand maître, et qu'elle a été exécutée sur un de ses dessins.

Les acheteurs ne font pas toujours de mauvaises affaires : ainsi un marchand de Rome acheta, en 1837, à Spollette, un tableau qu'il paya 30 francs ; il affirmait qu'il était de Raphaël, et il le fit restaurer. On le recouvrit d'une nouvelle peinture, à l'exception des têtes et des mains. Un amateur, agent d'une cour européenne, le paya une huitaine de mille francs. Quand une main habile en eut fait disparaître la restauration maladroite, on reconnut réellement un Raphaël, dont on ignorait l'existence : *les trois jeunes gens ressuscités sous le manteau du prophète.* Le même marchand eut l'heureuse chance de trouver une madone pleurant sur le corps du Christ. Il fit enlever la couche de peinture, due à une prétendue restauration, et le tableau devint une Vénus pleurant sur le corps d'Adonis. C'était un Annibal Carrache, dont on demandait 12,500 francs. Cette Vénus, prise pour une madone, prouve combien l'art chrétien avait dégénéré en Italie et s'était éloigné de la voie tracée par le Pérugin.

En 1835, un prince romain, possesseur d'un tableau que l'on regardait comme une copie de la Madeleine du Corrége, le vendit 80 francs. Cette toile, ayant été nettoyée et débarrassée de ses surpeints, devint un original. On l'évalua de 100 à 150,000 francs. Le prince fit un procès pour rentrer en possession du chef-d'œuvre, et en 1842, le procès durant toujours, les parties résolurent d'en finir par un arrangement; le tableau devait être vendu et le prix partagé entre les plaidants, déduction des frais; l'acheteur estimait les siens à 20,000 francs, et le prince un peu plus. Sur ces entrefaites, un amateur distingué ayant déclaré que ce n'était qu'une copie, ancienne à la vérité, il ne fut plus estimé que 12,500 fr., et cela suffit pour mettre fin à toute transaction. Il y a dans ce fait de quoi justifier le scepticisme de certaines gens à l'endroit des achats d'objets d'art.

Un tableau de Fra Paolo Lippi, volé pendant les guerres de la Révolution, échut à une pauvre femme qui le vendit 300 francs à un brocanteur florentin. Celui-ci le revendit à un confrère de Rome 2,000 francs, et le gouvernement papal l'acheta 7,500 francs, pour la galerie de Saint-Jean de Latran.

Un marchand se trouvant à Londres à une vente publique, remarqua un très-vieux tableau dans lequel il crut reconnaître le faire de quelque grand maître de l'école italienne, il l'acheta à vil prix. Ensuite il rapporta cette toile à Rome, et son premier soin fut de rechercher quel en était l'auteur. En comparant cette œuvre avec divers portraits qui se trouvent dans les galeries romaines, il ne tarda pas à se convaincre qu'il possédait celui de Victoria Colonna, femme du marquis de Pescara, général de Charles V, chantée par Michel-Ange qui, dans un de ses poèmes, nous apprend qu'il a peint cette dame. Ce fait indiquait naturellement que ce tableau pouvait bien être de Michel-Ange lui-même. L'heureux possesseur soumit ses conjectures à l'Académie de Saint-Luc; cette compagnie fit de longues et minutieuses recherches à ce sujet, et elle finit par déclarer à l'unanimité sa persuasion de l'exécution de ce tableau par le célèbre peintre et sculpteur. Les connaisseurs estimaient, en 1851, que ce chef-d'œuvre valait 160,000 francs.

D'après les faits que je viens d'exposer, on doit comprendre combien les amateurs sont alléchés par l'espérance de pareilles trouvailles. Ils ressemblent un peu à ces pauvres moutons qui fréquentent la Bourse et qui, séduits par l'exemple d'un heureux joueur, se laissent dépouiller par les grands spéculateurs, dont ils deviennent les dupes. L'amateur tenté ne sait pas résister, et l'anecdote suivante, par laquelle je termine mon récit, prouvera combien l'homme prudent doit se tenir sur ses gardes.

Un brocanteur d'antiquités, à Rome, ayant appris l'arrivée d'un Anglais, grand amateur de camées antiques, en fit fabriquer un parfaitement assorti au goût de cet acheteur. Pendant qu'on le montait en bague on le brisa. Le marchand fut désespéré, car le camée était effectivement d'un très-beau travail. Cependant il ne se découragea pas, et porta à l'Anglais le principal fragment en disant qu'un paysan l'avait dernièrement trouvé dans une fouille : l'anglais paya généreusement, le marchand revint quelques jours après, annonçant que de nouvelles fouilles avaient mis au jour un nouveau fragment ; l'amateur paya encore fort cher cette découverte. Bref, à force de chercher on retrouva tous les morceaux et le connaisseur en objets d'antiquités paya son camée beaucoup plus que s'il n'avait pas été brisé.

Les innocents touristes devraient profiter de la leçon, car ils sont souvent exposés. Ils prennent une voiture, pour une promenade dans la campagne de Rome ; un cocher, à l'air bonhomme, les conduit par hasard près d'un berger occupé à gratter la terre, et qui vient de trouver une statuette ou tout autre objet d'antiquité. Naturellement c'est une découverte prise sur le fait ; on offre un prix même assez élevé ; le rusé paysan se montre difficile, et l'on finit par payer fort cher un objet antique fabriqué *il y a peu de jours*.

Inséré dans la *France littéraire*. Novembre 1865. T. x. p. 92.

L'AUTOPEINTURE (1)

E n'est pas d'aujourd'hui que date l'art de se peindre soi-même, et, dès une haute antiquité, on connaissait les moyens de donner à sa vieille figure un air de jeunesse, et de changer en noir sa chevelure blanche. Mais, dans l'époque mythologique, avant tout progrès, la fontaine de Jouvence, c'est-à-dire l'eau pure, remplissait seule cet emploi de transformation, et j'avoue que je regrette ce cosmétique naturel. Je crois cependant que les parfumeurs ne seront pas de mon avis ; car le *maquillage* (2) fait parfaitement aller le commerce, et tout ce qui fait

---

(1) Je demande pardon à mes lecteurs d'employer une expression qui ne se trouve pas dans les dictionnaires, mais qui mériterait d'y avoir une place, d'autant plus que l'art signalé par moi ne date pas d'aujourd'hui.

(2) « Se maquiller : se couvrir le visage de carmin et de blanc de perle, « dans l'argot des petites dames, dont la beauté est l'unique gagne-pain, « et qui cherchent naturellement à dissimuler les outrages que les années « — et la débauche — peuvent y faire. » (*Dict. de la langue verte*).

aller le commerce est réputé comme un admirable progrès. C'est pour cela qu'un véritable économiste doit encourager le luxe, l'ivrognerie et la cocotterie.

A peine ouvre-t-on le livre de l'histoire, que l'on voit l'esprit humain s'appliquer à rechercher toute espèce de moyens pour combattre la loi impitoyable qui nous fait tous passer de jeunesse à vieillesse, et l'on se trouve en face de Jézabel, *quæ pinxit oculos suos stibio.* (Reg. IV. 9,30.) Si de la Bible je passe aux auteurs latins, Martial, le poète aux petites satires, me fournirait une multitude d'exemples de ces attentats contre la nature. Je citerai une seule de ses épigrammes, qui prouve que la mort ne se laisse pas tromper par ces vaines tentatives :

AD LENTINUM.

Mentiris juvenem tinctis, Lentine, capillis;
Tam subito corvus, qui modo cycnus eras.
Non omnes fallis. Scit te Proserpina canum :
Personam capiti detrahet illa tuo.

(III. 43.)

A LENTINUS.

En teignant tes cheveux tu fais le jouvenceau,
Hier blanc comme un cygne, aujourd'hui vrai corbeau.
Mais la mort, qui connaît ta blanche chevelure,
Ne se méprendra pas sur ta fausse coiffure.

Jusqu'à présent les chimistes ont attaqué les produits de la parfumerie, en démontrant combien ils étaient contraires à l'hygiène, et ils ont en effet prouvé que Mercure, ce grand Dieu de la Bourse, est aussi celui du maquillage : il ne lui faut qu'un bain de soufre pour usurper cette seconde divinité et il prend naturellement pour associé le blanc d'argent (1). Mais voici un industriel qui défie l'analyse chimique, et qui prétend rendre aux vieilles femmes leur première jeunesse, sans aucun danger pour leur santé.

J'espère que le docteur Constantin James (2) examinera de près cette nouvelle parfumerie et qu'il en rendra compte. En attendant, je crois que c'est une bonne œuvre de donner de la publicité à un prospectus destiné à mettre un terme à l'empoisonnement. Peut-être qu'un jour, de progrès en progrès, on parviendra à guérir les femmes — et les hommes — de l'absurdité de la coquetterie; mais nous n'en sommes pas encore là, et je vais donner un démenti à Platon, qui prétend que le beau consiste dans la splendeur du vrai, tandis que c'est véritablement dans la splendeur du faux. Mesdames, lisez et profitez.

A. SEGUY ET Cie, RUE DE LA PAIX, 17, A PARIS.
AUX ROSES DE JOUVENCE.
ROSE D'ARMIDE, SOIXANTE NUANCES GRADUÉES,
BLANC NYMPHEA, POUR BLONDES, CHATAINES ET BRUNES,
PARFUMERIE SPÉCIALE POUR DAMES.

« Jusqu'à ce jour, les blancs et les rouges de toilette
« avaient laissé beaucoup à désirer. Le blanc surtout,
« qu'on peut en général signaler comme un toxique
« redoutable, n'avait pas même, pour compenser ses

---

(1) Le blanc d'argent est tout simplement du carbonate de plomb.
(2) M. Constantin James a publié un livre intitulé : *Toilette d'une dame romaine et cosmétiques d'une parisienne au XIXe siècle*. La *Gazette médicale de Lyon*,, des 1er mai et 1er juin 1866, en a donné l'analyse.

« dangers, le mérite de rappeler la nature ou de séduire
« l'œil. Cependant les nécessités impérieuses du monde,
« l'appel irrésistible des soirées et des bals, qui s'im-
« posent aux dames de la haute société, les obligent
« souvent à se servir de ces comestiques au détriment
« de leur santé.

« Frappés de ces inconvénients, nous avons pensé que
« des produits qui seraient non-seulement d'une inno-
« cuité parfaite, mais qui rendraient encore au visage
« *la jeunesse, la fraîcheur, la beauté,* seraient favora-
« blement accueillis des dames du monde ; c'est pourquoi
« nous nous sommes décidés à faire connaître le *Blanc*
« *Nymphea* et le *Rose d'Armide,* etc., que de longues et
« patientes recherches nous ont révélés, et dont le succès
« a dépassé toute attente. »

Si je ne craignais pas d'être un peu long, je copierais
entièrement ce prospectus, et messieurs les médecins,
sans avoir besoin d'une des soixante teintes du *Rose*
d'Armide, rougiraient de leur ignorance. En effet, voilà
des industriels, qui ne sont peut-être pas même bache-
liers ès-sciences, et qui cependant sont parvenus à do-
miner la nature, tandis que les docteurs, *in omni re*
scibili, ne sauraient pas ôter une seule petite ride, ou
noircir un seul cheveu blanc. O vanité de la science !

Apprenez donc que le *Blanc Nymphea* efface les rides,
satine la peau et lui donne une vérité de ton parfaite. Cette
dernière qualité est fort à remarquer, car j'ai souvent cru
reconnaître sur certains visages une application de badi-
geon. Le *Rose d'Armide* (60 nuances graduées) donne un
éclat et une fraîcheur d'un effet si naturel qu'il défie l'œil
le plus exercé. Le pot coûte de 10 fr. à 150 fr. et l'on

n'explique pas si cette différence dans le prix, tient à la quantité ou à la qualité. L'*Incarnat pour les lèvres* rend et conserve au derme toute la souplesse en colorant les lèvres de la fraîcheur la plus éclatante, et c'est bien sur cette partie de la figure que le vieux sulfure de mercure est dangereux. Le *Pencil japonais* donne du relief à l'arc des sourcils, en dissimulant les parties qui ne sont que faiblement couvertes. Le *Surmeh de Circassie* se pose au bord extérieur des paupières, à la naissance des cils. Le *Bleu myosotis* adoucit le ton des yeux, en se plaçant sous la paupière inférieure, et sert à indiquer les veines des tempes, de la poitrine et des bras, etc.

Ce simple aperçu suffit à démontrer que, lorsqu'une femme est en possession de ces divers produits, il ne lui reste plus qu'à étudier l'art de *l'autopeinture*. C'est pour cela que le prospectus se termine par l'avis suivant :
« Les personnes qui désireraient recevoir des conseils
« sur l'emploi des cosmétiques le plus en harmonie avec
« leur physionomie, pourront s'adresser à notre maison,
« 17, rue la Paix, au 1er. »

Je me permettrai maintenant de donner un avis à la maison A. Seguy et Ce : ce serait de profiter de l'Exposition universelle pour montrer au public du monde entier une jolie collection de vieilles redevenues jeunes filles ; rien ne contribuerait davantage au succès de la parfumerie de Jouvence. Ladite maison a encore commis une faute dans son prospectus : elle ne devait pas uniquement s'adresser aux femmes ; car le sexe masculin use largement de *l'autopeinture*, et je pourrais citer plusieurs de mes contemporains qui ne dédaignent pas de peindre leur barbe, leurs cheveux et leurs figures ridées. C'est à ce propos, il y a quelques années, que je traduisis, dans le sonnet suivant, une conversation à laquelle j'avais assisté en tiers :

UN PEINTRE EXCELLENT.

—

« Lindor, me dites-vous, est un peintre excellent !
« Je n'avais pas encor soupçonné son talent,
« Et, craignant le grand jour, sa modestie aimable
« De ma sotte ignorance est la cause probable.

« J'en suis ravi pour lui : l'art est un stimulant
« Qui rajeunit l'esprit, un travail agréable
« Jetant sur la vieillesse un reflet honorable,
« Quand notre front penché s'est couronné de blanc.

« Fait-il tableaux d'histoire ou bien le paysage ?
« Je désire qu'il ait le génie en partage,
« Et que la gloire, un jour, vienne combler ses vœux. »

Lindor n'a pas besoin d'une grande science,
Pour montrer dans son art beaucoup d'intelligence :
Il peint tout bonnement sa barbe et ses cheveux.

Inséré dans la *Gazette médicale* du 30 juin 1867.

UNE

RÉMINISCENCE DU *DE VIRIS*

A ROME

—

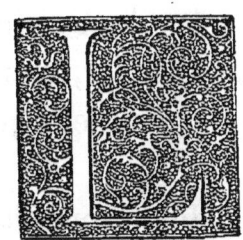E culte des souvenirs recèle une poésie qui a un charme infini, et plus un souvenir se lie à ceux de notre enfance, plus il apporte de jouissance à l'esprit. Je ne rechercherai pas la cause de ce plaisir, qui n'a d'existence que pour les âmes délicates : je sais que les gens, dont toute l'intelligence est appliquée à la satisfaction de besoins matériels, souvent imaginaires, créés par le luxe, nieront cette jouissance et même la ridiculiseront; mais ce n'est pas pour eux que j'écris ces lignes. Je m'adresse aux hommes de tout âge qui ont embelli leur intelligence par la culture des lettres, et planté dans leur jardin quelques fleurs de poésie : ils comprendront que la sensation, éprouvée par moi et dont je vais leur rendre compte, se repro-

duise encore en ma mémoire comme une senteur agréable.

Sunt tamen inter se communia sacra poetis,
Diversum quamvis sequamur iter.

(Ovid. de Ponto, II, 10, 17).

Pendant les premiers temps de mon séjour à Rome, j'allai visiter l'église de *Santa Maria del Araceli*, si remplie de souvenirs de toute espèce. Je me trouvais d'autant plus recueilli, que le quartier est ordinairement passablement solitaire, et que je n'avais autour de moi aucun de ces vulgaires touristes qui entreprennent le voyage de Rome sans s'y être préparés par l'étude, et mettent leur seule attention à examiner si la ville, illustre par excellence, est aussi propre et aussi bien balayée que notre rue Impériale. Je montai donc les 120 marches conduisant à l'église en question, et qui proviennent d'un temple de Romulus, élevé sur le Quirinal, près de la porte Salara. Ce magnifique escalier, mis en place dans le XIVe siècle, aboutit sur un des deux plateaux du mont Capitolin.

Cette célèbre colline se compose de deux sommités, séparées par une dépression de terrain. Sur l'une avait été bâti le temple de Jupiter, et sur l'autre la citadelle. Ainsi je gravissais la rampe qui me conduisait vers l'emplacement du temple de Jupiter Capitolin, et dans ma pensée je reconstituais le relief de ce monticule, primitivement habité par Saturne. Au-dessous de moi je voyais l'*Intermontium*, ou Romulus avait établi l'asile qui reçut les émigrants des villes voisines, et vis-à-vis je reconstruisais les remparts du Capitole, sur la roche Tarpéienne d'origine volcanique, aujourd'hui le *Monte-*

Caprino, mont des chèvres. Par-dessus les fabriques modernes qui ont remplacé la citadelle, j'apercevais le Janicule. L'église ainsi que la terrasse de Saint-Pierre *in Montorio* me rappelaient le souvenir des fortifications élevées par Ancus Marcius, et celui de Porsenna, qui s'empara presque sans coup férir de cette importante position, séparée de la ville par le Tibre, et réunie à elle par le *pons Sublicius*; mon imagination, volant à travers les siècles, se reportait au supplice de saint Pierre crucifié sur cette colline du *Montorio*, ainsi nommée de *monte aureo*, à cause du sable jaune qui constitue le terrain.

Ce souvenir des premiers temps du christianisme, précédant mon entrée dans l'église de *Santa Maria del Araceli*, semblait être en harmonie naturelle avec l'impression que je ressentais au milieu de cette basilique élevée sur l'emplacement du temple de Jupiter Capitolin. Le martyr était victorieux, et pour mieux attester la victoire, l'église a été construite avec des matériaux appartenant à des débris de monuments du vieux monde païen. Les nefs sont séparées par d'immenses colonnes ayant des diamètres et des chapiteaux différents. La plupart sont en granit; ce qui ne permet pas de les rapporter au temple de Jupiter qui avait les siennes en marbre pentélique.

Ce nom d'*Ara cœli, autel du ciel*, qui est le titre de cette église lui a été donné à l'occasion de la légende suivante, que je traduis littéralement du curieux ouvrage d'Ottavio Panciroli, *i Tesori nascosti dell'alma città di Roma*, 1625 : « Depuis la naissance de N.-S. Jésus-
« Christ, Auguste se trouvant sur le déclin de sa vie,

« désira savoir qui gouvernerait l'empire après lui. Il
« résolut donc d'aller à Delphes et d'y consulter
« Apollon. Après une multitude de sacrifices, l'oracle
« restait toujours muet ; mais à la fin Dieu permit qu'à
« la honte du paganisme, Apollon répondît par les vers
« suivants :

> *Me puer Hebræus divos ipse gubernans*
> *Cedere sede jubet, tristemque redire sub orcum;*
> *Aris ergo dehinc tacitus abscedito nostris.*

« Un enfant hébreu, Dieu plus puissant que les autres divinités, m'or-
« donne d'abandonner mon temple et de retourner aux enfers. Ainsi donc,
« sans rien dire, éloigne-toi d'ici. »

« Auguste retourna à Rome, et considérant que cette
« réponse s'accordait parfaitement avec ce qu'il avait
« lu dans les livres sybillins, il dressa un autel sur
« lequel il grava cette inscription : *Ara primogeniti dei,*
« *autel du premier né de Dieu.* Il est naturel qu'on ait
« conservé la mémoire du lieu où il fut élevé, à peu de
« distance du maître autel, du côté de l'évangile. —
« En 1130, l'anti-pape Anaclet l'entoura de quatre co-
« lonnes ; en 1603 l'évêque Jérôme Centelli l'embellit
« de beaux ornements de marbre et d'une coupole. On
« a donné à cette chapelle le nom d'*Ara cœli.* »

Je ne discute pas cette légende, qui ne manque pas
d'une certaine poésie ; d'ailleurs, celui qui soumet chaque
chose au creuset du rationalisme, privera son imagination d'une multitude de vives et saines jouissances.

Je me promenais donc silencieusement et solitairement,
étudiant dans chaque chapelle des fresques et des tableaux, qui constituaient un véritable musée, et je ne
me défendais contre aucune des impressions que la ma-

jesté des lieux développait en moi, lorsque j'aperçus un caveau mortuaire dont on avait soulevé la pierre. Des ouvriers étaient occupés à un travail de réparations, et je vis arriver un monsieur et une dame qui leur donnèrent des ordres. Je m'approchai des nouveaux venus et nous échangeâmes quelques mots : ils m'apprirent qu'un jeune homme, appartenant à une famille ayant le privilége d'un caveau funéraire dans cette église, était décédé depuis peu de jours, et qu'en qualité d'amis, ils présidaient à quelques travaux nécessaires pour l'inhumation. Je jetai alors les yeux sur la pierre sépulcrale, et j'y lus le nom de Fabio. Je demandai à mes interlocuteurs si par hasard le défunt descendait de l'illustre et classique race des Fabiens. Ils me répondirent que, selon toute apparence, cette descendance pouvait se soutenir, et que d'ailleurs c'était la prétention de la famille du décédé.

Cette réminiscence des *Fabii trecenti sex* et des premières sensations littéraires de mon enfance s'empara de ma pensée, pour me rappeler les impressions dramatiques dont les versions du *de Viris* agitaient ma jeune imagination, et je ne saurais dire quelle influence ce souvenir exerçait encore sur elle. Je ne m'en défendais pas, et d'ailleurs Ovide semblait encourager ma rêverie, en me soufflant ce vers à l'oreille :

Nec gradus est ultra Fabios cognominis ullus. — Fast. I, 905.

« Aucun nom n'est plus en honneur que celui des Fabiens. »

Le poëte exilé par Auguste s'enorgueillissait lui-même d'une semblable illustration, puisqu'il avait épousé une femme de cette famille. Il nous l'apprend dans une de ses épîtres à un Fabius Maximus :

Ille ego de vestra cui data nupta domo. — Epist. I, 2, 138.

Il ne se trompait pas dans son appréciation de la haute noblesse des Fabiens; car, ainsi que Juvénal le dit, ils ont été les compagnons d'Hercule.

Natus in Herculeo Fabius lare. — VIII, 14.

Mon imagination, séduite par des textes aussi concluants, n'eut aucun scrupule de s'abandonner à des impressions victorieuses ; et d'ailleurs j'avoue que j'aime ces sortes d'impressions, que je les recherches et que je crois même à leur résultat moral ; mais je n'ai pas besoin d'en faire l'apologie, et je sais que mes lecteurs comprendront parfaitement la jouissance attachée au culte des souvenirs. L'habitude que l'on prend d'embellir ainsi le règne de l'esprit établit parmi les adeptes une espèce de confraternité, qui resserre les liens de l'amitié, en donnant pour mot d'ordre :

Odi profanum vulgus et arceo. — Hor., Od. III, 1.

Je hais le profane vulgaire et je le fuis.

Il y a dans la générosité des Fabiens et dans leur malheur, racontés aussi simplement que possible par le *de Viris*, tout un ordre de faits capables d'impressionner le jeune âge. Je vais ajouter un petit commentaire à cette narration de Lhomond, et rechercher, en me promenant dans Rome, quelques souvenirs relatifs à ce drame historique.

Je commencerai par remarquer que les trois cent six Fabiens ne partirent pas seuls pour faire la guerre aux Véiens. Tite-Live dit qu'ils étaient suivis d'une foule de leurs parents et amis, *cognatorum sodaliumque;* Denis d'Halicarnasse porte cette suite à quatre mille hommes, et

Pompéius Festus à cinq mille. Leur sortie de Rome fut un véritable triomphe, et toute la ville les accompagna de ses vœux et de ses prières. D'après Tite-Live, il semblerait qu'ils partirent du Temple de Jupiter Capitolin et traversèrent la citadelle : *Prætereuntibus Capitolium arcemque et alia templa*. Ce texte, qui n'est même pas très-explicite, prêtera peut-être à la controverse et ne s'expliquera pas d'une manière aussi absolue que je viens de le faire ; mais dans tous les cas, si les Fabiens ne descendirent pas du Capitole, ils passèrent au pied, et se mirent sous la protection des dieux, qui régnaient au-dessus et au bas de la colline : *Incassum missæ preces*, les prières furent vaines.

En cheminant ainsi, comme pour se diriger dans le quartier du Vélabre, la première porte que les partants rencontrèrent fut la Carmentale, qui se trouvait située à leur droite, au-dessous de la roche Tarpéienne, et sur une pente légèrement élevée au-dessus de la plaine du Vélabre ; elle était ouverte dans un mur qui descendait de la citadelle et qui, percé de deux autres portes, la Triomphale et la Flumentane, aboutissait au Tibre. Ce mur faisait partie de l'enceinte de remparts construits par le sixième roi de Rome, Servius Tullius. Je vais m'arrêter un moment à cette porte, dont le nom me rappelle des souvenirs placés sur la limite de l'histoire et de la mythologie.

Voici à quelle occasion elle reçut le nom de Carmentale : Evandre, avec une colonie d'Arcadiens, était débarqué en Italie et avait établi sa demeure et celle de ses compagnons sur le mont Palatin, qui prit son nom de Pallante, ville d'Arcadie. Il était fils de Mercure et de la nymphe Carmente, et ce fut d'après les conseils de sa mère, qui prédisait l'avenir, qu'il s'était décidé à se fixer en Italie. Cette antique sibylle rendait ses oracles en vers, et elle se nommait Carmente, du mot *carmen*. Cependant Aurélius Victor fait observer que l'on peut discuter cette étymologie, *adeo ut plerique velint non tam à carmine Carmentam, quam carmina à qua dicta essent, appellata,* « de sorte que beaucoup veulent que « Carmente ne vienne pas tant de *carmen* que celui-ci « de Carmente. » A cette occasion, l'abbé Desfontaines, traducteur et commentateur de Virgile, fait la réflexion suivante : « Carmente, mère d'Évandre, fut une espèce « de prophétesse, ainsi nommée *à carminibus*. Les an- « ciens appelaient les devineresses, les prophétesses et « toutes les femmes enthousiastes, *Carmentes*, c'est-à-dire « *carentes mente*, femmes folles. Voilà une fâcheuse éty- « mologie pour le mot *carmina* et pour tous ceux « qui font des vers. » Ovide adopte la première étymologie, quand il dit, en s'adressant à Carmente :

Quæ nomen habes à carmine ductum

(Fast., I, 567.

Quoi qu'il en soit, Evandre ayant perdu sa mère, qui, malgré sa qualité de nymphe, n'avait pas le privilége de l'immortalité, il lui éleva un autel, et comme par la suite une porte de la ville se construisit près de là, on lui donna le nom de Carmentale. Cet autel fut élevé naturellement au-dessus des inondations de la plaine, représentée alors par le marais du Vélabre, dans les joncs duquel s'arrêta plus tard le berceau de Romulus et Rémus. Virgile nous transmet cette tradition, lorsqu'il met en scène Evandre conduisant Enée à travers l'emplacement où fut établi depuis le *Forum romain*.

> .... *Monstrat et aram*
> *Et carmentalem Romano nomine portam,*
> *Quam memorant nymphæ priscum carmentis honorem,*
> *Vatis fatidicæ, cecinit quæ prima futuros*
> *Æneadas magnos et nobile Pallanteum.*
>
> (Æn. VIII, 337.)

« Il lui montre l'autel de Carmente, près du lieu où les Romains ont
« construit la porte Carmentale, ainsi nommée en mémoire de la nymphe
« et prophétesse Carmente, qui la première annonça la gloire des descen-
« dants d'Enée et celle du Palatin (1). »

La porte Carmentale se trouvait donc au-dessous de la roche Tarpéienne, près de l'autel de Carmente qu'Evandre avait logiquement établi au-dessus des inondations du Tibre, et par conséquent sur la pente conduisant au pied de l'escarpement de la citadelle. Les Gaulois choisirent ce côté pour tenter leur escalade, et Tite-Live nous l'apprend, en disant qu'ils se dirigèrent *ad Carmentis saxum;* — V, 47. — ce qui indiquerait qu'effectivement cette partie du Capitole avait un escarpement moins considérable et un talus plus élevé. Au reste, voici un texte de Solin bien positif, et qui ne laisse aucun doute sur le voisinage de la porte et de l'autel :

---

(1) Auguste avait pris naissance dans une rue du Palatin appelée *ad Capita bubula*, située au-dessus du *forum Boarium*. Il habita ensuite en face du Forum, toujours sur la même colline. Ses successeurs continuèrent à demeurer dans le même quartier et du mot Palatin, *Palatium*, est venu le terme générique de Palais, appliqué aux constructions princières. Le Palatin était donc le centre de l'empire, puisque les empereurs l'avaient choisi pour leur habitation, et que sous un gouvernement despotique, l'état c'est le souverain.

« Carmente avait établi son habitation dans la partie
« inférieure du mont Capitolin, où l'on voit encore au-
« jourd'hui sa chapelle, *fanum*, et c'est d'elle que la
« porte Carmentale a pris son nom. » — Polyhist. I.

Il était naturel que les Fabiens sortissent par cette porte, qui avait deux ouvertures, ou deux janus ; ils prirent celle de droite, *dextro jano*, la plus voisine de la roche Tarpéienne, non-seulement parce qu'elle se trouvait mieux à leur convenance, mais encore parce que, dans cette circonstance, ils devaient probablement choisir le côté droit, comme étant de bon augure. Au reste, la superstition antique variait beaucoup sur les présages bons ou mauvais attribués à la droite ou à la gauche ; mais le mot *sinister*, qui signifiait également gauche et funeste, nous faisait savoir que la gauche était généralement redoutée. Il ne nous reste aucun souvenir matériel de la porte Carmentale ; cependant il est à présumer qu'elle se trouvait située au sommet du *Vicolo della Bufala*, qui contourne le promontoire de la roche Tarpéienne, en partant de la place *Montanara* pour aboutir à celle *della Consolazione*, à l'extrémité de l'ancien Forum romain. De ce point à la porte Carmentale régnait le *Vicus jugarius*, par lequel les Fabiens passèrent nécessairement en sortant de la ville.

Je ne ferai pas l'histoire de l'expédition des Fabiens, qui, après avoir battu les Véiens, les forcèrent à demander la paix ; mais ceux-ci ayant recommencé les hostilités, attirèrent les Romains dans une embuscade, où les trois cent six Fabiens trouvèrent la mort.

Una dies Fabios ad bellum miserat omnes :
Ad bellum missos perdidit una dies.
(Ov., Fast., II, 202.)

Tite-Live et d'autres historiens disent que les trois cent six Fabiens périrent dans cette malheureuse affaire, et qu'il ne resta de la famille entière qu'un seul enfant mâle, laissé à Rome, en raison de son jeune âge. L'auteur du *de Viris* adopte cette opinion ; mais Denis d'Halicarnasse remarque que le fait peut paraître incroyable ; car il est imprésumable que, dans une famille si nombreuse, on n'eût pas laissé à Rome d'autres enfants mâles, ou au moins des femmes enceintes ; d'autant plus qu'une loi ancienne imposait le mariage aux citoyens. Quoi qu'il en soit, s'il ne resta vraiment qu'un seul membre de cette famille, ce fut de lui que descendit Q. Fabius Maximus, qui vainquit Annibal en temporisant, et que ses détracteurs surnommèrent *Cunctator*. Il fut heureux que cette illustre famille ne pérît pas entièrement, et Rome dut en rendre grâce à ses dieux protecteurs. C'est cette idée qui a inspiré les vers suivants d'Ovide :

> *Ut tamen Herculeæ superessent semina gentis,*
> *Credibile est ipsos consuluisse deos.*
>
> (Fast., II, 237.)

« Il est à croire que les dieux eux-mêmes veillèrent à la conservation
« de cette race herculéenne. »

Avant de terminer, je présenterai quelques considérations sur ce nom de Fabius. Dans les temps primitifs, où la culture des terres était peu avancée, on attachait une immense importance à la multiplication et à l'amélioration des produits agricoles ; en sorte que les familles qui se distinguaient par un genre de culture prirent leur nom des substances végétales ou animales dont elles avaient augmenté et amélioré la production.

Ainsi l'on peut présumer que les Fabiens reçurent leur nom de *faba*, fève, qui fut un légume de grande consommation à Rome. Lentulus vient de *lens*, lentille, et Cicéro de *cicer*, pois-chiche. La famille Valeria avait une de ses branches nommée *Lactucina* de *lactuca*, laitue. Les Pisons s'étaient probablement distingués en cultivant des pois, quoique ce ne soit pas le sentiment de Pline, qui fait dériver ce mot *à pisendo* de l'invention d'un instrument propre à piler. Les éleveurs de bétail sont représentés par *Porcius, Ovinius, Taurius, Equitius, Asinius*. Les successeurs des Fabius et des Lentulus s'illustrèrent, non plus par des produits de première nécessité, mais en fournissant des éléments au luxe et à la gourmandise, et alors nous voyons apparaître *Sergius Orata, Licinius Murœna, Fircelius Pavo*. On sait en effet que la dorade, la murène et le paon, garnissaient les tables des riches gourmands de Rome. On voit, d'après ces précédents, que notre Parmentier eût bien justement mérité la noblesse ; mais il n'a pas pu seulement léguer son nom à la pomme de terre, laquelle, à l'époque de son importation, avait cependant reçu le nom de parmentière.

Après tout ce que je viens de dire, on comprendra facilement combien l'apparition subite du nom de Fabius dut réveiller de souvenirs dans ma mémoire et impressionner mon imagination. Je me rappellerai toujours ma première visite à *Santa Maria d'Araceli*, et si je peux encore une fois accomplir le voyage de Rome, je ne manquerai certainement pas de faire un pélerinage au tombeau des descendants des *Fabii trecenti sex*.

(Inséré dans la *France littéraire*, t. V.)

HYGIÈNE

ET

PROTHÈSE DENTAIRES

CHEZ LES ROMAINS.

es dents blanches et bien rangées ont été, sauf quelques exceptions, considérées en tout temps comme une des principales beautés de l'homme et de la femme. On s'est donc appliqué à les blanchir, à les consolider, et lorsqu'elles tombaient ou qu'on se les était fait arracher, à les remplacer par des postiches. Dès la plus haute antiquité, les hommes s'occupèrent de l'hygiène dentaire, et ce fut le troisième Esculape, fils d'Arsippe et d'Arsinoé, qui enseigna la manière de se purger et l'art d'arracher les dents, *qui purgationem alvi dentisque evulsionem invenerit.* — Cic. Nat. deor. III, 57. — Nous remontons ainsi jusqu'aux époques mythologiques, ce qui prouve combien la douleur est ancienne sur la terre. L'entretien de la beauté et de la santé des dents, ainsi que leur rempla-

cement par un faux râtelier, constituèrent donc de bonne heure une partie importante de l'art médical.

Les Romains craignaient beaucoup les dents qui prenaient la couleur de la résine ou du buis, *dentes picei buxeique*. Mart. II, 44, — et ils recouraient à toute espèce de moyens, aux plus étranges même, pour en entretenir la blancheur. Juvénal, reprochant à Sertorius de vouloir abandonner Bibula lorsqu'elle ne sera plus dans sa première fleur de jeunesse, a bien soin d'ajouter : *Fient dentes obscuri*, alors ses dents se terniront. — VI, 145.

> Tu crois Sertorius épris à la folie
> De cette Bibula, qui passe pour jolie ?
> Il aime sa beauté ; mais quand apparaîtront
> Quelques plis bien marqués sur son moins jeune front,
> Et quand ses blanches dents, prenant une autre teinte,
> Des injures du temps ressentiront l'atteinte,
> Alors un affranchi lui dira sans façon :
> « Faites votre paquet et quittez la maison..... »

Cependant on pourrait conjecturer que le soin des dents n'était pas généralisé dans toutes les classes de la société, ou du moins parmi tous les peuples composant le vaste empire romain. En effet, Apulée, à son retour de Carthage, ayant épousé une riche veuve, plus âgée que lui, fut non-seulement accusé de magie par le fils de cette femme, mais encore il lui fut reproché mille choses, entre lesquelles le soin excessif qu'il prenait de ses dents, *mundicinas dentium*; ce qui semblerait indiquer que ses compatriotes regardaient cela comme délicatesse indigne d'un homme sérieux et prétendant à la philosophie. Parmi les pièces compromettantes, on pro-

duisit des vers adressés par lui à un nommé Calpurnius, en lui envoyant une poudre bonne pour les dents, et que celui-ci avait demandée. Ce fut à l'occasion de ce procès qu'Apulée prononça son apologie, parvenue jusqu'à nous. Il relève très-spirituellement cette partie de l'accusation, et demande s'il eût mieux valu envoyer à Calpurnius la recette des Celtibériens, indiquée par Catulle. Il fait l'éloge de la bouche qui donne issue à la parole, *orationis janua*, après avoir franchi le rempart des dents, *e dentium muro proficiscitur*. Il conclut de la noblesse de la bouche qu'on doit la tenir dans un état continuel de propreté : *est enim ea pars hominis loco celsa, visu prompta, usu fœcunda*, « en effet cette partie de l'homme est située
« dans un lieu élevé, est exposée aux regards, et féconde
« l'esprit par ses fonctions. » Il reproche ensuite à son accusateur de n'ouvrir la bouche que pour propager des calomnies, et l'engage ironiquement à nettoyer ses dents de vipère avec le charbon des bûchers funéraires. Mais ici Apulée se trompe ; car le charbon réduit en poussière très-fine nettoie parfaitement les dents.

Voici à quelle occasion Catulle parle du singulier dentifrice auquel Apulée fait allusion dans son apologie : l'amant de Lesbie voulait se venger de quelques vauriens qui avaient conduit dans une mauvaise taverne, *salax taberna*, une de ses maîtresses chéries. Il paraît qu'à la tête de ces coureurs de cabarets se trouvait un certain Egnatius, remarquable par sa belle barbe et ses dents blanches. Il lui reproche donc d'être né en Espagne, et d'entretenir la blancheur de ses dents en se servant du dentifrice usité par ses compatriotes :

> *Egnati opaca quem bonum facit barba*
> *Et dens ibera defricatus urina.* — Carm. 37.

Il paraît qu'Egnatius, le séducteur, riait à tout propos, afin de montrer ses belles dents. Catulle se moque de cette manie prétentieuse ; il accuse de nouveau son rival d'être Celtibérien, et de faire subir à ses dents et à ses gencives une immonde lotion :

> *Nunc Celtiber es : Celtiberia in terra*
> *Quod quisque minxit, hoc solet sibi mane*
> *Dentem atque russam defricare genvivam ;*
> *Ut quo iste vester expolitior dens est,*
> *Hoc te amplius bibisse prædicet loti.* — Carm. 39.

> Tu naquis en Espagne où, pour blanchir leurs dents,
> L'urine du matin sert à ses habitants ;
> Plus tu souilles ta bouche et moins tu crains de boire,
> Plus ton blanc râtelier nous semble être d'ivoire.

La bouche n'était pas seule soumise à cet abominable liquide : Diodore de Sicile nous apprend — v. 22 — que les Espagnols s'en lavaient aussi le corps en entier. Cette propriété détersive est parfaitement connue de plusieurs peuples, qui ont adopté l'usage des Celtibériens. Les Samoïèdes se frictionnent avec l'urine de leurs femmes, et celles-ci avec celle de leurs maris. Après s'être ainsi lavée, une Groënlandaise croit exhaler une odeur suave et sentir sa femme élégante. — *Mœurs et Coutumes*, t. III, 1785. — Le Dictionnaire des sciences médicales, à l'occasion du passage de Catulle, s'exprime ainsi : « Nous avons été curieux, étant en Espagne, de
« savoir si les Espagnols, héritiers et fidèles observa-
« teurs de la plupart des coutumes de leurs ancêtres,
« avaient conservé celle de se rincer la bouche tous les
« matins, avec leur urine. On sait qu'en général ils ont
« de belles dents, et il est très-probable qu'en cela ils

« n'ont point dégénéré de leurs pères ; mais ils n'usent
« qu'en secret de l'antique gargarisme, et nous n'en
« avons pas trouvé un seul qui nous ait fait un aveu à
« cet égard..... Nous connaissons beaucoup de Français
« qui soignent leur bouche à l'espagnole, et qui ne s'en
« vantent pas. » — Urine. Percy et Laurent.

L'antique dentifrice espagnol fera certainement jeter les hauts cris, et l'on n'aura pas assez d'anathèmes contre les sales habitudes de la Celtibérie ; mais il faut se persuader que la propreté est une affaire de convention, suivant les temps et les lieux. Catulle, qui se moquait des Espagnols, subissait probablement sans se plaindre une opération qui nous dégoûterait singulièrement : ainsi les barbiers de Rome crachaient simplement sur la pierre qui servait à aiguiser les rasoirs, et personne ne se révoltait contre cet usage. On prétendait aussi qu'un excellent cosmétique pour entretenir la fraîcheur du teint, consistait dans une application de bouse de taureau sur les joues. — Pline, XXXVI. 47-XXVIII. 50. — Mais sans sortir du domaine des dents, voici une préparation odontalgique recommandée par Pline à ses contemporains :

« La laine en suint fournit plusieurs remèdes : si
« l'on s'en frotte les dents et les gencives, après avoir
« eu soin de l'enduire de miel, l'haleine en devient
« plus suave. » Je recommande à mon tour aux fumeurs ce correcteur de l'haleine empestée.

« La crasse attachée à la queue des bêtes à laine, *sordes*
« *caudarum*, concrétionnée en petites boulettes, séchées
« et réduites en poussière, raffermit les dents ébranlées,
« et guérit les ulcères des gencives. » — XXIX. 10. —

Je doute que ce dentifrice soit plus propre que celui des Celtibériens, et cependant Pline en parle sans aucune répugnance. Puisque je viens de prononcer le mot de fumeurs, je dirai que rien ne me paraît plus repoussant que l'haleine souillée par la pratique du cigare, et pourtant, la chose étant reçue, les femmes souffrent sans se révolter ce que j'appellerai une véritable profanation de l'amour. Mais je présume au moins que nos auteurs contemporains n'osent pas faire la même demande que Catulle à Lesbie :

> *Da mi basia mille, deinde centum;*
> *Dein mille altera, dein secunda centum;*
> *Dein usque altera mille, deinde centum.* — Carm. v.

L'usage de l'urine n'est pas totalement tombé en désuétude, et le docteur Ménière, dans ses études médicales sur les poètes latins, cite les faits suivants : « Si l'on « demandait à la médecine populaire de notre temps « quelles ressources elle trouve dans l'emploi de ce li-« quide, elle nous répondrait que les engelures des en-« fants se guérissent par des lotions de ce genre; que « les nourrices traitent certaines affections du cuir che-« velu à l'aide de compresses imbibées de l'urine du « malade, et que sa puissance résolutive se manifeste à « l'égard de quelques tumeurs rebelles. »

J'ai dit que la propreté était relative; mais il en est de même pour la beauté. En effet, les Japonais teignent leurs dents en noir, et suspendent la mastication pendant plusieurs jours, afin de leur donner le temps de bien s'imprégner de la substance colorante. Les Péruviens et les habitants de plusieurs contrées du continent océanique se font arracher, dit-on, une incisive par coquetterie. Ceci me paraît plus étonnant que les dents noircies, et peut-être trouverait-on la raison de cet usage dans un fait rapporté par Henri Salmuth, commentateur de Guido Panciroli : il raconte que certaines peuplades du Pérou sacrifiaient leurs dents aux dieux du pays, prétendant que l'homme ne pouvait rien offrir de plus précieux ; et véritablement, il me semble que le sacrifice d'une bonne dent vaut bien une hécatombe. Cette extraction n'est probablement qu'un souvenir de la superstition antique et non pas un acte de coquetterie.

Un fait, qui prouve combien les Romains donnaient de soins à leurs dents, est celui que raconte Pline le jeune, en parlant d'un certain Domitius Rufus, paralysé de tous ses membres : « Il ne pouvait pas même se remuer
« sur son lit sans le secours d'autrui et — c'est affreux
« à dire — il était obligé de se faire laver et frotter les
« dents. Je l'ai souvent entendu se plaindre, lorsqu'il se
« lamentait de toutes les misères attachées à son infir-
« mité, de ce que chaque jour il était dans le cas de
« lécher les doigts de ses esclaves, *digitos se servorum*
« *suorum quotidie lingere.* » — Ep. VIII. 18. — Il n'est pas à présumer que nos paralytiques voulussent se soumettre à un pareil supplice pour conserver la blancheur de leurs dents.

On comprendra facilement qu'avec cette prétention aux belles dents il dut exister une multitude de préparations propres à les maintenir blanches comme la neige, *dentes niveos.* Cela devenait d'autant plus nécessaire que certaines habitudes contribuaient à ternir leur émail. Ainsi les gens qui buvaient beaucoup — et l'on sait combien étaient fréquents les excès de boissons — suçaient des pastilles odorantes, qui laissaient leur empreinte sur les dents, et qui cependant n'obviaient pas toujours à la mauvaise haleine des ivrognes ; car le mélange de ces deux odeurs en produisait une autre fort désagréable. Je puise ce détail dans une épigramme de Martial, — I. 88 — adressée à Fescenie, et qu'il termine en recommandant à sa victime de s'enivrer tout simplement, sans avoir la prétention de cacher son état, *sis ebria simpliciter.*

Il est à présumer que le but de ces pastilles n'était pas uniquement de dissimuler l'odeur du vin, mais qu'on les employait d'une manière générale dans l'intention de se parfumer la bouche. On doit les compter parmi les innombrables délicatesses, alliées aux coutumes les plus dégoûtantes, en usage auprès des raffinés de la Rome élégante. En effet, j'ai déjà cité la laine en suint qui, après avoir été enduite de miel, donnait beaucoup de suavité à l'haleine. Un mélange de cendre de rat et de miel produisait le même résultat, et si l'on se curait les dents avec une plume de vautour, l'haleine devenait acide. — Plin. xxx. 9.

Pline, en traitant de la pierre ponce, *De natura pumicum*, la considère comme un excellent dentifrice ; mais la pierre qu'il appelle *pumex*, et dont il donne la description, n'est pas autre chose que la substance calcaire des stalactites, dont alors, ainsi qu'aujourd'hui, on construisait des grottes artificielles, *ad imaginem specus arte redendam.* Il a soin d'expliquer qu'elle doit être calcinée, et qu'après avoir subi cette opération, si on la jette dans une cuve de vin en fermentation, elle fait aussitôt cesser l'ébullition. Cette description ne laisse aucun doute sur la nature calcaire de la pierre en question, réduite par la calcination à l'état de chaux, qui a une forte affinité pour l'acide carbonique : c'est à cause de cela que, jetée dans une cuve d'où ce gaz se dégage en abondance, elle le sature immédiatement. Les stalactites et les tufs ont une certaine ressemblance, surtout dans la cassure, avec la pierre ponce d'origine volcanique. La poussière de chaux, en vertu de sa causticité alcaline, devait agir sur les dents comme le feraient la potasse ou la soude ; mais je pense que cette opération, répétée trop souvent, risquait d'attaquer l'émail des dents.

Je n'en finirais pas, si je voulais relater tous les moyens indiqués par Pline afin de maintenir les dents en état de propreté et de santé. On peut se faire une idée de la crédulité de ce grand compilateur, et je ne citerai qu'un petit nombre de faits. Il prétend que les excréments du loup contiennent des fragments d'os et que, si l'on en porte sur soi en amulette, ce moyen raffermira les dents qui branlent. — xxxviii. 49. — Il en est du mal de dents comme de tous les maux que l'on ne sait pas guérir : alors les remèdes abondent, et le charlatanisme fait ses affaires. Comment, par exemple, pourrait-on se procurer de la cendre de tête de chien enragé, une des vertèbres d'un dragon, ou celle d'un serpent d'eau mâle et blanc ? Les dents de ce dernier étaient infaillibles contre l'odontalgie : si l'on souffrait de la mâchoire inférieure, on portait attachées au cou deux dents inférieures de ce serpent, et deux supérieures pour la mâchoire malade correspondante. — xxx. 8. —

On comprend combien avec de pareils remèdes il était facile d'exploiter la crédulité publique, et de se faire payer au poids de l'or des substances si précieuses, impossibles à recueillir, et dont on ne cherchait pas à contrôler la réalité. D'ailleurs, suivant le dire de Celse, le mal de dents pouvant être compté parmi les plus grandes souffrances, *in maximis tormentis annumerari potest*, il n'est pas étonnant qu'on eût recours à toute espèce de moyens, dans l'espérance de la guérison.

Celse est plus sérieux et moins prolixe que Pline : il conseille de frotter les dents rugueuses et noires avec un composé de fleurs de rose pilées, de galle et de myrrhe. — La myrrhe est une gomme résine dont l'odeur est agréable, et qui provient de l'Arabie et de l'Éthiopie.— Il dit que, si les dents sont ébranlées par un choc ou un accident quelconque, il faut les lier solidement avec un fil d'or, attaché à celles qui sont en bon état. — vii. 12. — Ce procédé datait d'une haute antiquité ; car dans une des lois des douze tables, promulguées 450 ans avant l'ère chrétienne, il en est question, à l'occasion des morts qu'il est permis d'inhumer ou de brûler avec les fils d'or qui retiennent leurs dents. — Cic. de Leg. 11. — On doit penser que les fils d'or servaient aussi à assujettir les fausses dents, dont l'usage était très-fréquent dans l'antique Rome. Je doute que sur ce point on en fût arrivé à notre perfection actuelle, tellement que les dents naturelles sont presque mal portées aujourd'hui.

Il paraîtrait que les fausses dents n'étaient pas très-solidement fixées : en effet, Horace met en scène la vieille sorcière Canidie, fournie d'un râtelier postiche, qu'elle perdit en se sauvant précipitamment, effrayée par le bruit d'une statue de Priape, *qui pepedit*, pour l'épouvanter et venger les morts dont elle dérobait les os, dans les jardins de Mécènes. — Sat. 1. 8. (1) — Galla, une des victimes de Martial, quittait chaque soir ses dents comme ses robes de soie, et elle faisait une si grande consommation de cosmétique de toute espèce, que son bourreau lui reproche de se cacher dans une centaine de petites boîtes :

> *Nec dentes aliter, quam serica, nocte reponas,*
> *Et lateas centum condita pyxidibus.* — ix. 38.

Le même poète nous a conservé le nom d'un dentiste, Casselius, qui arrachait ou remettait les dents malades :

> *Eximit aut reficit dentem Casselius ægrum.* — x. 56.

Il est impitoyable à l'égard des falsifications employées par les vieilles coquettes. Voici une épigramme, que probablement il écrivit sur une boîte de poudre pour les dents, achetée par une femme âgée, dans l'intention de faire croire que ses dents étaient naturelles :

> DENTRIFICIUM.
>
> *Quid mecum est tibi ? me puella sumat*
> *Emptos non soleo polire dentes.* — xiv. 56.
> Jeune fille a raison de se servir de moi ;
> Mais pour tes fausses dents je reste sans emploi.

(1) Les jardins de Mécènes avaient été établis sur un vaste emplacement de l'Esquilin — une des sept collines — où les gens de petite condition étaient inhumés dans des fosses communes. Auguste, en faisant concession à son favori de ces terrains, transporta le champ des morts plus loin, et travailla ainsi à l'assainissement de ce quartier de la ville. C'est ce qui explique ces paroles d'Horace : *Nunc licet Esquiliis habitare salubribus.* — Sat. i. 8.

Une longue liste de coquettes falsifiées défilent devant le satiriste, et reçoivent en passant des coups de sa férule épigrammatique :

Sic dentata tibi videtur Ægle,
Emptis ossibus indicoque cornu. — i. 73.

Eglé de bonnes dents a meublé sa mâchoire,
En les faisant tailler dans l'os ou dans l'ivoire.

Thais habet nigros, niveos Lecania dentes,
Quæ ratio est? emptos hæc habet, illa suos. — v. 44.

Thaïs a de vilaines dents,
Mais Lécanie en a de belles :
L'une a les siennes naturelles,
L'autre en trouve chez les marchands.

Dentibus atque comis, nec te pudet, uteris emptis :
Quid facies oculo, Lælia? non emitur. — xii. 23.

Tu portes fausses dents et fausse chevelure ;
Mais où trouver, Lélie, un œil pour ta figure ?

Il est naturel que les Romains, prenant un grand soin de leurs dents, usassent du cure-dent, *dentiscalpium*. Ce petit instrument se fabriquait ordinairement avec des canons de plume, ou la côte pointue de la feuille de lentisque. Cette dernière était préférée à la plume :

Lentiscum melius; sed si tibi frondea cuspis
Defuerit, dentes penna levare potest. — xiv. 22.

La pointe de lentisque est pour toi préférable ;
Mais la plume peut rendre un service semblable.

Les pointes d'argent étaient ce qu'il y avait de plus élégant : c'est pour cela que dans le *Satyricon*, Trimalchion, *perfodit dentes cum spina argentea.* — 33. — Les cure-dents se mettaient auprès du couvert de chaque convive, et s'accompagnaient d'une jolie plume rouge de phénicoptère, dont on se titillait la gorge, afin de provoquer un vomissement qui permettait de recommencer le repas. Cette opération, exécutée sans sortir de table, était parfaitement reçue dans le monde élégant, qui ne la regardait pas comme une malpropreté. Cet usage sert d'explication aux habitudes de Zoïle, qui avait toujours à côté de lui :

Pinnas rubentes cuspidesque lentisci. — Mart. III. 82.

Les Italiens ont conservé l'habitude de servir des cure-dents, *stecchi*, sur les tables : ils sont en bois, et entièrement inoffensifs en raison de leur peu de dureté.

L'histoire nous a transmis les noms de plusieurs personnages nés avec des dents : *Cnœus Papirius Carbo*, et *M. Curius Dentatus*, ce dernier ainsi nommé à cause de cette singularité naturelle.

Je terminerai cette étude sur les dents et sur le prix attaché à leur blancheur, en citant ce verset du Cantique des cantiques : *Dentes tui sicut greges tonsarum quæ ascenderunt de lavacro.* — IV. 2.

UN CHAPITRE D'AULU-GELLE

SUR

LE NOURRISSAGE MATERNEL

(Noct. att. XII, 1).

LE docteur Perrin a publié dernièrement, dans la *Gazette médicale de Lyon* (16 janvier et 1ᵉʳ février 1867), deux feuilletons sur l'*allaitement maternel dans ses rapports avec la vie physique, la vie morale et la vie sociale*. Je n'ai pas les connaissances voulues pour approfondir des questions qui tiennent aux sciences médicales ; mais ce que je veux signaler, c'est que les idées émises par l'auteur trouvent un appui chez les écrivains de l'antiquité romaine.

Le nourrissage a été, de tout temps, une grave préoccupation des moralistes, et dans l'ancienne Rome c'était un sujet qui méritait d'autant plus d'attention, que les enfants, à ce qu'il paraît, étaient allaités fort longtemps. On lit, en effet, dans Macrobe : *Post quinquies septem menses, incipit puer lac nutricis horrescere, nisi forte ad*

patientiam longioris usus continuata consuetudine protrahatur, « Après trente-cinq mois, le nourrisson com-
« mence à prendre du dégoût pour le lait de sa nourrice,
« et si, par hasard, il use plus longtemps de cette nour-
« riture, ce n'est que par la force de l'habitude (1). »
J'avoue que ce passage est un peu singulier ; mais dans tous les cas, il semble prouver que l'allaitement des enfants était plus long que chez nous. Ce qui donne encore un appui à cette opinion, c'est l'importance intellectuelle que Quintilien attachait au choix d'une nourrice : *Ne sit vitiosus sermo nutricibus*, « Que les nourrices
« n'aient pas un langage défectueux. » Plus loin il ajoute : *Et morum quidem in his haud dubie prior ratio est. Recte tamen loquantur. Has primum audiet puer, harum verba effingere imitando conabitur, et natura tenacissimi sumus quæ rudibus anis percepimus*, « Mais on
« doit surtout s'attacher à la moralité des nourrices ;
« cependant il est convenable qu'elles sachent s'expri-
« mer correctement. Ce sont elles que l'enfant écoutera
« au début, et dont il tâchera de rendre les expressions.
« Ce que l'on apprend dès les premières années se grave
« naturellement dans la mémoire (2). » Ces qualités morales et intellectuelles, réclamées pour la nourrice, nous démontrent la gravité de la question, d'autant plus importante si vraiment dans l'antiquité romaine la période du nourrissage était plus longue que dans nos sociétés modernes.

Naturellement il devait être fort difficile de rencon-

---

(1) Macrob. In somm. Scip. I. 6.
(2) Quintil. De institut. orat. I. 1.

trer réunies, dans une nourrice mercenaire, toutes les aptitudes exigées afin de mener à bien les soins corporels et intellectuels à donner à un nourrisson. La logique conseillait donc à la mère de servir elle-même de nourrice à son enfant. Aulu-Gelle, qui florissait dans la première moitié du second siècle, nous fournit à ce sujet un modèle de recommandations, et je vais essayer de donner la traduction d'un chapitre qui renferme d'excellents conseils :

« Un jour, pendant que je me trouvais avec le philosophe Favorinus, on vint lui annoncer que la femme d'un de ses auditeurs et disciples venait d'accoucher, et que sa famille s'était augmentée d'un fils. Allons, dit-il, voir la mère et féliciter le père. Celui-ci était sénateur et de l'ordre de la noblesse. Je partis en compagnie de Favorinus, avec lequel je me trouvais, et, l'ayant suivi, nous arrivâmes et fûmes introduits ensemble. Après avoir, en entrant, embrassé et complimenté le mari, nous nous assîmes. Mon compagnon s'informa de la durée et des douleurs de l'enfantement, et on lui apprit que l'accouchée, accablée par les fatigues et les veilles, venait de s'endormir. Alors il adressa la parole au père. Et, lui dit-il, je ne doute pas que votre femme soit disposée à nourrir son nouveau-né de son propre lait ? Mais la mère de la jeune femme s'écria aussitôt que l'on devait épargner cet embarras à sa fille et lui fournir une nourrice, pour ne pas ajouter aux douleurs de l'accouchement la charge grave et difficile du nourrissage. Favorinus lui répondit : Ne vous opposez pas à ce que votre fille soit entièrement la mère de son enfant. N'est-ce pas en effet une mère incomplète et formée de deux parties, celle qui met au jour un enfant et qui aussitôt le rejette loin d'elle? Après avoir nourri dans son sein un je ne sais quoi, *nescio quid*, que l'on ne voyait pas, elle refuse de le nourrir de son lait maintenant qu'on le voit, qu'il est vivant, qu'il est homme et qu'il implore l'aide de sa mère? Croyez-vous que la nature, en donnant aux femmes de fécondes mamelles, ait voulu simplement les doter de voluptueuses protubérances, non pour allaiter les enfants, mais pour orner leur poitrine ?

« Ce que je vais signaler ne s'adresse pas à vous ; mais n'est-ce pas une chose prodigieuse de voir de nombreuses femmes qui s'appliquent à dessécher et à tarir cette sainte source corporelle, éducatrice du genre humain, *fontem illum sanctissimum corporis, generis humani educatorem*, au risque de sécréter un lait corrompu et répugnant, et cela pour ne pas nuire aux charmes de leur beauté. Quelques-unes, conseillées par la même démence criminelle, usent de remèdes inventés pour faire avorter le fœtus qui commence à se développer dans leur sein, de peur de voir leur surface abdominale se couvrir de rides, *ne illud æquor ventris irrugetur*, après avoir supporté un poids incommode et souffert les tourments de la délivrance. Si c'est une chose digne d'horreur et de mépris de s'ingénier à détruire un homme en germe, pendant que, grâce aux soins de la nature, il se forme et s'anime, pense-t-on que ce soit un moindre crime de priver un enfant, parvenu à son terme et mis au monde, de l'aliment qui lui convient, que l'on a l'habitude de lui offrir et qui provient de la substance de la mère ? — Mais qu'importe, dira-t-on, la nature du lait, pourvu que l'enfant vive et soit nourri ?

— Celui qui soutient une semblable doctrine, insensible à la voix de la nature, trouvera-t-il qu'il n'y a aucune importance à savoir dans quel sein son fils a pris naissance, et de quel sang il a été nourri ? Parce que le sang, blanchi par la respiration et la chaleur, coule des mamelles, peut-on dire qu'il n'est pas le même qui existait dans les entrailles de la mère ? N'est-il pas évident que le sang, par l'opération de la nature, après avoir été l'artisan du corps humain, dans les replis cachés du sein maternel, remonte dans les parties élevées, lorsque vient le moment de la parturition, afin d'être prêt à favoriser le développement de la vie et de la lumière, et à offrir au nouveau-né une nourriture nouvelle, à laquelle il s'habitue bientôt?

« Ainsi l'on peut croire avec certitude que, si la force et la qualité du sang influent sur le développement du corps et de l'esprit, la nature du lait et ses propriétés produisent les mêmes effets ; et c'est ce qu'on remarque non-seulement chez l'homme, mais encore chez les animaux. En effet, si l'on fait allaiter des chevaux par des brebis, ou des agneaux par des chèvres, on remarquera que dans ceux-ci la laine aura moins de force, et que dans ceux-là le poil sera plus fin. Il en est de même pour les arbres et toutes les productions de la terre : ordinairement leur disposition à l'amoindrissement et à la fertilité provient de la terre et de l'eau qui les nourrissent, plutôt que de la semence, et souvent l'on voit un arbre, rempli de vigueur dans tel lieu, dépérir aussitôt qu'on le transporte dans un autre, où la substance du sol lui est défavorable. Hélas ! quelle raison peut-on avoir de détériorer, par l'alimentation d'un lait étranger et mercenaire, la noblesse d'un enfant nouveau-né, dont le corps et l'esprit ont été parfaitement disposés, et cela surtout si la femme qui doit fournir le lait est esclave ou de race servile ; si, selon l'usage ordinaire, elle est d'une nation étrangère et barbare ; si elle est méchante, difforme, impudique et ivrogne ? Car le plus souvent on admet sans information celle qui a du lait au moment voulu. Ainsi donc, l'on permet que son propre enfant soit livré à la contagion et qu'on souffle dans son esprit et son corps les émanations d'un corps et d'un esprit détestables. C'est pour cela que fréquemment on peut observer que des enfants provenant de chastes matrones, ne ressemblent à leurs parents ni par le corps ni par l'esprit.

« C'est qu'en effet dans l'éducation première une grande part est réservée à la nature du lait et au caractère de la nourrice, laquelle participe aussi des qualités du corps et de l'esprit de ses parents. En outre, il ne faut pas oublier que les mères qui abandonnent leurs rejetons et les livrent à d'autres femmes chargées de les nourrir, détruisent ou tout au moins affaiblissent les liens et la tendresse par lesquels la nature attache les parents aux enfants ; car dès que les yeux de la mère ne rencontrent plus son nouveau-né, la flamme de l'amour s'éteint insensiblement et le silence fait bientôt cesser le bruit d'une impatiente sollicitude. L'oubli d'un enfant, confié à une nourrice éloignée, n'est pas moindre que de celui dont la mort a tranché l'existence. L'enfant, sous l'influence de l'intelligence, de l'affection et de l'habitude, ne connaît que celle par laquelle il a été nourri, et, semblable aux malheureux exposés, il n'a que de l'indifférence pour sa propre mère. Si cependant, malgré l'oblitération des germes de la piété filiale, des enfants ainsi mal élevés paraissent aimer leurs père et mère, cette affection peu profonde est simplement le résultat de la politesse et des égards que l'on doit à l'opinion. C'est ainsi que parla Favorinus... »

Le philosophe, ami d'Aulu-Gelle, dans ce discours sur l'excellence du nourrissage maternel, s'adresse à une femme appartenant à la classe élevée de la société romaine, *loci senatorii ex familia nobiliore*. Tout ce qu'il dit est parfaitement moral et pourrait s'appliquer aux mères de notre époque. Cependant je ne sais pas si l'on peut adopter d'une manière absolue toutes ces recommandations? Ainsi, portons nos regards sur la vie d'une élégante contemporaine, obéissant avec scrupule à ce qu'on appelle les devoirs du monde : si nous scrutons toutes les folies de cette belle dame, nous ne pourrons moins faire que de gémir sur le sort du malheureux nourrisson, dont la mère, dominée par la fatuité et l'orgueil du luxe, est absorbée par une vie de dissipation et de niaiseries, entièrement contraire à l'hygiène physique et morale. En effet, nous la voyons passer les nuits au bal, s'enivrer de champagne et, en rentrant, *spiritum ducere, in animum et corpus infantis, ex animo et corpore deterrimo*, « insuffler dans l'esprit et le corps de son « enfant, la contagion d'un esprit et d'un corps mal« sains. » Je ne pense pas qu'on ose conseiller à la fringante nourrice d'installer son enfant dans une chambre voisine du bal, et d'aller de temps en temps l'abreuver d'un lait sécrété pendant les excitations de la danse? Et cependant ce fait d'une mère, peut-être plus abêtie que dépravée, m'a été conté par un témoin oculaire !

Il résulte de ces observations que le premier conseil à donner, quand on recommande à une femme de nourrir son nouveau-né, doit être la pratique d'une vie calme et retirée, la seule qui puisse conduire à la santé de l'esprit et du corps. Si l'on ne pense pas obtenir le triomphe de la morale et de la raison, alors on devra conseiller l'emploi d'une nourrice, en la choisissant aussi convenablement que possible.

Lecture faite dans la séance de la Société d'éducation, du 14 mars 1867, et inséré en feuilleton, dans la *Gazette médicale* du 21 avril 1867.

LE
CULTE DE LA MÉDECINE
DANS L'ANCIENNE ROME

A médecine ne guérit pas toutes les maladies : ce fait contemporain se remarquait déjà dans l'antiquité la plus reculée ; et, si l'art médical y existait à peine, il est aussi à présumer que les maladies plus simples n'avaient pas été multipliées par les raffinements de la civilisation. Quoi qu'il en soit, devant l'impuissance de la médecine, l'humanité souffrante sentit le besoin de s'adresser à la divinité et de la prier d'intervenir avec sa science infinie. On sait que le paganisme antique déifiait tous les faits naturels, les passions, les désirs, les vertus et les crimes : la maladie ne pouvait donc pas échapper à cette apothéose, et des dieux furent préposés, non seulement à la généralité des maux, mais plusieurs eurent leurs spécialités, constituant ainsi, comme on le dirait aujourd'hui, la classe des spésialistes. Esculape, par exemple, guérissait toute espèce de maadies, et la *dea Febris* garantissait seulement de la fiè-

vre. Dans certains cas, on avait recours à des dieux qui n'étaient chargés que de détails les plus infimes : ainsi les *dii Nixii* présidaient uniquement aux efforts que font les femmes en accouchant, et il y avait d'autres divinités pour toutes les phases de la parturition, depuis le moment où le mari détachait la ceinture de sa nouvelle épouse, dont la pudeur invoquait Junon *Cinxia*, jusqu'à la mise au jour de l'enfant. La théologie païenne, dans ses détails, devait exiger des études très-approfondies, d'autant plus que l'on invoquait chaque divinité par des prières et des sacrifices particuliers.

Le temple qui répondait au point de vue le plus général était celui de la santé, *dea Salus,* situé sur le Quirinal, dans le quartier de *alta semita*, et la porte voisine qui ouvrait une issue dans la campagne avait pris le nom de *porta salutaris* (P. Festus). Il fut construit, en l'an de Rome 447, par le consul C. Junius Bubulcus, qui en avait fait le vœu pendant la guerre contre les Samnites. (Publ. Vict. — Sext. Ruf.—Tite-Liv. ix, 43). Si ce temple ne devint pas célèbre par ses guérisons, il le fut par ses peintures dues au pinceau de Fabius Pictor. Une branche de l'illustre famille *Fabia* emprunta son surnom de *Pictor* au noble artiste qui peignit l'*Ædem Salutis*, l'an de Rome 450. L'œuvre subsista jusqu'au règne de Claude, sous lequel les amis des beaux-arts la virent disparaître par suite d'un incendie. On pourrait peut-être penser que le mot *salus* serait susceptible d'être traduit par un autre mot que celui de santé, mais Macrobe tranche la difficulté en nous apprenant que *simulacris Æsculapii et Salutis draco subjungitur* (Saturn. i. 20).

Apollon, sous le titre de *medicus*, avait à Rome un

temple qui lui fut élevé en l'an de Rome 322, à l'occasion d'une maladie contagieuse qui régnait dans la ville. (Tite-Liv. iv. 25.) Ce temple, d'après Nardini, était situé dans la plaine qui se trouve entre le Tibre et l'Aventin, et près de là on en voyait un autre dédié à l'Espérance. Cette déesse est la consolation et parfois le remède des malades : c'est à cause de cela qu'une des associations religieuses établies à Lyon pour leur service a pris le nom de *Sœurs de l'Espérance*.

Apollon ne fut pas toujours heureux dans sa pratique médicale, et l'histoire de la naissance de son fils Esculape en est la preuve. La mère de ce dernier fut la nymphe Coronis, qui ne gardait pas scrupuleusement la fidélité conjugale. Le fils de Latone, instruit par le corbeau des tromperies de sa bien-aimée, ne sut pas résister à son dépit, et il perça d'une flèche le sein de la coupable. Quand il la vit sur le point d'expirer, son amour se ranima, mais sa science médicale fut impuissante pour la rappeler à la vie. Afin de se venger du corbeau dont le rapport malencontreux avait causé la mort de Coronis, de blanc qu'il était il le métamorphosa en noir. Avant d'expirer, l'épouse repentante avoua qu'elle portait un enfant dans son sein. Apollon put cependant sauver l'innocent, et il le confia aux soins du centaure Chiron, qui lui enseigna les sciences naturelles. (Ovid. Met. II, 9 et 10). Esculape, grâce à son origine, devint ensuite le dieu de la médecine. Cependant, d'après cette chronique, il pourrait fort bien ne pas avoir été le fils du dieu de la lumière. Quoi qu'il en soit, il fut légalement reconnu, et les habitants d'Épidaure, lieu de sa naissance, lui élevèrent un temple qui devint bientôt célèbre dans le monde.

En l'an de Rome 461 (294 av. J.-C.), la ville fut affligée d'une maladie pestilentielle qui durait depuis trois ans, et ni la miséricorde divine, ni la science humaine ne trouvaient de remède à ce mal si grand et si opiniâtre. Les prêtres, après avoir consulté avec soin les livres sybillins, déclarèrent que Rome ne retrouverait jamais la santé si l'on ne faisait venir Esculape de la ville d'Épidaure. On y envoya donc des députés, et Rome, qui disposait déjà d'une grande influence, pensa qu'on ne lui refuserait pas cet unique remède à ses maux. Cet espoir ne fut pas déçu : la promesse du secours suivit promptement la demande, car les Épidauriens conduisirent les députés romains dans le temple d'Esculape — situé à cinq mille pas de la ville — et leur donnèrent la permission, avec beaucoup de bienveillance, de prendre tout ce qu'ils estimeraient pouvoir ramener la salubrité dans la capitale de l'Italie.

La puissance du dieu, par une manifestation céleste, approuva la générosité et la promesse de ses fidèles adorateurs : en effet, le serpent, que les Épidauriens vénèrent comme s'il était Esculape et qui se montre rarement à eux, mais pour leur plus grand bien lorsque cette apparition a lieu, parcourut les principaux quartiers de leur ville, pendant trois jours, avec un regard rempli de douceur, et en rampant tranquillement, au milieu d'une admiration religieuse. Enfin, manifestant le désir de se trouver dans une plus illustre demeure, il se dirigea vers la trirème des Romains. Sous les yeux des matelots, effrayés par cet étrange spectacle, il s'arrêta auprès de la cabine de Q. Ogulnius, un des ambassadeurs, et il s'endormit après s'être replié en plusieurs tours sur lui-même. Alors les députés ayant rempli le vœu de leurs commettants, remercié les habitants d'Épidaure, et reçu des instructions sur la manière dont ils devaient se conduire avec le serpent, mirent bientôt à la voile. Favorisés par une heureuse navigation, ils abordèrent à Antium. Tout à coup le serpent qui était resté sur le navire en descendit et gagna le vestibule d'un temple consacré à Esculape. Il monta sur un myrthe touffu d'une grande élévation et s'enroula autour d'une branche. Il y resta trois jours, pendant lesquels on lui servait les mets dont il avait l'habitude, et les députés craignaient qu'il ne voulût plus monter sur leur navire. Après avoir usé de l'hospitalité que lui offrait le temple d'Antium, il se rembarqua pour Rome, et les marins ayant abordé sur la rive du Tibre, il passa à la nage dans l'île, où, depuis cette époque, un temple a été élevé à Esculape. Enfin son arrivée mit un terme à la peste dont on était allé si loin chercher le remède.

Tout ce récit est emprunté à Valère-Maxime, qui raconte ces faits très-sérieusement (*De Prodigiis*, 1); et cependant l'auteur *Dictorum factorumque memorabilium* vivait sous les premiers empereurs. Son ouvrage est précédé d'une épître dédicatoire au successeur d'Auguste, dans laquelle l'adulation, en harmonie parfaite avec les exigences du césarisme, célèbre les mérites du héros de Caprée. On pourra donc trouver étonnant qu'à l'époque de César, d'Auguste et de Tibère, un écrivain sérieux ayant abjuré les vieilles idées de liberté pour se mettre au niveau de son temps, ait pu donner quelque confiance à cet antique et fabuleuse légende. C'est qu'en effet les croyances religieuses étaient restées vivaces, et que le progrès n'avait pas encore amené sur la scène Lucien, le Voltaire de l'antiquité païenne, lequel vécut plus tard, de Trajan à Marc-Aurèle. Quoi qu'on en dise, la philosophie utilitaire seule ne fera jamais le bonheur de l'homme, dirigé par les deux forces du sentiment et de la raison. Quand vous aurez retranché de la vie d'un peuple tout ce qui est capable de donner satisfaction à la première de ces facultés, vous le verrez bientôt sur la pente de la décadence morale.

Toutes les origines de Rome étaient poétiquement merveilleuses, et l'île sur laquelle Esculape rendait ses oracles, avait eu elle-même une formation presque miraculeuse. Tarquin-le-Superbe s'était emparé de la vaste plaine située entre la rive gauche du Tibre et la voie Flaminienne, et consacrée au dieu Mars. Il l'avait fait semer de blé, et lorsqu'il fut déchu de la royauté, le peuple se rua sur la moisson, parvenue à maturité, et s'en empara; mais cette récolte, résultat d'un empiétement sacrilége, étant regardée comme impure, une immensité de gerbes furent jetées dans le fleuve, qui alors se trouvait excessivement bas. Un banc de sable arrêta ces gerbes qui s'agglomérèrent, qui reçurent de la consistance par le limon de la rivière, et qui peu à peu donnèrent naissance à une île existant encore de nos jours. Tite-Live et Denis d'Halicarnasse ne doutent pas de l'origine de cette formation, qui trouverait les géologues contemporains moins crédules. (Tit. Liv., II, 5. — Denis d'Hal., v.)

Cette île semblait prédestinée aux miracles; car Plutarque raconte (1) un prodige dont elle fut le théâtre et qui annonçait la chute d'Othon : une statue de César, regardant l'occident, se tourna du côté de l'orient au moment où Vespasien commençait à briguer l'empire. Combien de gens opèrent ce même miracle en oubliant le jour de la veille et en saluant sans le moindre embarras le soleil levant !

Pour rappeler le souvenir du navire qui avait apporté le fameux serpent, on donna à l'île du Tibre la forme d'un vaisseau, et l'on en voit encore des traces bien conservées au-dessous du jardin annexé à l'église de Saint-Barthélemy, sur l'emplacement de laquelle dominait le temple d'Esculape. Il avait été construit à la poupe de ce navire monumental, et un obélisque au centre de l'île en figurait le mât, dont on voyait dans la villa Albani un fragment qui a été transporté à Paris. (Nibby, *Itin. di Roma*). Une médaille antique, dont Nardini a donné la gravure, représente l'arrivée du serpent, et le Tibre qui lui souhaite la bienvenue. Pline (XXIX, 22) parle du serpent d'Epidaure, et même il semble croire que de son temps il vivait encore ; mais tout cela est dit d'une manière peu explicite, et je n'entreprendrai pas de commenter ce passage. Au reste, le naturaliste romain est tellement crédule qu'il oppose rarement une digue à l'envahissement des rêveries les plus absurdes.

P. Festus attribue à une singulière cause la construction du temple d'Esculape dans une île : « On éleva,

---

(1) Plutarque donne à cette île l'épithète de μεσοποταμια qui peut se traduire par ce vers d'Ovide :

Insula dividua quam premit amnis aqua.

(FAST. 1, 298).

« dit-il, un temple au dieu de la médecine sur l'île du
« Tibre, parce que c'est surtout au moyen de l'eau que
« les médecins soignent les malades, *quod ægroti a me-*
« *dicis aqua maxime sustententur.* » Ne dirait-on pas
que cette réflexion sur la médication par l'usage de l'eau
s'applique à notre époque, où l'on a l'habitude d'aller
prendre des bains de toute espèce? Mais à Rome les
eaux du Tibre, bien plus salutaires, guérissaient les souillures du corps et de l'âme. (Perse, II, 15. — Juvén, VI, 522.)

On a prétendu que, dès l'antiquité, un hôpital pour
les malades avait été établi près du temple d'Esculape;
mais on ne peut appuyer cette opinion que sur le fait de
l'exposition des infirmes sur l'île d'Esculape, pour les
guérir par l'influence du dieu de la médecine. Suétone
raconte que, sous le règne de Claude, quelques citoyens
ayant fait exposer des esclaves *in insulam Æsculapii*,
pour ne pas avoir la peine de les soigner, l'empereur
décréta que tous ces malheureux exposés deviendraient
libres et ne pourraient plus être réclamés par leurs maîtres. Cela ne prouve pas l'établissement d'un hospice, et
d'ailleurs la pratique de l'exposition avait lieu dans beaucoup d'autres temples, où l'on passait la nuit avec l'espoir de songes divinatoires : c'était un usage commun
dans le paganisme (1). L'antiquité païenne n'a pas connu
les hospices, et, ce qui le prouve, c'est ce passage d'une
lettre de saint Jérôme (III, 6) : « Fabiola, la première,

---

(1) Voir le livre de feu le docteur Gaulier : *Recherches historiques sur l'exercice de la médecine dans les temples, chez les peuples de l'antiquité*, 1834.

« institua un νοσοκομεῖον, où elle recueillit les malades « abandonnés sur les places, et prit soin des membres « des malheureux exténués de souffrance et de faim. » Le mot grec, dont se sert saint Jérôme, démontre que l'idée d'un hospice n'était pas même représentée à Rome par une expression latine.

L'existence d'un hôpital contemporain dans l'île du Tibre paraît à beaucoup de gens une succession du culte d'Esculape, et cependant il n'en est pas ainsi : sur l'emplacement de cet hospice étaient primitivement établies des religieuses de Sainte-Anne, et ce ne fut qu'en 1581 que les frères hospitaliers, vulgairement nommés à Rome *Fate-ben-Fratelli*, ou, par abréviation, *Ben-Fratelli*, élevèrent un hôpital, suivant la règle léguée par leur saint fondateur, le Portugais saint Jean-de-Dieu, qui institua cet ordre dans la première moitié du XVIe siècle. (Ott. Panciroli, *tesori nascosti del alma città di Roma*.)

Le culte d'Esculape n'était pas seulement confiné dans l'île du Tibre : les statues du dieu de la médecine et de sa fille Hygie, sculptées par Nicératus, décoraient le temple de la Concorde. On cite une autre statue d'Hygie par Pyrrhus, et Socrate, artiste de mérite, avait peint un tableau qui représentait Esculape avec ses filles Hygie, Æglé, Panacée et Iaso. (Pline, xxxiv, 19. — xxxv, 40). On lit dans les Actes de saint Sévère que Dioclétien avait consacré un temple à Esculape dans les thermes de Trajan; ce qui semblerait confirmer l'opinion de P. Festus, relativement à la guérison des malades au moyen de l'eau. Mais il ne reste aucune trace de ce temple, et les archéologues romains osent même à peine se prononcer sur l'emplacement exact des thermes de Trajan, que l'on soupçonne avoir existé sur l'Esquilin, dans le voisinage de Saint-Pierre-ès-Liens et de Saint-Martin-des-Monts. (Nardini, *Rom. ant.*)

Une divinité qui, sans être chargée des généralités médicales, guérissait cependant un assez grand nombre de maux, c'était la déesse Carna, à laquelle on avait élevé un temple. Voici le récit de Macrobe : « Brutus, « après la chute de Tarquin, consacra un autel sur le « mont Cœlius à la déesse Carna, par suite d'un vœu « qu'il avait fait. On croit qu'elle préside aux organes « de la vie, *vitalibus humanis;* en sorte qu'on l'invoque « dans les maladies du foie et du cœur, et en général « pour tout ce qui tient aux viscères, *ut jecinora et corda,* « *quæque sunt intrinsecus viscera, salva conservet.* » Comme c'était par suite de la dissimulation des sen- « timents du cœur que l'on devait à Brutus l'état de « choses établi à la suite de l'expulsion des rois, on con- « sacra un temple à la déesse Carna, qui préside aux « organes de la vie, *quæ vitalibus præst.* On lui sacrifie « des gâteaux de fèves et du lard, parce que ces subs- « tances sont surtout favorables aux forces du corps. » (Saturn. I, 12.)

Ovide nous apprend que la déesse Carna, à laquelle on avait consacré le premier jour de juin, jouissait de la singulière faculté d'ouvrir et de fermer les portes :

Prima dies tibi, carna, datur. Dea cardinis hæc est:
Numine clausa aperit, claudit aperta suo. (Fast. VI. 101.)

Cette fonction, attribuée à Carna par le poète, pourrait bien, sous le voile de l'allégorie, signifier un pouvoir médical de constipation et de purgation. Cette interprétation est d'autant moins déraisonnable que la déesse régissait *omnia quæ sunt intrinsecus viscera*. A l'occasion de l'ouverture et de la fermeture des portes, saint Augustin dit qu'il y avait trois divinités affectées à cet office : *Forculus*, qui préside au battant de la porte *Cardea* ou *Carna* aux gonds, et *Limentinus* au seuil, *limini*. Il fait ensuite cette remarque, que l'on a institué trois dieux pour garder l'entrée des maisons, tandis que dans la vie réelle on se contente d'un seul portier, *ostiarium*. (*De civit. dei* IV, 8.)

Au reste, l'imagination mythologique peut se donner libre carrière sur cette fonction surnaturelle, peu enviable, d'ouvrir et de fermer les portes ; car Ovide avoue qu'on ne sait pas grand'chose sur son origine, et que cette tradition date d'une si ancienne époque qu'elle est restée noyée dans les brouillards de l'antiquité, où il va essayer de la retrouver. Carna habitait sur les bords du Tibre, dans le bois d'Hélerne, où l'on avait institué des sacrifices. Ses nombreux amoureux voyaient toujours leurs poursuites déjouées ; quand un jeune homme lui adressait des paroles un peu lestes, *amantia verba*, elle lui répondait aussitôt : « Ici nous sommes « trop en vue ; mais si vous connaissez un antre secret, « je vous suivrai. » Le naïf tentateur se dirigeait aussitôt vers l'antre, et Carna, faisant semblant de se laisser guider, se cachait au milieu de broussailles si touffues qu'on ne pouvait plus la retrouver. Un jour, Janus l'ayant rencontrée, ne sut pas plus que les autres résister à ses charmes, et par de douces paroles *mollibus verbis*, il voulut l'attendrir ; mais la déesse ne savait pas que

Janus, doté d'un double visage, voyait par devant et par derrière. Il s'aperçut donc du stratagème de la belle et du lieu où elle s'était mise à l'abri, et

> . . . . *latentem*
> *Occupat amplexu, speque potitus ait :*
> *Jus pro concubitu nostro tibi cardinis esto ;*
> *Hoc pretium positæ virginitatis habe.*

Le don était bien peu de chose de la part d'un amant qui faisait simplement une portière de sa malheureuse victime, et c'est justement qu'Ovide signale l'obscurité de la tradition. Cependant Janus fit encore présent à Carna d'une baguette d'épine blanche qui devait avoir la puissance de chasser en dehors des maisons tout ce qui pouvait être nuisible. Or, elle eut bientôt l'occasion de se servir de sa magique baguette, et je soupçonne l'aventure suivante d'avoir été l'origine du pouvoir qu'on lui attribuait sur les viscères humains.

Il existait de méchants oiseaux de proie, nommés *striges*, prenant plaisir à se nourrir des entrailles des enfants encore à la mamelle, et qui pendant la nuit poussaient des cris épouvantables. Procas — qui fut ensuite roi d'Albe et père de Numitor et d'Amulius — n'avait que cinq jours de vie, et par conséquent était une proie appétissante pour ces affreux oiseaux, qui effectivement commencèrent à attaquer la poitrine du malheureux enfant. La nourrice, avertie par les cris de son petit élève, accourut aussitôt et le trouva déjà cruellement déchiré par les griffes de ces effroyables volatiles. Dans sa désolation, elle alla consulter la nymphe Carna, qui se rendit auprès des parents et les trouva répandant des larmes abondantes. « Elle toucha trois fois le seuil de la porte, qu'elle arrosa d'une eau magique, et, tenant dans ses mains les intestins d'un porc de deux mois, elle les présenta aux oiseaux de proie, en les engageant à se contenter de ce sacrifice. Elle saisit alors la baguette d'épine blanche de Janus, en la faisant passer par l'étroite fenêtre qui seule donnait du jour dans la chambre, et depuis ce moment les affreux carnassiers respectèrent le berceau de Procas, qui guérit parfaitement de ses blessures.

Le premier du mois de juin, on offrait à Carna des gâteaux de farine et de fèves, et ceux qui en mangeaient ce jour-là étaient préservés des maux qui troublent les fonctions digestives. Ce récit fantastique est tiré des *Fastes* d'Ovide (vij) et il n'est pas sorti probablement tout entier de son imagination. Le poète se faisait l'écho des folles traditions populaires, et prenait seulement la peine de les embellir dans une longue suite de distiques. Carna, qui avait si bien protégé les entrailles de Procas, devait nécessairement remplir la même fonction à l'égard des antiques habitants d'Albe-la-Longue, dont une colonie avait fondé la ville de Rome, et le souvenir de cette bonne action explique pourquoi Carna présidait aux organes de la digestion et de la respiration.

Il y avait un temple dédié à *Minerva medica*, que Sextus Rufus et Publius Victor placent dans la cinquième région, dite Esquiline ; mais on n'en connaît pas l'emplacement. On a voulu attribuer ce titre à une ruine décagonale située près de l'église de Sainte-Bibiane ; mais aucune preuve n'a été apportée à l'appui de cette opinion, sinon que, parmi plusieurs statues découvertes près de là, on en a trouvé une de Minerve avec un serpent à ses pieds. Cette Minerve *medica* devait être le symbole de la science unie à la prudence, et ce sont effectivement ces deux qualités qui constituent l'excellent médecin.

J'ai dit que l'on avait institué des divinités pour toute espèce de maux, et même j'ajouterai pour tout ce qui tenait à la prévoyance hygiénique. Je vais donc jeter un coup d'œil sur ces spécialités mythologiques, en choisissant seulement les principales; car leur énumération détaillée risquerait de devenir fastidieuse.

Une de celles qui avaient le plus de malades à guérir, mais qui, malheureusement, remplissait très-mal son devoir, c'était la *Dea febris*, la déesse de la fièvre. On la fléchissait très-difficilement, et on l'invoquait seulement afin qu'elle fût un peu moins méchante, *ad minus nocendum*. C'est donc à cause de l'inflexibilité impitoyable de cette déesse que la fièvre a toujours tourmenté la ville de Rome pendant les mois d'août, de septembre et d'octobre, quoiqu'elle y fût honorée dans trois temples, dont le plus célèbre était celui du Palatin. L'origine de ce culte, qui se perdait dans la nuit des temps, prouve l'antiquité de cette affreuse maladie, dont les ravages ont souvent inspiré les narrations des historiens (Val. Max., II, 5, 6. — Cic., *De nat. deor*, III, 25. — Plin., II, 5. — Min. Fel, *in Octav.*, 25).

Parmi les déesses hygiéniques, je mettrai au premier rang les *deæ Cloacinæ*, chargées d'entretenir en bon état les égouts, *cloacæ*, et qui savaient probablement en neutraliser les émanations putrides. Nous aurions le plus grand besoin du secours de ces aimables fées; car, pendant l'été, les bouches de nos égouts exhalent parfois des miasmes nauséabonds, à tel point que lorsque ces bouches se trouvent près des cafés, dont les consommateurs préfèrent dans les beaux jours l'extérieur à l'intérieur, on est obligé d'y mettre des bouchons. La voirie devrait bien élever un autel à ces divinités bienfaisantes, et les prier d'obvier aux inconvénients que je signale et dont elle ne sait pas nous garantir (1). L'office des déesses Cloacines était regardé comme tellement important à l'hygiène, et par conséquent à la beauté, que Vénus elle-même avait reçu le surnom spécial de Cloacine, et qu'une chapelle lui avait été élevée sous ce vocable. Cependant, je dois dire que tous les auteurs ne sont pas d'accord sur la véritable signification de cette épithète. Pline parle, non pas de Vénus Cloacine, mais de Vénus Cluacine, et il fait dériver cette expression de *cluerc*, nettoyer ou purifier. Une statue, d'après lui, avait été élevée à Vénus *Cluacine*, dans la voie sacrée, sur l'emplacement où les Sabins et les Romains, *purgati in eo loco*, se purifièrent en cueillant des branches de myrthe (xv., 36).

(1) Il me semble que l'on pourrait facilement nettoyer nos égouts; mais le moyen est tellement simple que je soupçonne des obstacles inaperçus par mon ignorance. Je me hasarderai cependant à donner mon avis : on devrait, à la naissance du grand égout longitudinal et parallèle au Rhône, établir une écluse que l'on ouvrirait dans les eaux moyennes, et que l'on refermerait lorsque le fleuve menacerait de grossir outre mesure. Par ce moyen, une masse d'eau considérable, animée d'une grande force d'impulsion, entraînerait toutes les immondices, qui ne trouvent pas, dans la position presque horizontale de notre delta, une pente convenable à leur écoulement, et qui par conséquent, se déposant continuellement, nécessitent un nettoiement préjudiciable aux opérateurs, et qui infecte l'air momentanément.

Quoi qu'il en soit de l'application à Vénus de l'une ou l'autre de ces dénominations, l'existence des *Cloacinæ* ne pourra pas être infirmée ; car Tertullien est très-explicite sur leur compte. Dans son traité *De pallio*, il fait une charge à fond contre la vanité des élégants et les envoie au sanctuaire des Cloacines, *in adyta Cloacinarum* (de Pall., IV). Il paraît que c'était un usage de flageller les vaniteux en leur souhaitant la compagnie d'une de ces déesses ; car Plaute prétend que les glorieux hantent le temple de Cloacine, *Cloacinæ sacrum (in curculione)*. Le même auteur (*in milite glorioso*) emploie ces trois épithètes à la suite l'une de l'autre : *gloriosus, impudens, stercoreus :* ce qui prouve que la sotte vanité a toujours trouvé son contre-poids dans le mépris public. — On peut consulter sur les Cloacines une dissertation de feu l'abbé Greppo, laquelle fait partie des notes de la traduction de l'*Octavius* de Minutius Félix, par M. Péricaud aîné (2ᵉ édit., p. 260) et le commentaire latin de Saumaise sur le livre *De pallio*, p. 330).

Vénus était adorée sous toute espèce de qualification ; ainsi la Vénus chauve eut un temple spécial qui ne fut cependant pas élevé, ainsi qu'on pourrait le croire, dans l'intention de préserver le sexe féminin de la calvitie, mais qui rappelait un fait glorieux pour les femmes romaines : pendant le siége du Capitole par les Gaulois, les assiégés vinrent à manquer de cordes, nécessaires à la manœuvre de leurs engins de défense ; les femmes, enfermées dans la citadelle, offrirent aussitôt leurs chevelures, sacrifiant ainsi leur beauté à la liberté. Ce fut pour perpétuer la mémoire de cette action héroïque qu'un temple fut consacré à Vénus-la-Chauve, *œdes Veneris calvæ* (Lactant. I, 20. — Veget. IV, 9). On ne sait trop où était situé ce temple ; cependant il est naturel de penser qu'il avait été établi dans le Capitole, et il pourrait être le même que celui de *Venus Capitolina*, qui est aussi qualifié d'*œdes* par Suétone. Ce qui corrobore cette hypothèse, c'est que le successeur de Néron, Galba, effrayé par une foule de mauvais présages, voulut se rendre les destins favorables. Il conçut donc le projet d'offrir à la Fortune de Tusculum un magnifique collier de perles et de pierres précieuses, qu'il avait secrètement mis de côté. Ensuite il changea d'avis, et gratifia de ce collier la Vénus du Capitole, qui devait rappeler le succès des défenseurs de la citadelle. Cette Vénus ne pouvait être que la *Calva*, dont le patriotisme sauva le dernier boulevard de Rome. Galba ne profita pas de sa dévote générosité ; car la Fortune, contrariée par la préférence donnée à sa rivale, apparut en songe au nouvel empereur, et le menaça de lui retirer ses faveurs : ce qui eut lieu effectivement. On connaît le court règne de Galba et sa fin malheureuse. (Suét. *in Galba*, XVIII).

Vénus *Verticordia*, qui change les cœurs, avait été inventée pour remettre dans la bonne voie les jeunes filles qui allaient s'égarer dans la rue de Suburre, *in ferventi Suburrā*. (Juvén. IV, 51.) L'établissement de ce culte — à l'occasion de trois vestales qui donnèrent le scandale de manquer à leur vœu de chasteté, en l'an de Rome 638 — fut recommandé par les livres sybillins eux-mêmes, *quo facilius virginum mulierumque mentes ad pudicitiam converterentur*, et il fut inauguré par Sulpicia, fille de Serv. Paterculus et femme de Q. Flavius Flaccus, laquelle fut élue à cet office, comme la plus vertueuse de toutes les Romaines (Val. Max., VIII, 15). Je doute beaucoup que cette *Verticordia* pût changer le cœur de nos dames du demi-monde, qui sont devenues de véritables femmes d'affaires. La grisette d'autrefois eût été plus facile à convertir.

Une déesse, qui devait calmer souverainement les nerfs des jolies femmes, c'était la *dea Viriplaca*, celle qui apaisait les maris. Quel bonheur si nous pouvions ressusciter cette charmante déesse ! En effet, je voudrais voir ce qui se passe dans un ménage lorsqu'un marchand, apparaissant tout à coup comme un spectre, apporte à un mari confiant le compte non acquitté de sa chère moitié — et il m'a été affirmé que le cas se rencontrait assez souvent. L'orage risque alors de gronder dans le ménage, et si la *dea Viriplaca* intervenait, la tempête s'apaiserait; au grand contentement des femmes nerveuses, lesquelles, en dépensant beaucoup, désirent simplement faire honneur à leurs maris. Mais il me semble qu'on devrait aussi fabriquer une *feminœplaca*, afin de créer une réciprocité conjugale. En effet, messieurs les maris qui passent la nuit au cercle, qui fument, qui jouent, qui perdent et rentrent à trois heures du matin, sont, à leur tour, très-mal reçus par leurs femmes, et il faut avouer qu'elles n'ont pas entièrement tort.

Revenons à la vieille Rome : le temple de *Viriplaca* était situé sur le Palatin, et c'est devant le tribunal de la déesse que se terminaient les dissentiments entre époux. Chacun donnait alternativement ses raisons, et l'on sortait ensuite de la chapelle, *Sacellum*, en parfaite intelligence. Valère-Maxime fait à ce sujet la réflexion suivante : « On ne saurait trop honorer par des sacrifices

« particuliers une déesse qui entretient à tout moment
« la paix dans les ménages, et qui, soumettant les époux
« au joug d'une tendre amitié, sauvegarde la dignité du
« mari et l'honneur de la femme. » (II, 1, 6). Il n'est
personne qui ne se range à l'avis de l'auteur, *dictorum
factorumque memorabilium*. Les médecins savent parfaitement combien les guerres conjugales engendrent de
véritables maladies, et les femmes sont plus souvent
victimes que les hommes.

Junon présidait aux accouchements, et alors elle prenait le nom de Lucine. Voici, d'après Ovide (Fast. II,
431), l'origine de cet emploi : Romulus avait espéré,
au moyen de l'enlèvement des Sabines, peupler son
royaume; mais un grand nombre de ces épouses enlevées étaient restées stériles. Il y avait sur l'Esquilin un
bois consacré à Vénus, et dans lequel depuis longtemps
on n'avait point offert de sacrifices ; les maris et leurs
femmes y allèrent en foule et s'agenouillèrent en priant
la déesse :

Suppliciter posito procubuere genu.

Junon ne fut pas sourde aux prières de ses adorateurs, et elle demanda simplement le sacrifice d'un bouc.
Un augure étrurien conseilla aux femmes de se faire
administrer des coups sur le dos avec des lanières faites
de la peau du bouc sacrifié, et la fécondité fut le résultat de cette flagellation. Ovide se demande si le surnom
de Lucine, donné à Junon, vient de *lucus* ou de *lux*, du
bois de l'Esquilin, ou de la lumière dont elle fait jouir
les nouveau-nés, et il ne tranche pas le problème :

Gratia lucinæ, dedit hæc tibi nomina lucus,
Aut quia principium tu, dea, lucis habes?

Junon avait une concurrente dans la déesse *Nascio,
quæ, quia partus matronarum tueatur, a nascentibus
nominata est.* On faisait des processions autour de son
temple, dans le pays des Ardéates. C'est à son occasion
que Cicéron dit que nous divinisons tout ce qui passe
dans l'imagination, *omnia quæ cogitatione nobismet ipsi
possumus fingere.* (*De nat. deor.* III, 18). Cette réflexion,
remplie de justesse, s'applique à tous les temps, et l'on
peut affirmer que, même à notre époque de progrès
— locution à la mode — c'est l'imagination qui donne
de plus en plus de la puissance à la divinité du charlatanisme, laquelle ne pourrait pas supporter l'examen de
la raison.

Junon et Nascio étaient aidées par une multitude de
petits dieux inférieurs, qui s'occupaient de l'homme
même avant sa conception, en sorte que ces deux déesses
n'avaient probablement qu'à exercer une surveillance à
l'égard de leurs subordonnés. Saint Augustin lui-même,
dans son traité *De la cité de Dieu*, va nous initier complétement aux opérations confiées aux petits dieux, afin
de mener à bonne fin la création d'un enfant. Pour ne
pas choquer la chasteté de mes lecteurs par du français
inévitablement réaliste, je citerai le texte du saint évêque, et d'après cela on jugera de la liberté grande de la
langue latine : « *Confert Janus aditum et quasi januam
« semini ; confert Saturnus semen ipsum ; confert Liber se-
« minis emissionem viris : confert hoc idem Liber feminis ;
« confert Mena, filia Jovis, fluores menstruos ; confert
« Vitumnus vitam ; confert Sentinus sensum ;* Junon, sous
« le nom d'*interduca*, conduit les enfants, aidée de
« deux autres déesses, *Abeona* et *Adeona*, et la déesse

« *Mens* est chargée de leur intelligence. » Toutes ces fonctions sont décrites en termes tellement précis que l'auteur s'écrie : « *Parcatur humanæ verecundiæ;* » ce qui ne l'empêche pas de revenir plus loin sur les nécessités du mariage et de nous apprendre l'existence des dieux les plus singuliers : « *Adest deus Subigus ut viro* « *(nupta) subigatur; adest dea Prema, ut subacta, ne se* « *commoveat, comprimatur; dea Pertunda* (1) *ibi quid* « *facit? erubescat, eat foras : agat aliquid et maritus.* » Après que l'enfant a été conçu, il a besoin de mille soins, et l'on voit apparaître le dieu « Vaticanus, qui préside « aux vagissements; Cunina, qui veille autour des ber- « ceaux, *cunas;* Diespiter, qui donne le jour; les « déesses Carmentes, qui prédisent l'avenir des nouveau- « nés; Rumina, qui présente le sein aux petits en- « fants (2); Levana, qui les lève de terre; Potina, qui « leur donne à boire; Educa, qui fournit la nourriture; « la Fortune barbue, qui se charge de faire croître la « barbe chez les adultes, » etc. A l'occasion de ces ridicules divinités, l'évêque d'Hippone fait quelques plaisanteries que je qualifierai d'un peu risquées, et l'on peut dire qu'il attaque le paganisme avec les armes de Voltaire, à la différence cependant qu'il n'agit pas en simple démolisseur, et qu'il reconstruit la société en employant les matériaux du christianisme. (S. Aug., *De civit. Dei,* IV, 8. — IV, II. — VI, 9, — VII, 3).

Le grand docteur de l'Église a encore oublié un cer-

---

(1) *Pertunda quæ in cubiculis præsto est, virginalem scrobem effodientibus maritis.* (*Arnob. adv. gent.*, IV).

(2) *Rumina* vient du vieux mot *rumis*, qui signifie mamelle (P. Festus).

tain nombre de dieux préposés à la grande fonction de l'enfantement : Junon *Cinxia* était ainsi nommée *a cingulo, quo nova nupta præcingebatur, et quod vir in lecto solvebat*. Ce titre était regardé comme chose sacrée, parce que la consommation du mariage commençait par l'enlèvement de la ceinture de la nouvelle épouse. (P. Fest.). La nymphe Égérie ne se contentait pas de donner des conseils à Numa, elle facilitait encore les accouchements, et son nom lui vient de cette fonction, *alvum egerere* (ibid.) On peut aussi mentionner les *dii Nixii, quos putabant præsidere parientium nixibus*, que l'on croyait capables de seconder les efforts des femmes en couches. Ces dieux compatissants étaient représentés par trois statues ayant les genoux pliés, et que l'on voyait au Capitole en avant de la *cella* de Minerve. Quelques-uns prétendent qu'après la défaite d'Antiochus elles furent apportées à Rome par Manius Acilius; selon d'autres, elles proviendraient de Corinthe, où elles auraient servi de pieds à une table (ibid.). On comprend parfaitement que cette posture représentait un effort pour supporter un poids considérable, et c'est bien ici le cas de faire remarquer cette création de dieux, due à l'imagination populaire.

Je ne dois pas omettre la déesse *Angenoria*, qui avait la spécialité de guérir les angines, si communes aujourd'hui; il serait très-profitable de ressusciter cette excellente divinité médicale. Macrobe nous apprend que sa fête, célébrée le 23 des calendes de janvier, fut instituée à la suite d'un vœu fait par le peuple romain, délivré d'une angine épidémique, *morbo qui angina dicitur*. P. Festus dit que cette maladie avait attaqué toute espèce d'animaux, *omne genus animalium ;* mais je ne saurais dire si le genre humain est compris dans cette expression générale. Les fêtes en l'honneur de cette déesse étaient célébrées dans le temple de *Volupia,* déesse de la Volupté. Le rapprochement de ces deux divinités est assez singulier, surtout quand on apprend que la statue d'Angenoria, placée sur l'autel de Volupia, avait la bouche fermée et scellée, mais cette première était encore la déesse de l'angoisse, *angoris.* Ce symbole signifiait que ceux dont la patience sait dissimuler les douleurs et les inquiétudes parviennent enfin à la félicité. Cette allégorie est une leçon donnée aux malades qui n'ont pas assez de force pour résister à l'explosion des plaintes, et par là on leur enseigne que la force morale triomphe parfois de la maladie. Les médecins feront bien de citer cette vieille observation de l'influence du moral sur le physique, dont la pratique médicale antique avait sagement profité (Macrob. i, 19. — P. Festus. — Plin. iii, 10).

Agenoria donnait de l'activité (du verbe *agere*) ; Murcia rendait inerte (*de murcidus,* paresseux), et avait sa chapelle, *sacellum,* au-dessous de l'Aventin, qui primitivement s'appelait *Murcus ;* Stimula faisait aller plus loin qu'on ne voulait, *ultra modum ;* la déesse *Quies,* qui procurait du repos, avait son temple hors de la porte Colline, tandis que les autres divinités résidaient dans la ville (S. Aug., *De civit. Dei,* iv, 16. — P. Fest.) ; ce qui signifiait que le séjour de la campagne est favorable à la tranquillité.

On avait imaginé des dieux pour un si grand nombre de maux qu'il en existait un dont la fonction consistait à préserver les blés de l'atteinte de la nielle, appelée rouille, *rubigo*, parce que son effet est de recouvrir les céréales d'une poussière jaunâtre. Ovide nous transmet la prière que l'on adressait à cette singulière divinité :

Aspera Rubigo, parcas cerealibus herbis,
. . . .

Rubigo avait un bois sacré sur la voie Nomentane, et dans le mois d'avril on allait en grande pompe lui sacrifier les entrailles d'un chien et celles d'une brebis. (Ovid., *Fast.* IV, 905). Les *Rubigalia* furent institués par Numa, l'an onzième de son règne, et se célébraient le 7 des calendes de mai (25 avril) (1), parce que c'est vers ce temps que la maladie de la rouille envahit les blés. Les *floralia*, pour la floraison, avaient leur fête pour le 4 des calendes de mai (28 avril), et les *Vinalia* le 9 des mêmes calendes (23 avril). Ces *Vinalia* avaient pour objet la dégustation des vins, *degustandis vinis*. (Plin. XVIII. 69).

La déesse Laverne mérite une mention : elle était chargée de guérir les scrupules de conscience des spéculateurs, qui se réunissaient autour du *Puteal Libonis*, la Bourse de l'antique Rome. Les hommes d'affaires, *fœneratores*, dont l'histoire romaine nous offre des types si

---

(1) Les mois romains étaient divisés en trois périodes : les calendes, les nones et les ides. On datait non pas comme nous en partant du 1er jour du mois, mais en comptant les jours qui précédaient ces périodes. Ainsi, supposons que nous sommes en mars et que avons encore sept jours avant d'arriver au 1er avril, par conséquent au premier jour des calendes d'avril, alors nous dirions que nous sommes au 7 des calendes d'avril, et si nous n'avions plus que deux jours pour atteindre le mois suivant nous daterions du 2 des calendes ; et ainsi de suite pour les nones et les ides. (Calend. rom. par Arago., *Ann. du bureau des long.*, 1851.)

nombreux savaient gagner des millions de sesterces, et avaient en outre la prétention d'accaparer toute sorte d'honneurs, pendant leur vie et après leur mort. C'est pour cela qu'Horace met dans leur bouche la prière suivante :

> . . . . *pulchra Laverna*
> *Da mihi fallere, da justo sanctoque videri.*
> (Hor., *Epist.* I. 16, 60).
> O charmante Laverne, apprends-moi le moyen
> De voler, sans cesser d'être un grand citoyen.

Combien de gens seraient disposés à faire cette prière ! La quatrième page des journaux occupée par les inventeurs de remèdes, par les philanthropes et par les charlatans de toute espèce, devraient prendre pour épigraphe ce naïf *da mihi fallere*.

Pour terminer tout ce qui regarde la conservation hygiénique de l'homme par les puissances surnaturelles, il convient de parler de Libitine, chargée de ses funérailles. On trouve parfois le prénom de Vénus accolé à cette déesse, peut-être par dérision, et pour nous rappeler que de Vénus à Libitine le passage est souvent bien abrégé. Un autre point de ressemblance entre les deux divinités, c'est l'étymologie de Libitine que l'on fait dériver de *ad libitum*, c'est-à-dire de volonté capricieuse et ne souffrant point d'obstacles. Les Vénus de tous les temps ont conservé la même puissance, et la chronique du jour raconte des faits presque incroyables sur les exigences de ces dames et sur l'obéissance de leurs malheureux esclaves, qui sont d'autant plus faibles que Libitine se dispose à les conduire au bûcher funéraire. On tenait dans son temple une sorte de registre d'état civil pour les décès, et une compagnie de pompes funèbres y avait installé ses bureaux. Cet établissement remontait à une haute antiquité, puisqu'il datait de Servius Tullius. (Suet in ner. 39. — Denys d'Hal. ix. — Varr. de l. l. vi, 47. — Val. Max. v, 2, 10.)

Les esprits légers ne trouveront peut-être qu'un sujet de moquerie dans cet exposé des croyances du paganisme; mais alors ils se montreront totalement dénués du sens philosophique. Cette superstition valait encore beaucoup mieux que l'absence complète d'idées religieuses; en effet, ces idées élevaient plus ou moins l'homme vers la divinité, et cette élévation ne peut manquer d'inspirer des pensées dont la morale profite ordinairement. Le vrai philosophe, qui connaît la nature humaine, ne blâmera pas Numa allant prendre les conseils de la nymphe Égérie. Ces rendez-vous mystérieux entouraient d'une auréole le front du législateur, et les Romains à moitié barbares se soumirent volontairement à leur roi Sabin, qui promulguait un code sous la garantie d'une divinité. Je n'ai pu approuver Arago plaisantant sur *la sagesse du divin Numa* à l'occasion du calendrier, dans lequel celui-ci avait maintenu certaines vieilles superstitions. Le successeur de Romulus était simplement un philosophe qui comprenait le développement de la morale par la sanction religieuse. Toutes les divinités dont j'ai fait la nomenclature attiraient vers le ciel les regards des malades, les consolaient dans la souffrance, et leur apportaient l'espérance qui donne le courage et peut amener la guérison.

L'ANCIENNE PAROISSE

DE

NOTRE-DAME DE LA PLATIÈRE

I.

N aperçoit encore, à l'angle nord-ouest des rues Lanterne et de la Platière, un reste circulaire de vieille muraille, que les récentes démolitions ont débarrassée d'une maison qui en obstruait la vue. C'est là un souvenir de l'abside de l'ancienne église de Notre-Dame de la Platière, sur les fondations de laquelle a été construit le bâtiment qui sert aujourd'hui de local à l'hôtel de l'Ecu de France, précédemment établi dans la rue Lanterne.

Il serait difficile d'assigner une date précise à l'introduction à Lyon du culte de la Vierge, que les vieilles traditions font remonter jusqu'à saint Pothin, arrivé dans notre ville vers l'an 150. Quoi qu'il en soit, une très-ancienne chapelle, sous le vocable de la sainte Vierge, existait sur la rive gauche de la Saône. On l'appelait Sainte-Marie-au-Bois, *Sancta Maria in Bosco*, parce qu'elle avait été bâtie au milieu des arbres, sur un emplacement en dehors de la ville, et l'on faisait remonter son origine à saint Eucher (première moitié du Vᵉ siècle), qui y aurait établi une recluserie de filles. Leidrade, archevêque de Lyon en 798, après la mort d'Adon, rend compte à Charlemagne des reconstructions qu'il a fait opérer, parmi lesquelles il signale les églises de Saint-Nizier et de Sainte-Marie ; et l'on ne peut pas se tromper sur la question de savoir quelle était cette église de Sainte-Marie ; car il paraît qu'il n'en existait alors à Lyon qu'une seule sous ce vocable exclusif. (Alm. de 1755 — Péricaud aîné. Arch. hist, t, I, p. 342; t, IV, P. 38. — Descript. de Lyon. 1741. — Colon. hist. litt. II, p. 201.)

Ce ne fut même que longtemps après, dans le xiie siècle, que s'éleva la chapelle de Fourvière. Voici, au sujet de la plus ou moins grande antiquité de cette chapelle, les opinions des deux auteurs qui se sont occupés de son histoire. M. l'abbé Cahour, dans son livre de *Notre-Dame de Fourvière* (1838), penche vers l'opinion qui assigne une haute antiquité à la chapelle; cependant il n'est pas trop affirmatif : « On regrettera, « dit-il, de ne retrouver ni l'époque précise de la pre- « mière fondation du sanctuaire de Notre-Dame, ni « l'origine de son image célèbre.

« Le nuage obscur qui a dérobé à nos yeux l'origine « de la chapelle et de son image, dépose en faveur de « son antiquité. (Introduction.)

« Ce sanctuaire, bâti vers le milieu du ixe siècle, fut- « il précédé par quelque autre oratoire dédié à la sainte « Vierge, dès les premiers temps du christianisme ? Tout « porte à le croire. Nous n'avons cependant que de « simples conjectures sur cette première époque de « l'origine de son culte à Fourvière. » (P. 22.) L'abbé Cahour met sur le compte de la chapelle de Fourvière ce que Leidrade dans la lettre précitée dit de la reconstruction des églises de Saint-Nizier et de Sainte-Marie ; cependant il avoue : « qu'il pourrait bien être question « dans ce texte de N.-D. de la Platière, ou d'un oratoire « de Marie, voisin de Saint-Nizier. .... Nous n'avons, « ajoute-t-il, retrouvé aucun monument antique qui fixât « l'année de la construction de N. D. de Fourvière. . .

« Notre-Dame-de-Bon-Conseil fut le premier titre « sous lequel la sainte Vierge fut honorée au sommet de « la colline. » (PP. 26-28.)

M. Meynis, dans son *Histoire du culte de la sainte Vierge à Lyon* (1865), nous dit : « Quelques auteurs ont « cru que la fondation d'un oratoire dédié à la sainte « Vierge, sur le point culminant de la colline de « Fourvière, devait être rapportée à une date plus an- « cienne, tout au moins à l'époque où le vieux Forum « s'écroula, c'est-à-dire en 840 ; mais cette opinion « n'est appuyée d'aucune preuve. Si réellement un « sanctuaire sous le vocable de Marie eût existé dans ce « lieu, dès ces temps reculés, comment se ferait-il qu'il « n'eût laissé, dans notre histoire, aucune trace, « aucun souvenir, que nos vieux chroniqueurs auraient « recueillis ? »

Il résulte de ces citations que l'on peut raisonnablement attribuer la primauté de l'antiquité à la chapelle de Sainte-Marie-au-Bois, qui devint la propriété des chanoines de Saint-Ruf (1).

(1) *Rufus*, Roux ; d'où sont venus les noms si nombreux de Rousseau, Roussel, Rousselet, Rousset.

II.

Saint Ruf, qui, selon les chroniques, fut le premier évêque d'Avignon, passe pour être né à Cyrène (Lybie), de Simon dit le Cyrénéen, le même qui, selon le témoignage des évangélistes, aida le Christ à porter sa croix. Simon ayant été admis, avec ses deux fils Ruf et Alexandre, au nombre des 72 disciples de Jésus, Ruf devint évêque de Thèbes, et suivit (ajoute la légende) saint Paul à Rome et en Espagne, où cet apôtre l'établit chef de l'Eglise naissante de Tortose. Il passa ensuite les Pyrénées, et vint de Narbonne à Avignon, où il jeta les fondements de la foi sur les débris du paganisme. Il fit, dit-on, bâtir sur le rocher une chapelle (là où, quelques siècles plus tard, la tradition raconte que Charlemagne fit élever la basilique de N.-D. des Doms) et mourut, après vingt-cinq ans d'épiscopat, vers l'an 90, le 24 novembre, jour de la célébration de sa fête à Avignon, dans l'église d'un monastère qu'il avait fait bâtir hors des murs de la ville, du côté de la Durance. Ce monastère, qui devint l'abbaye de Saint-Ruf et la principale maison de l'ordre, fut ruiné dans le ixe siècle par les Sarazins, puis fut cédé, en 1038, par Benoit, évêque d'Avignon à quatre chanoines, qui voulurent y vivre selon une réforme qu'ils avaient adoptée. Cette abbaye se soutint dès lors avec réputation, jusqu'au commencement du xiiie siècle, époque où les troubles survenus à l'occasion des Albigeois obligèrent à en transporter le titre à Valence. C'est alors que les reliques de saint Ruf furent déposées dans la cathédrale d'Avignon et placées avec plusieurs autres dans une châsse d'argent. (*Dict. hist. du départ. de Vaucluse*, par Barjavel. Carpentras, 1841.)

Saint Jubin ou Gébuin, *Gebuinus*, archevêque de Lyon, 1077 à 1083 (1), appela dans notre ville, en 1080, une colonie de ces chanoines de Saint-Ruf, les établit dans la susdite chapelle de Sainte-Marie-au-Bois et leur fit d'autres donations. Il paraîtrait que les moines de l'Ile-Barbe firent des réclamations au sujet de certaines de ces donations, et que, entre ces deux ordres, on se calomniait mutuellement, *calumnia agebatur*. Du moins c'est ce qui ressort d'une charte latine, recueillie par M. J. Chevalier (*Revue du Lyonnais*, juillet 1867). Cette charte, du 10 des calendes de juillet 1092, est due à l'archevêque Hugues Ier, successeur de saint Jubin, et elle semble avoir été rédigée pour mettre un terme aux discussions entre ces deux congrégations religieuses. Elle confirme à Arbert, abbé de Saint-Ruf, et à ses chanoines, la possession de l'église de Sainte-Marie, sur les bords de la Saône, au levant, celle de l'église de Saint-André et de la chapelle du château de Corcy, *in castro* Corziaci(2),

(1) On invoquait saint Jubin contre la goutte et la pierre, maladies dont il fut lui-même affligé (Péricaud. *Arch. hist.* IV, p. 39). Pour justifier cette croyance, il faudrait cependant savoir si saint Jubin fut guéri miraculeusement de ses infirmités. « Mais dans les dernières années de sa vie, « atteint de violentes attaques de goutte, il fit éclater une patience admi- « rable. » (Durand. *Notice sur saint Jubin*.)

(2) *In castro Corziaci* est traduit par Château de Corzieux, dans l'inventaire des chartes et titres du prieuré de Notre-Dame de la Platière de Lyon, fait aux frais de M. Louis-Joseph de Meyras de la Roquette, prieur et chef du chapitre de Notre-Dame de la Platière, 1767. Ce recueil manuscrit appartient aux archives départementales du Rhône, et j'en dois la communication à la bienveillance de M. Gauthier, archiviste en chef.

celle de l'église de Saint-Marcel, — près de Saint-André, — etc., que saint Jubin avait données à la communauté de Saint-Ruf, du conseil et de l'autorité dudit archevêque Hugues, alors évêque de Die et légat du pape dans ce pays. Il ne paraît pas que l'intervention de Hugues Ier ait terminé toutes les difficultés; en effet, M. Guigue, *dans ses Fiefs et paroisses de l'arrondissement de Trévoux*, nous apprend que le pape Lucius III, en 1183, confirma la paroisse de Saint-André de Corcy à l'abbaye de l'Ile-Barbe, et conserva au prieur de la Platière le droit de nommer à la cure. M. J. Chevalier, dans ses notes, cite une bulle du pape Innocent VIII, du 30 août 1488, qui reconnaît la propriété de l'ordre de Saint-Ruf sur les chapelles de Saint-André de Corcy et de Saint-Marcel, *sancti Andreæ et sancti Marcelli*. Si ces diverses chartes se contredisent un peu, il ressort au moins de leur examen que les chanoines de Saint-Ruf jouissaient de certains droits dans la paroisse et les environs de Saint-André de Corcy. Au reste, leur souvenir demeurait attaché à cette commune dans l'appellation de l'*Etang de la Platière*, qui vient d'être desséché pour donner passage au chemin de fer des Dombes (1).

III.

La ville s'étant étendue sur les rives de la Saône, la chapelle de Sainte-Marie devint une paroisse, et son enceinte ne suffisant plus à la population, il fallut nécessairement songer à sa reconstruction. On enleva probable-

(1) J'ai connu le propriétaire de cet étang : M. A. Petit, ancien fabricant et agent de change, décédé à Lyon en 1866.

ment une partie des arbres qui environnaient la chapelle, et la nouvelle église se trouva sur une place, *platea*, d'où lui vint son nom de Notre-Dame de la Platière (1).

Je ne pourrais pas donner la date précise de la construction de la nouvelle église paroissiale, qui dut avoir lieu peu de temps après la prise de possession par les chanoines de Saint-Ruf, c'est-à-dire vers la fin du XIe siècle. Cette date coïncide avec celle de l'église d'Ainay, à la fin de ce même siècle, et qui fut consacrée peu après par le pape Pascal II, en 1107. Au reste, dans le plan de Simon Maupin, 1625, on peut voir que le clocher de la Platière est absolument le même que celui d'Ainay; seulement il est placé au-dessus du chœur, au lieu d'être élevé au-dessus du portail, et la similitude de forme indique nécessairement une époque contemporaine. Il paraîtra singulier que cette église n'ait pas été construite sur un plan rectangulaire, et l'on peut se rendre compte de cette défectuosité en examinant la surface irrégulière de la maison de l'*Ecu de France*, bâtie sur les fondations de l'ancienne église dont le plan de Lyon, en 1740, accuse aussi l'irrégularité. On cherchera peut-être à résoudre ce problème par certaines exigences de circulation; cependant ce terrain planté d'arbres, ne devait pas être avare de sa propre substance, et d'ailleurs les chanoines en étaient eux-mêmes propriétaires.

Ce qui prouve cette propriété, c'est le fait suivant : En

---

(1) Le mot de *plâtre* est un dérivatif de *platea*. Villeurbanne a aussi son *plâtre*, entre l'ancien et le nouveau Villeurbanne. Le nom de Villeurbanne, situé au sommet de la balme viennoise, viendrait, d'après M. Péan, de *villa* et du celte *Boun*, qui signifie montagne ou colline. (*Revue du Lyonnais*, 3e série, III, p. 364.)

1297, le gérant de la prévoté (1), au nom du roi, s'empara de la place au-devant de la Platière et en fit couper les arbres. Les religieux portèrent plainte à l'archevêque Henry de Villars-Thoire, qui décréta une enquête, à la suite de laquelle il donna une charte pour réintégrer les chanoines en possession du terrain. (Invent. des chartes de la Platière.) Quelques années plus tard, en 1300, Humbert de Genay, prieur de la Platière, céda à la ville ses droits sur la place, moyennant une somme de 30 livres viennoises qui lui fut payée, et depuis cette époque ce terrain devint une propriété publique. (Cochard. *Descript. de Lyon*, p. 125.)

IV.

L'année 1245, célèbre dans les fastes de Lyon, donna une certaine importance à l'église de la Platière. Le pape Innocent IV, après de nombreux démêlés avec l'empereur Frédéric II, résolut de le déposer. Mais ayant été averti que son ennemi voulait le faire enlever, il fut si alarmé de cette nouvelle, que vers le milieu de la nuit il quitta les insignes de sa dignité, s'arma légèrement, monta sur un bon coursier, partit sans que personne s'en aperçût et gagna Civitta-Vecchia, où il s'embarqua pour Gênes, sa ville natale. (L'abbé Migne. *Dict. des papes*).

Innocent IV méditait la déposition de l'empereur Frédéric II, et il est à présumer que le fait de cette décision avait transpiré parmi les têtes couronnées, qui probable-

---

(1) Une prévôté était la recette des droits du roi, dans une certaine étendue de pays. (*Le Grand Vocabulaire français*, 1772).

ment ne voyaient pas cette déposition de très-bon œil ; car ce pouvait être pour elles un précédent dangereux. Le pape fit sonder divers souverains, afin de savoir s'ils auraient pour agréable qu'il vînt tenir un concile dans leurs États. Mais n'ayant obtenu que des réponses évasives, même de la part de saint Louis, il résolut de se transporter à Lyon, ville indépendante du roi de France et soumise à l'archevêque et au chapitre. Il y arriva donc vers le milieu de décembre 1244, accompagné de douze cardinaux, et alla loger dans le cloître des chanoines de Saint-Just. Je n'entrerai pas dans les nombreux détails des actes de ce concile, car je sortirais de mon sujet. Je dirai seulement que, dans la sentence de déposition de Frédéric II, on voit les considérants déjà influencés par le développement des idées gallicanes. En effet, le titre de la sentence porte qu'elle fut prononcée par le pape, en présence du concile, *sacro præsente concilio*, tandis que les autres résolutions sont prises avec l'approbation du concile : *ex communi approbatione concilii sancimus*. On peut donc présumer que les membres de l'assemblée laissèrent faire, mais n'approuvèrent pas un acte qu'ils trouvèrent exorbitant. (Colon. *Hist. litt.*, II, p. 273. — *Dict. de théolog.*, Concile de Lyon. — Fleury. *Hist. ecclés.* XVII, p. 255. — *Dict. des Conciles.* — Poulin de Lumina, p. 163.) Une étude sur ce sujet, dégagée de tout esprit de parti, serait des plus intéressantes, à la condition cependant de bien se persuader que, s'il est contraire à la justice et à la raison de juger les siècles passés au point de vue de notre époque, il l'est également de juger notre époque au point de vue des siècles passés. Je ne m'arrêterai pas davantage sur les travaux qui signalèrent le concile général de 1245, et j'arrive à ce qui regarde l'église de Notre-Dame de la Platière.

Le culte de la sainte Vierge y était établi de toute antiquité et il était naturel que, le concile ayant à décréter certains règlements pour les fêtes virginales, cette église fût spécialement chargée de la célébration des nouvelles cérémonies. Parmi ces fêtes, celle de la Nativité est une des plus anciennes et des plus généralement célébrées. En effet, il en est fait mention dans un sacramentaire antérieur à saint Léon-le-Grand, mort en 461 : (Jaquin et Duesberg. *Antiq. chrét.*) La petite ville de Néronde, en Forez, possédait une ancienne chapelle du xiv° siècle, mais fondée bien avant cette époque, et, s'il faut en croire Delandine, ce sanctuaire était fréquenté, dès le viii° siècle, par les populations voisines, qui venaient y célébrer avec solennité la fête de la Nativité. (Vachez. *Inscript. ant. de Néronde*). L'église de Villars, dans l'arrondissement de Trévoux, était aussi sous le même vocable. (Guigues. *Fiefs et paroisses.*) Il est à présumer que l'antique chapelle de Sainte-Marie-du-Bois donnait asile à cette dévotion particulière et qu'un autel était dédié *virgini nascenti*. Ainsi, bien des siècles avant qu'on montât de Lyon à Fourvière, pour honorer la mère de Dieu, on en descendait pour lui apporter des hommages, dans la modeste chapelle de Notre-Dame-du-Bois. (*Origine de la confrérie de la Nativité*, 1863.)

Le concile se rassembla, pour sa première session, le 23 juin, dans l'église de Saint-Jean, après une congrégation particulière tenue deux jours auparavant dans le réfectoire de Saint-Just. Le 17 juillet un décret ordonna la célébration annuelle de la fête de la Nativité, avec une octave dont le pape composa lui-même l'office. L'église de la Platière fut choisie pour cette solennité, et chaque année cet anniversaire y était célébré avec une grande pompe. (Poulin de Lum., p. 260. — Colon. *Hist. litt.* II, p. 270. — Alm. de Lyon, 1755.)

A l'occasion de ces fêtes, la confrérie de la Nativité fut instituée et eut son siége dans l'église de la Platière, mais elle ne garda pas longtemps son appellation primitive. « Vers la fin de ce même siècle, en 1292, eut lieu
« le voyage merveilleux de la *Santa-Casa* de Nazareth
« en Dalmatie, et quatre ans après à Lorette, où elle
« est encore aujourd'hui (1). L'image de la *Santa-Casa*,
« gravée depuis lors sur les feuilles de la confrérie, en fait
« foi. Ainsi l'amour de la nouveauté fit perdre à la con-
« frérie d'abord, et puis peu à peu à la paroisse, leur
« nom si vénérable par son antiquité et les souvenirs
« qu'il rappelle, le doux nom de Notre-Dame-du-Bois.
« La paroisse en portait la peine. Lyon était descendu de
« sa colline et s'asseyait entre les deux fleuves, sur leurs
« belles rives. Celles de la Saône n'étaient plus couver-
« tes de forêts, mais de maisons qui se groupaient au-
« tour de leurs édifices religieux. Le nom de Notre-Dame

---

(1) Horace Tursellino, né à Rome en 1545, publia en 1597 l'histoire de la *Santa Casa* de Lorette. Voici ce qu'il en dit : « On ne sait point d'une
« manière très-claire pourquoi cette maison, qui était arrivée en Dalmatie,
« à Tersacto, trois ans et sept mois auparavant, fut transportée ensuite au
« travers de l'Adriatique, dans le *Picenum*: ce qu'il y a de certain, c'est
« que les anges l'apportèrent sur leurs ailes, dans un bois, appartenant à
« une matrone de *Recanati* appelée Loretta, de qui cette maison a reçu
« son nom; que les arbres des forêts s'inclinèrent vers elle pour la recevoir;
« que les bergers la découvrirent le lendemain, à un mille de distance de
« la mer, dans un lieu où il n'y avait jamais eu de bâtiment. »

« de Lorette, qui n'était pas encore entré dans le lan-
« gage usuel, fit place à la dénomination vulgaire, pro-
« saïque, de Notre-Dame de la Platière, que la paroisse
« a porté jusqu'à sa destruction, en 1790. » (*Notice hist.
sur la confrérie de la Nativité.* Lyon, 1863.) Cette confrérie avait, dans la susdite église, une chapelle dédiée à Notre-Dame de Lorette, laquelle était ornée d'un très-beau tableau d'Albert Durer, représentant la Nativité de la sainte Vierge (J. de Bombourg). Cette chapelle fut fondée par Terme de Villars, qui avait été prieur de la Platière, et la bénédiction en eut lieu vers 1641. (*Arch. comm.* — Registre de la Platière.)

Il ne faut pas confondre cette confrérie avec celle des pénitents de Lorette, établie sur la place de la Croix-Pâquet et fondée en 1658 par plusieurs ecclésiastiques et laïques, qui tous avaient fait le voyage de Lorette. (*Alm. de Lyon*, 1789.) Si la confrérie de la Nativité n'a pas conservé les titres primitifs de son installation, elle possède cependant encore dans ses archives l'original en parchemin d'une bulle d'Innocent XI, du 4 janvier 1687, qui lui accorde des grâces et des indulgences. Après la Révolution, l'église de Saint-Louis ayant remplacé les deux paroisses de la Platière et de Saint-Vincent, la susdite confrérie se reconstitua et elle subsiste aujourd'hui dans l'église de Notre-Dame de Saint-Vincent, dont le vocable a succédé à celui de Notre-Dame de Saint-Louis. Ce changement de nom a eu lieu pour éviter la confusion qui aurait pu s'établir entre Notre-Dame de Saint-Louis de la Guillotière et celle de Lyon, surtout maintenant que le faubourg est réuni à la ville. La paroisse le plus rapprochée de Saint-Louis était celle de Saint-Vincent, qui naturellement a imposé son vocable comme souvenir de l'ancien état de choses. (*Notice sur la confrérie de la Nativité*, 1863.)

Chaque confrérie conservait son règlement et son histoire, contenus dans un petit volume, et celle de Lorette, obéissant à cet usage, avait publié le livre suivant : « La
« dévotion ou la confrérie, établis depuis plusieurs siè-
« cles dans l'église paroissiale de la Platière de Lyon,
« en l'honneur de Notre-Dame de Lorette. — A Lyon,
« chez Laurent Langlois, imprimeur, rue du Petit-Sou-
« lier, au Point-du-Jour, 1701. » Une seconde édition, de 1736, légèrement augmentée, contient des détails sur la confrérie. Après avoir parlé du concile de 1245, l'auteur ajoute : « Comme l'église de la Platière était la
« seule dans cette ville consacrée à la sainte Vierge,
« même dès les premiers siècles, et à sa nativité, elle
« eut l'honneur d'être choisie pour la première où se cé-
« lébrerait cette octave (de la nativité) qui se fit pen-
« dant huit jours, avec toute la magnificence digne du
« sujet et de cette grande assemblée. » On explique ensuite comment la confrérie a changé de nom, à la suite du transport miraculeux de la *Santa casa* : « Ce mira-
« cle fit prendre le dessein aux Lyonnais de témoigner
« aussi à la sainte Vierge, d'une manière plus particu-
« lière, leur zèle pour la sainte maison, en érigeant dans
« l'église de la Platière, où ils honoraient déjà son ber-
« ceau, une chapelle en l'honneur de Notre-Dame de
« Lorette, où ils pussent se présenter comme à Lorette
« même, pour lui rendre leurs respects et leurs vœux,
« l'y invoquer et visiter, participant ainsi, autant qu'il
« était en eux, au bonheur de ceux qui y allaient en dé-

« votion. Ils y établirent en même temps une confrérie,
« sous le nom de Notre-Dame de Lorette, et les mêmes
« qui honoraient avec tant de zèle, toutes les années,
« dans cette église, le berceau de Marie, firent gloire d'y
« honorer aussi la sainte maison et de porter le nom de
« confrères de Lorette. » Le deuxième samedi de chaque
mois on chantait dans l'église de Notre-Dame de la Platière les litanies de la sainte Vierge, et la fête de Notre-Dame de Lorette se célébrait le 10 décembre. L'édition
de 1701 (de 167 pages) est ornée d'une image représentant la Vierge et l'enfant Jésus dont on ne voit que les
têtes; le reste du corps ainsi que les bras sont enfouis
dans une espèce de fourreau sans pli, ayant une forme
de cône tronqué. C'est une forme plus disgracieuse encore que celle de Notre-Dame de Fourvière.

V.

Les sanglants événements qui signalèrent une partie
du XIIIe siècle, lors des guerres civiles entre les bourgeois
de Lyon et le gouvernement des archevêques et des chanoines, avaient enfin trouvé un apaisement dans le traité
de 1320, qui constata la souveraineté des rois de France
et assura la durée de l'administration consulaire. Cependant il exista encore longtemps des dissentiments entre
le pouvoir royal et la juridiction ecclésiastique. Charles
d'Alençon, prince du sang, archevêque de Lyon, de 1365
à 1375, eut de vifs démêlés avec les officiers du roi, et
entre autres choses il réclamait la possession du palais de
Roanne. Des excès révoltants furent commis des deux
côtés, et les officiers du roi, maîtres du susdit palais, y

emprisonnaient ceux de l'archevêque, dans des cachots que l'on nommait des *ratiers*. D'autre part, l'autorité ecclésiastique faisait enlever les employés royaux et les mettait en jugement. La position devenait de jour en jour plus tendue, et l'archevêque ayant élu domicile au château de Pierre-Scise, s'y croyait en sûreté. Mais le représentant du roi, Archambaud de Comborn, grand sénéchal, ne se laissa pas intimider : il fit fermer les portes de la ville, afin que l'archevêque se trouvât dans l'impossibilité d'y rentrer ; après cela il condamna les portes de l'auditoire de la justice archiépiscopale et y fit apposer les pennonceaux (sic) du roi, pour marque de la saisie qu'il venait de faire. Charles d'Alençon, outré de ces procédés, et pour ainsi dire prisonnier à Pierre-Scise, après avoir tenté toute espèce de moyens pour rentrer dans ce qu'il croyait être ses droits, résolut de se venger en mettant la ville en interdit. Il envoya donc ordre au doyen et au chapitre de Lyon, ainsi qu'à tous les chapitres, curés et communautés de la ville, de cesser le service divin dans leurs églises. Tous obéirent, à l'exception des chanoines réguliers de la Platière, qui pour cette raison furent excommuniés.

Il faut avouer que cet interdit était un fait exorbitant ; car la population de la ville subissait un châtiment qu n'aurait dû atteindre que l'auteur du conflit. On comprend donc la résistance des susdits chanoines, qui prétendaient n'avoir d'autre supérieur que l'abbé Saint-Ruf de Valence. Cependant un accommodement eut lieu entre les deux pouvoirs ecclésiastique et royal, et l'interdit, qui avait duré depuis le 4 décembre 1372 jusqu'au 24 juillet de l'année suivante, fut levé. L'archevêque se soumit, et le roi, pour marque de sa souveraineté, exigea le serment de fidélité de tous les citoyens au-dessus de l'âge de douze ans, et celui du doyen et des chanoines-comtes. Mais, pour donner une légère satisfaction à l'archevêque, on lui abandonna les chanoines de la Platière, et le prélat les condamna à faire amende honorable dans l'église de Saint-Jean et à y recevoir l'absolution à genoux et la torche au poing. Cette sentence reçut son exécution. (Le P. Menestrier, p. 494. — Poulin de Lum., p. 34).

L'église de la Platière, comme beaucoup d'autres, possédait le droit d'asile. Il paraît que dans certaines circonstances l'autorité judiciaire n'en tenait pas compte, et ce fut pour la conservation de ce privilége que parurent les lettres royales du 19 juillet 1484, « portant « commission contre ceux qui avaient fait infraction à « la sauvegarde accordée par sa majesté au prieuré de « la Platière. » *(Invent. des chartes de la Platière.)*

Lorsque les protestants s'emparèrent de Lyon, en 1562, la plupart des églises furent pillées, et celle de la Platière ne put se soustraire à cette dévastation. Les vainqueurs s'emparèrent des meubles, des papiers, des reliquaires. Cependant un certain ordre régna dans ce pillage, car un inventaire fut fait par *François David, ayant l'administration et garde du prieuré, par messieurs de l'église réformée de Lyon*. Quand l'ordre fut rétabli, les chanoines ne rentrèrent pas en possession des objets dérobés, puisque bien longtemps après, en 1631, une procédure fut entamée par le prieur, dans le but de faire restituer les effets disparus. (*Invent. des chartes de la Platière*). Il peut paraître singulier que le clergé de la Platière ait laissé passer soixante-huit ans avant de formuler des ré-

clamations, et l'on doit supposer qu'à cette époque on fit la découverte de meubles vendus en 1562. Au reste, voici ce que les chanoines racontent eux-mêmes de la dévastation de leur église dans un mémoire adressé à l'archevêque et dont je parlerai plus loin : « Vint ensuite
« l'hérésie de Calvin, qui mit le comble aux malheurs
« de cette Église affligée. Ses fauteurs impies s'emparè-
« rent de la ville de Lyon, qu'ils eurent en leur puissance
« l'espace de près d'une année. Ils se rendirent maîtres
« du prieuré de la Platière, abattirent plusieurs mem-
« bres de maisons de sa dépendance, emportèrent le
« reste de ses meubles, brûlèrent les titres qui tombè-
« rent dans leurs mains sacriléges et pillèrent tous les
« ornements de son saint temple, qu'ils firent servir à
« des usages plus que profanes. » Cette expression d'*usages plus que profanes* semble indiquer que les objets volés servirent à toute espèce de choses et qu'ils étaient probablement passés de mains en mains. Je ne saurais dire si les réclamations des chanoines obtinrent quelque succès.

VI.

Dans tous les cas, les revenus de la Platière devaient être considérables ; car il résulte de l'*Inventaire des chartes et titres*, que le prieuré possédait un grand nombre de propriétés rurales, des redevances de toute nature et des maisons dans la ville. Je ne pourrais dire si ce fut pour subvenir à un déficit dans les finances, que le prieur aliéna à Antoine de Chaume, au moyen d'un abénevis, le 20 octobre 1635, un espace de terrain situé derrière l'abside de l'église, à l'angle de la rue Lanterne, sur lequel s'élevait une croix et dont la position nous a été conservée par le plan du xvi° siècle. C'était presque une profanation de masquer l'abside par une construction qui nécessita l'enlèvement de la croix et probablement d'une partie du cimetière. Cette maison, démolie il y a peu d'années, avait le style du xvii° siècle, mais était de très-médiocre apparence. Elle s'appuyait *jusque contre la muraille de la sacristie*, dont on voit encore un reste de ruine.

Une autre cause permit aux chanoines de compléter la restauration de leur église. Le 21 septembre 1637, une transaction eut lieu entre le prieur, le sacristain, le curé et deux religieux d'une part, et les maîtres gantiers et parfumeurs d'autre part. Ces derniers y choisirent la chapelle de Sainte-Anne, pour être celle de leur corporation, et moyennant une redevance annuelle de dix-huit livres, ils y faisaient célébrer des messes basses, à huit heures, les fêtes solennelles et les cinq fêtes de la Vierge. Par une autre convention du 2 novembre de la même année, le prieur s'engagea à augmenter l'emplacement accordé à la corporation, à condition d'un paiement annuel de 20 livres. Les mouliniers de soie obtinrent aussi, en 1665, moyennant une rente de 40 livres, une chapelle que le prieur fit disposer à ses frais. (*Inv. des titres et chartes de la Platière.*)

La faveur d'être inhumé dans l'église devait probablement encore procurer des revenus à la paroisse. Ainsi la famille de Masso, dont le nom se retrouve si souvent dans l'histoire administrative de Lyon, avait fondé une chapelle, destinée à devenir un monument funéraire. La chapelle, dédiée au Saint-Esprit, possédait aussi un caveau réservé à Josserand Boilliot et à sa famille. Une prébende d'un florin (1) était constituée dans la chapelle de Saint-Hustache, et il est à présumer qu'une messe mortuaire s'y disait à des époques fixes. Adrien Van-der-Kabel, peintre et graveur à l'eau forte, né à Riswyck, près de La Haye, mourut en 1705 à Lyon, où il s'était établi à son retour d'Italie, et fut inhumé dans l'église de la Platière. Selon toute apparence il habitait le quartier; car, le 28 mai 1690, Adrian, fils de Jean Servais de Limbourgs, peintre, et de Jeanne Perriam, fut baptisé dans la susdite église et eut pour parrain Ven-der-Kabel, et pour marraine, Hélène Jacquemetton, femme de Pierre Périam, tailleur d'habits. (*Invent. des titres de la Platière.* — *Registre de l'état civil de la Platière*) (2).

Dès l'an 1395, le prieur de la Platière percevait un péage sur le pont du Rhône. Ce droit de péage est indiqué dans une bulle du 30 août 1488, du pape Innocent VII, qui énumère les diverses propriétés de l'ordre de Saint-Ruf, *cum certa decima parte portus Rhodani lugdunensis*. Mais des difficultés s'étant élevées sur ce privilége, les chanoines furent obligés de produire leurs titres; ce qu'ils firent en 1724. Le procès dura une dizaine d'années, et ensuite un arrêt du Conseil, du 16 février 1734, défendit au prieur de percevoir des droits de péage, pontonage, cartelage, couponage, etc. Il paraît que les

(1) Prébende, *de prœbendo*, est le droit qu'a un ecclésiastique, dans une église cathédrale ou collégiale où il dessert, de percevoir certains revenus et de jouir de certains droits. (*Dict. de Trévoux.*)

(2) Je dois à l'obligeance de M. Brouchoud et de M. Vachez la communication de ces notes de l'état-civil de la Platière.

intéressés en rappelèrent de ce jugement ; car je trouve à la date du 16 octobre 1736, « un arrêt du Conseil, « d'État du roi, qui supprime le droit de péage, ponto- « nage, couponage et carrelage, prétendu par le sieur « de Riverie, en qualité de prieur de Notre-Dame de la « Platière, sur les grains et marchandises passant sur le « pont et à la porte du Rhône, à Lyon. » (*Invent. des titres.* — J. Chevalier. *Revue du Lyonn.*, 3ᵉ série, t. III, p. 507. — Biblioth. Coste, 2697.)

VII.

Ce ne fut pas seulement avec l'État que les religieux de Saint-Ruf eurent des démêlés. Ils soutinrent encore un long procès contre les Augustins qui, malgré leur position de paroissiens de Notre-Dame de la Platière, non-seulement résistèrent à leurs supérieurs, mais encore les accusèrent d'avoir produit des actes entachés de fausseté, ce qui était excessivement grave. Il s'agissait d'un terrain, dit vigne de Saint-Hippolyte, sur lequel une partie du cloître des Augustins, six maisons et petits jardins étaient situés. Les chanoines prétendaient posséder sur cet emplacement un droit de censive auquel les Augustins refusaient de se soumettre. La censive consistait en certaines redevances seigneuriales, telles que *lods et ventes*, espèce de droits de mutation et subventions annuelles. (*Dict. de Trévoux.*) Cette vigne de Saint-Hippolyte, d'après un terrier de 1356, était située entre la maison des Augustins et celle des dames de la Déserte, par conséquent entre la Martinière et la place Sathonay : *Sita tunc retro domum Augustinorum ex una parte, et juxta teni-*

mentum de Deserta, quadam via intermedia, tendente ab ecclesia sancti Vincentii apud fontem et portam sancti Marcelli ex altera, sub annuo perpetuo servitio, seu censu, quolibet anno, decem et octo denarium fortium.

De part et d'autre la charité chrétienne fut singulièrement mise de côté, et je vais à ce sujet citer un mémoire qui répond aux Augustins sur leur *requête civile et inscription de faux*. Cette pièce, sans date et sans nom de ville, se rapporte cependant au temps écoulé de 1725 à 1748 (1), et en voici le titre : « Pour messire Pompone
« de Riverie de Chalas, chanoine régulier de l'ordre de
« Saint-Ruf, pourvu par M. l'abbé, chef et supérieur du
« même ordre, au lieu et place de feu messire Philippes
« de Riverie, son frère, du prieuré de Notre-Dame de la
« Platière de Lyon, défendeur et demandeur — contre les
« religieux Augustins du quai Saint-Vincent de la même
« ville, demandeurs en requête civile (2) et inscription
« de faux, défendeurs. »

Ce mémoire in-folio a eu quelques feuillets enlevés et il ne va que jusqu'à la page 56; mais il en reste suffisamment pour se faire une idée de la manière dont les Augustins y sont traités. « Que l'étonnement cesse! tout hardis que soient
« ces traits (l'accusation de faux contre les chanoines de
« Saint-Ruf), on sera bientôt convaincu qu'ils sont di-
« gnes des Augustins de Lyon ! » Je ne ferai pas de

---

(1) L'inventaire des chartes et titres de la Platière contient cette indication : « 1725 à 1748. Paquet de mémoires d'un long procès entre le
« prieur de la Platière et les RR. PP. Augustins, pour la directe d'une mai-
« son et jardin, près le couvent, autrefois la vigne de Saint-Hippolyte. »

(2) « *Requête civile*, se dit d'une voie ouverte pour se « pourvoir contre
« les arrêts et jugements en dernier ressort. » (*Le grand Voc. français*.)

plus nombreuses citations. Ces quelques mots en disent assez, et j'ajouterai seulement que la requête civile demandée par les Augustins était du 13 juin 1733, et relative à un arrêt du 5 septembre 1725, rendu contre eux.

Enfin un « arrest de la Cour du parlement, en la troi-
« sième chambre des enquêtes, du 5 septembre 1748,
« fut rendu en faveur du prieur de Notre-Dame de la
« Platière de Lyon contre les Augustins, qui déboute les
« religieux Augustins de la requête civile par eux prise
« contre un arrest de la même chambre du 5 septembre
« 1725, rendu au profit dudit prieuré de la Platière et
« des inscriptions de faux par eux formées contre les
« terriers dudit prieuré, avec dommages-intérêts et dé-
« pens (1). » La cour ordonna en outre que le jugement serait imprimé, publié et affiché, aux frais des religieux Augustins, dans toute l'étendue de la directe (2) du prieuré de la Platière.

On voit, d'après les dates précitées, qu'autrefois les procès duraient peut-être encore plus longtemps qu'aujourd'hui ; car de 1725 à 1748 il s'écoula vingt-trois ans. A cette époque on ne voyageait pas en chemin de fer, et le tribunal auquel la cause était dévolue, siégeant à Paris, on comprend parfaitement toutes les difficultés qui devaient entraver l'expédition d'une affaire. (*Invent. des titres et chartes.* — Biblioth. Coste, 2693, 2696. — Grande biblioth. Hist. du Lyonnais, 19085.)

(1) Cet arrêt, qui a 82 pages grand in-4°, a été imprimé à Paris, chez Alexis Mesnier, imprimeur du grand Conseil, rue Saint-Séverin, au Soleil d'Or.

(2) Directe, droit du seigneur, lors du démembrement et de l'aliénation d'une partie de la seigneurie. C'est au seigneur d'une directe qu'il faut payer lods et ventes. (*Dict. de Trévoux.*)

Ce procès terminé, les chanoines en méditaient un autre, qui consistait en réclamation de droits de directe sur le tènement de Bellecour. Un cahier manuscrit de seize pages in-folio contient des extraits de plusieurs actes de ventes, tendant à prouver que la directe de la place de Bellecour appartient en partie au prieuré de la Platière. Entre autres documents, on cite un acte de 1299 : « Contrat de vente fait à Humbert de Varay d'un
« grand tènement en Bellecour, dans lequel le seigneur
« archevêque de Lyon, le sieur abbé d'Enay, le prieur
« de la Platière et deux autres particuliers sont parties
« et ont reçu les *laods* de ladite vente, chacun pour sa
« part. » Au moyen de cet acte, on cherche à établir la directe de la Platière « sur une vigne en Bellecour, dont
« le prieuré devrait jouir, étant reconnue par Humbert
« de Varay, dans le petit terrier du prieuré, en 1313 ;
« par Louis de Varay, en 1347, et par Jean, fils de Louis,
« en 1356. » Cette copie a été faite en 1735, « afin de
« pouvoir travailler dès qu'on le pourra et qu'on aura
« fini le procès contre les Augustins. (Bibl. Coste, 2690.) Je n'ai pu découvrir s'il avait été donné suite à cette affaire ; mais cela me paraîtrait étonnant ; car en 1748, année où fut rendu l'arrêt qui condamna les Augustins, la ville devait être en possession du tènement de Bellecour, quoiqu'il lui eût fallu un siècle avant de pouvoir entrer pleinement en jouissance de ces terrains (1).

(1) On peut consulter à cet égard le *Précis historique sur le tènement de Bellecour*, par M. Morel de Voleine. (*Revue du Lyonn.*, 2ᵉ série, t. 25, p. 129.)

VIII.

Les chanoines de la Platière n'avaient pas à discuter seulement sur la question d'intérêt matériel : celle du point d'honneur faisait aussi son apparition sur la scène, par « une pétition du prieur, officiers et chanoines du « chapitre de la Platière, à Monseigneur l'archevêque « de Lyon, au sujet d'un droit de préséance aux proces- « sions générales. » Ce factum, sans date et sans nom d'imprimeur, remonterait, selon une note manuscrite, vers 1748. Dans cette pièce, les pétitionnaires demandent à prendre rang immédiatement après les chapitres de Saint-Just et de Saint-Paul. Je ne saurais dire si les religieux de la Platière étaient tombés en discrédit ; mais je trouve, dans l'*Inventaire des chartes et titres*, un article qui signale un arrêt du 16 mai 1673, relatif à la réformation de l'ordre de Saint-Ruf ; et quand une réforme est jugée nécessaire dans une institution, c'est que de nombreux abus y ont fait irruption.

La supplique susdite me semblant mériter l'attention pour la forme et le fond, je vais en donner quelques fragments :

« A monseigneur l'illustrissime et révérendissime ar-
« chevêque et comte de Lyon, primat de France,

« Supplient humblement les sieurs prieur, officiers
« et chanoines du chapitre de la Platière, et remontrent
« à votre grandeur que leur église fut donnée à l'ordre
« de Saint-Ruf, quelque temps après le milieu du xie siè-
« cle, par saint Gébuin, votre prédécesseur, et par les
« chanoines-comtes qui composaient l'église cathédrale,

« à laquelle vous présidez aujourd'hui avec tant d'éclat
« et de prudence. Ces pieux ministres du Seigneur la do-
« tèrent de plusieurs beaux revenus qu'ils détachèrent
« de leur ancien patrimoine ; et quoiqu'ils la mariassent
« avec cet ordre, qui ne leur était pas si étranger qu'il
« le paraît aujourd'hui, ils ne voulurent pas qu'elle per-
« dît sa qualité de fille, ni qu'elle fût un corps séparé de
« sa chère mère et de ses sœurs aînées, les églises de
« Saint-Just et de Saint-Paul : ils voulurent au contraire
« qu'elle leur fût intimement liée et associée, et qu'elle
« participât comme elles à tous les avantages dont elles
« jouissaient dans la maison maternelle.

« Il fut ordonné pour cet effet que l'église de la Pla-
« tière paraîtrait, comme ses deux sœurs, aux jours de
« fêtes solennelles, dans l'église primatiale, pour y pren-
« dre part à la joie des saints sacrifices et qu'elle lui dé-
« puterait comme elles un certain nombre d'officiers, re-
« vêtus pour lui aider à célébrer avec la solennité qui
« convient, lorsque son cher époux en est le principal
« ministre (cela est en pratique) ; et par un privilége
« particulier de prédilection, en faveur de cette fille
« puînée, il fut déclaré qu'elle aurait l'avantage de pré-
« senter solennellement au trône primatial, dans les jours
« réservés, le vin qui servirait de matière au saint-sacri-
« fice et qui serait changé et transsubstancié au sang
« précieux de Jésus-Christ (cela est en pratique), le tout
« avec des cérémonies solennelles qu'on ne lit pas être
« pratiquées dans aucune autre église de France ; et
« pour mieux serrer les nœuds de l'union qu'ils vou-
« laient établir entre la mère et les trois filles et entre
« les sœurs associées, il fut encore ordonné que, comme

« elles ne devaient faire qu'un seul corps dans les assem-
« blées ecclésiastiques et les processions générales, elles
« n'auraient aussi pour tout étendard que la croix de
« l'église primatiale, quoique chacune eût sa bannière...

« Toutes ces belles marques de l'union, qui était en-
« tre les quatre églises, qui composaient pour lors tout
« le clergé de Lyon, ont subsisté jusqu'à la fin du XIIIe
« siècle, sans aucune altération, et la sécularité qui
« acheva de s'y établir, environ le même temps, comme
« elle avait fait dans plusieurs églises, n'apporta aucun
« trouble, ni aucune discordance, à la belle harmonie
« avec laquelle elles avaient chanté jusqu'alors.

« La commende, que le milieu du XVIe siècle vit venir
« dans l'église de la Platière, ne fut pas si paisible que la
« sécularité pour la troisième fille de votre église pri-
« matiale; car étant malheureusement tombée entre les
« mains de certains prieurs, qui cherchaient plus leur
« intérêt particulier que celui de leur église, la mirent
« dans une confusion étrange ; ils se rendirent maîtres
« de tous les biens qu'elle tenait de la libéralité de vos
« saints prédécesseurs et de la piété de leur chère épouse,
« et ils en aliénèrent les biens. . . . .

« Vous ne souffrirez plus, monseigneur, une si étrange
« confusion, maintenant qu'elle est venue à votre con-
« naissance ; votre honneur et votre gloire sont toutes
« deux intéressées (sic) à faire rendre à votre fille les
« honneurs qui lui sont dus dans vos processions solen-
« nelles, et les suppliants qui ont le bonheur de vous
« avoir pour père, ont aussi lieu d'espérer de votre
« grandeur un jugement favorable, et qu'en conséquence
« il vous plaira d'ordonner qu'il leur sera permis de se

« présenter en corps, précédés de leur bannière, à tou-
« tes les processions générales de votre clergé, et d'y
« prendre le rang qui convient à leur filiation et à leur
« ancienneté, savoir : pour la première dignité de leur
« église, sitôt et immédiatement après le sieur chama-
« rier de celle de Saint-Paul, et pour les autres officiers
« et chanoines, sitôt et immédiatement après les sieurs
« chanoines de cette même église. » Signé : Thom. de
Neyrieu de Domarin, sacristain pour le chapitre de la
Platière. (Biblioth. Coste, 2699. 14 pp. in-fol.).

Si la date de 1748 est bien la véritable, ce mémoire aurait été adressé au cardinal Pierre de Guérin de Tencin, archevêque de Lyon, de 1740 à 1758. Je n'ai pu découvrir s'il avait été fait droit à la demande des chanoines de la Platière; mais ce n'est pas à présumer. En effet, si l'on compulse les almanachs de Lyon postérieurs à 1748, on remarque bientôt que la paroisse de la Platière n'est classée qu'après celles de Saint-Just, de Saint-Paul, Fourvières, Saint-Nizier et Saint-Martin d'Ainay.

L'aveu, fait dans cette pièce, de la commende « tom-
« bée malheureusement entre les mains de certains
« prieurs, qui cherchaient plus leur intérêt particulier
« que celui de leur église, » semblerait indiquer un relâchement dans la discipline. En effet, l'institution de la commende ouvrit généralement la porte à une multitude d'abus, dont la cause était bien naturelle. Entre l'abbé régulier et l'abbé commendataire existait une différence radicale : le premier devait être religieux et porter l'habit de son ordre ; le second était un séculier, au moins tonsuré, obligé seulement à prendre la prêtrise quand il aurait atteint l'âge. Il avait le privilége de remplacer

dans leurs droits les abbés réguliers ; cependant il n'exerçait aucune juridiction sur les moines ; il jouissait seulement des revenus temporels ; et l'on comprend où pouvait conduire une pareille administration. Les abbés commendataires, suivant les décrets du concile de Trente, renouvelés en France par différents conciles, et surtout par celui d'Aix de 1585, étaient obligés de se faire prêtres dans l'année de leur nomination. Mais il arrivait que beaucoup de ces abbés obtenaient en cour de Rome des dispenses qu'ils faisaient réitérer. On croit que ce fut le pape Léon IV, au ixe siècle, qui institua les commendes, au profit des ecclésiastiques chassés de leurs bénéfices par les Sarrazins. (*Dict. de Trévoux* — le grand Vocabulaire français). Dans la suite, cette institution tomba dans l'abus et la commende devint simplement la sujette de la faveur. On conçoit qu'il dût y avoir alors des abb's peu recommandables, qui ne furent pas des modèles d'édification. Le scandale amena sur la scène la réforme, laquelle, au lieu de se contenter de son rôle bienfaisant, prit pour ministre la démolition. L'histoire de l'humanité est toujours celle de la réaction contre l'exagération.

IX.

Nous voilà parvenus à 89, et la réflexion que je viens de faire va trouver son application. Il y avait certainement à cette époque des réformes à opérer dans l'État, dans l'Église et dans les mœurs ; mais la réforme fut remplacée par la démolition, à laquelle la paroisse de la Platière se vit entièrement soumise. Je n'ai pas besoin d'apprendre à mes lecteurs le fait de la constitution civile du clergé : cette innovation chismatique ne reçut l'assentiment que d'un très-petit nombre d'ecclésiastiques, et les autres cessèrent leurs fonctions. M. de Castellas, curé de la Platière, fut du nombre des derniers, et il envoya sa démission à la municipalité. Il y fut répondu par la pièce suivante : « Les administrateurs composant le directoire de Rhône-et-Loire. . . . . . .

« Vu la lettre en forme d'avis du directoire du district
« de Lyon, sur la lettre de la municipalité en date du
« 24 de ce mois, contenant envoi d'une déclaration im-
« primée du sieur de Castellas, curé de la Platière, et
« deux lettres dudit sieur de Castellas à la municipalité
« de Lyon en date du 20 mars ;

« Ouï M. le procureur général syndic en ses conclu-
« sions,

« Il a été arrêté, attendu la déclaration adressée par
« le curé de la Platière à la municipalité de Lyon, et
« les modifications qui y sont insérées, que, conformé-
« ment aux décrets de l'Assemblée nationale, sanction-
« nés par le roi, il sera, à la diligence du procureur-
« syndic du district de la ville de Lyon, procédé au
« remplacement du sieur de Castellas et à l'élection d'un
« curé pour la paroisse de Notre-Dame de la Platière,
« sauf à la municipalité, comme chargée des fonctions
« de la police, à prendre, si elle le juge à propos, tel parti
« qu'elle avisera à la publicité de ladite déclaration.

« Fait en directoire, à Lyon, le 26 mars 1791. Ont
« signé : Durand, Janson, Commarmond, Dacier, admi-
« nistrateurs ; Chirat, procureur-général syndic, et Fo-
« card, secrétaire-général. » (Biblioth. Coste, 2996. Manuscrit).

L'almanach de Lyon de 1789 désigne comme curé de la Platière, Jean-Jacques Legay, docteur en théologie. Le curé de Castellas n'apparaît que dans celui de 1790, en sorte qu'il était placé depuis peu de temps, au moment de la Révolution. Son refus de continuer ses fonctions indique encore l'existence de la paroisse ; mais le mouvement contre le clergé s'accentuait de plus en plus chaque jour, et dans la même année un certain nombre des anciennes paroisses furent supprimées. Le 26 septembre 1791, à huit heures du matin, M. Pressavin (1), officier municipal, se présenta chez le marguillier de la Platière et le requit de lui remettre les clés de l'église, en lui laissant un récépissé. Le mardi 27, M. Pressavin ouvrit les portes sur les neuf heures du matin, et M. Vial, membre du directoire du district, vint avec l'abbé Rozier prendre plusieurs pièces d'argenterie, ornements, linge et autres effets pour la paroisse de Saint-Polycarpe (2). Le vendredi M. Blot, membre du directoire, MM. les abbés Dunan et Hodieu entrèrent dans la sacristie et firent emporter plusieurs ornements et effets en argent, pour la paroisse de Saint-Pothin (3). Le lendemain,

(1) Jean-Baptiste Pressavin, chirurgien, officier municipal et procureur de la commune de Lyon, député à la Convention nationale et membre du Conseil des Cinq-Cents, auteur de quelques ouvrages de médecine. On ignore le lieu et la date de sa naissance et de sa mort. (*Lyonn. dignes de mém.*).

(2) Une paroisse constitutionnelle fut établie à Saint-Polycarpe ; curé : Rozier ; vicaires : François Pavy, Pierre Bouteille, André Moulin, Jacques Michaud, André Matthieu. (*Alm. de* 1792.)

(3) La paroisse de Saint-Pothin fut inaugurée dans l'église des Jacobins, située à l'angle de la rue Saint-Dominique et de la place des Jacobins, dont le nom officiel était place Confort. Lorsque la préfecture fut installée dans l'ancien couvent des Dominicains ou Jacobins, la place prit le nom de place de la Préfecture et aujourd'hui elle est devenue place de l'Impératrice.

1ᵉʳ octobre, M. Pressavin se présenta de nouveau dans l'église, avec plusieurs soldats de la garde nationale de la section de la Pêcherie, et requit les personnes qui s'y trouvaient de se retirer; après quoi il fit descendre un drapeau de la voûte et il l'emporta ; enfin il s'empara des clés de l'église, qui depuis ce moment resta fermée à tout office paroissial. (*Reg. de la Platière*. État civil). Peu de temps après, l'établissement des chanoines de Saint-Ruf fut mis en vente en trois lots, et le premier, qui contenait l'église, fut adjugé le 14 janvier 1792, à M. Fleury Dubouchet, négociant, rue de l'Asnerie (aujourd'hui Lainerie), pour la somme de 75,600 livres. (Vente des biens nationaux du district de Lyon.)

X.

L'établissement des chanoines de Saint-Ruf avait pris une assez grande importance dans notre ville et, ainsi que je l'ai fait remarquer, plusieurs corps de métiers y occupaient des chapelles : celle de Sainte-Anne appartenait aux maîtres parfumeurs et gantiers, et les mouliniers de soie y possédaient aussi une chapelle, dont le vocable ne m'est pas connu. L'église en avait encore plusieurs autres, telles que celles du Saint-Esprit, de Saint-Hustache (sic) et de Notre-Dame de Lorette. Cette dernière était célèbre et la confrérie qui s'y réunissait a pu se reconstituer dans l'église de Notre-Dame de Saint-Louis. Un petit imprimé de huit pages, sans date et sans

Dans l'almanach de l'an XIII, on ne retrouve plus la paroisse de Saint-Pothin, mais on en voit deux nouvelles : Saint-François-de-Sales et Saint-Bruno.

nom de ville, est surmonté de ce titre : « Indulgences « accordées par les souverains pontifes à l'église de « Notre-Dame de la Platière, sous le nom de Notre- « Dame de Lorette, et transférées dans celle de Saint- « Louis de Lyon. » Une image représente le transport par les anges de l'*alma Lauretana domus*, et la brochure se termine par ces deux vers :

> Avec respect approchons de ce lieu,
> Humble séjour de la mère d'un Dieu.

Le sanctuaire de la Platière avait été décoré d'après les dessins de Blanchet et possédait cinq de ses tableaux (1). Dans une chapelle, du côté de l'épître, on voyait la sainte famille, en figures à mi-corps, qui était un bon ouvrage d'Alexandre Varotari de Vérone (2). La chapelle de Lorette avait un tableau d'Albert Durer, qui représentait la Nativité. On voyait dans celle des mouliniers de soie un tableau de l'Assomption par Adrien

---

(1) Blanchet, né à Paris en 1617, fut chargé de la décoration intérieure de notre hôtel-de-ville. L'incendie de 1674 détruisit une partie des peintures de ce maître, et l'on prétend qu'il en mourut de chagrin. On remarquera cependant que, dans les *Lyonnais dignes de mémoire*, on met la date de son décès à l'année 1689. S'il a vécu douze ans après cet incendie, il me semble qu'on ne peut pas imputer sa mort à cette catastrophe.

(2) Dario Varotari, peintre et architecte, né à Vérone en 1539. Sa famille était de Strasbourg. Les dissensions religieuses ayant obligé Théodoric Weiroter, son oncle, de quitter sa patrie, il amena son neveu à Vérone et le confia à Paul Véronèse, pour lui enseigner la peinture. Padoue et Venise s'honorèrent de ses tableaux et il bâtit plusieurs édifices. Un jour qu'il traçait un cadran solaire, il tomba sans se faire aucun mal sur l'échafaud qui était dessous; il regarda cet événement comme un miracle de Notre-Dame du Mont-Carmel, à laquelle il était fort dévot et il alla, en actions de grâces, se consacrer à l'ordre des Carmes ; mais tandis qu'il faisait sa prière dans l'église, il eut une attaque d'apoplexie, et mourut en 1606. (*Dict. histor. de l'Italie*, 1775.)

d'Acier (1), et enfin la *chapelle appartenant à M. Dupuy était toute peinte par Perrier* (2). (*Descript. de Lyon,* 1741. — J. de Bombourg.)

Je ferai remarquer la manière dont s'exprime J. de Bombourg : « A la Platière il y a trois belles chapelles... « la seconde qui appartient à M. Dupuis........ » L'auteur ne nous dit pas que cette chapelle fût dans l'église, et effectivement elle était en dehors, et faisait probablement partie du cloître des chanoines. Je l'ai retrouvée enfouie au fond des cours des maisons n°s 3 et 4 du quai d'Orléans, et ce n'est plus aujourd'hui qu'une espèce de caveau servant d'entrepôt à un magasin d'épicerie en gros. Elle consiste en une surface carrée de trois à quatre mètres de côté. La voûte à arêtes est très-légèrement courbée, et au point de jonction des arêtes on aperçoit des armoiries surmontées d'un casque et entourées de feuillage. Les arêtes sont enrichies de petits ornements qui me sembleraient empruntés plutôt au goût de la renaissance qu'à celui du xviie siècle. On remarque sur la surface de la voûte et des murs, des traces de peintures à fresque, presque totalement effacées et qui sont certainement dues au pinceau de Perrier, cité par J. de Bombourg.

(1) D'Acier, né en 1630, avait peint pour l'église de Saint-Nizier six grands tableaux, dont les sujets étaient pris dans l'histoire de la Vierge. (*Lyonn. dignes de mém.* — *Descript. de Lyon,* 1741.)

(2) François Perrier, né à Saint-Jean de Losnes, vers 1590, mort à Paris vers 1660. Il vint très-jeune à Lyon, où il peignit le cloître des Chartreux. Il alla ensuite étudier à Rome, sous Lanfranc. Revenu en France, il fut employé et mis en réputation par Vouet. Il eut un neveu, Guillaume Perrier le jeune qui, sans valoir son oncle, peignit des tableaux pour plusieurs églises de Lyon. (*Lyon tel qu'il était.* par A. G., 1797. — *Lyonn. dignes de mém.*)

Enfin l'écusson susdit représente deux dragons posés verticalement contre un puits et appuyant leurs griffes sur la margelle. Les armoiries et les ornements, bien conservés, m'ont paru en ciment ; mais la hauteur de la voûte et l'obscurité du local ne me permettent pas d'affirmer ce détail. Ces armes sont bien celles de la famille Dupuis, d'origine piémontaise, et qui dans le principe s'appelait *Pozzo*, en français *puits ;* en sorte que *del Pozzo* ou *du Puits* signifient la même chose. On peut à ce sujet consulter l'*Armorial lyonnais*, qui décrit ainsi les armoiries des *Pozzo* : « d'or, au puits de gueules, accosté « de deux dragons de sinople, affrontés en regardant « dans un puits. » Cette indication est surmontée du dessin des armoiries, que j'ai relevées et confrontées avec celles de l'écusson en question : elles sont absolument semblables. Les Pozzo-Dupuis, au xviie siècle, étaient seigneurs de la Sarra. Il n'est fait mention de cette famille d'origine piémontaise, ni dans *les Lyonnais dignes de mémoire*, ni dans *les Familles consulaires* de M. de Valous.

Ce fut probablement un prieur de la Platière vers le milieu du xviie siècle, Humbert-Louis Dupuis, qui décora la susdite chapelle des armoiries de sa famille. Le même « fit poser les deux figures à dextre et à senestre du cru- « cifix planté sur l'entrée principale du chœur, celles de « Notre-Dame et de saint Jean l'évangéliste, lesquelles « figures ont été eslabourées et construites par maître « Antoine Perrier, sculpteur, lequel a déjà fait le sus- « allégué crucifix. » (*Arch. comm.* Registre de la Platière).

Le plan du xvie siècle, ceux de Maupin de 1625 et de

Froment, de la première moitié du xviiie, nous montrent un cloître placé au nord de l'église. Dans l'acte de vente, comme bien national, des premier et troisième lots de la Platière, il en est question sous cette dénomination : *la cour du cloître ou du grand cimetière*. On peut donc présumer que ce cloître entourait un cimetière et que la chapelle des Dupuis n'était qu'un monument funéraire pour la sépulture de cette famille. En effet, on faisait des inhumations autour de l'église, jusque sur la voie actuelle, et dans les excavations récentes nécessitées par la canalisation, on a trouvé le terrain rempli d'ossements. On sait qu'avant 89 il n'existait point de cimetière en dehors de la ville et que les églises, à l'intérieur et à l'extérieur, étaient affectées aux sépultures. On comprenait cependant que cet état de choses préjudiciait à l'hygiène publique, et déjà, en 1776, il parut plusieurs mémoires pour demander le transport des cimetières hors de la ville (1). En fouillant dans le voisinage de la susdite chapelle, j'ai encore rencontré plusieurs voûtes qui ne laissent aucun doute sur l'existence antérieure d'un cloître dont on reconnaîtrait probablement d'autres traces, si l'on pouvait pénétrer au centre des bâtiments qui

---

(1) Réflexions sur les sépultures dans la ville de Lyon, par un des membres de l'Académie des sciences, belles-lettres et arts de la même ville, chez Aimé de la Roche. 1776.

Observations sur l'établissement d'un cimetière hors de la ville de Lyon, par M. Petétin, médecin. Chez Aimé de la Roche. 1776.

Réflexions d'un fossoyeur et d'un curé, sur les cimetières de la ville de Lyon. Chez Rast Maupas. A la Sincérité, 1777.

Mémoire sur les cimetières de Lyon, par Louis-Antoine Moutonnat, avocat. Chez les principaux libraires. 1790.

constituent le massif contenu entre les rues Constantine, Lanterne, de la Platière et quai d'Orléans.

Au commencement de cette notice, j'ai signalé un reste de l'abside de l'église de la Platière, et je ferai remarquer, dans cette vieille muraille semi-séculaire, une petite fenêtre carrée, qui peut avoir 30 centimètres de côté. Je l'ai retrouvée intérieurement au premier étage de l'Écu de France, au fond d'une chambre semi-circulaire, dans laquelle on aperçoit une ouverture à plein cintre, de 1^m 10 de diamètre. Cette ouverture a été murée, et l'on n'a laissé, pour donner du jour, que le petit trou carré en question. La muraille absidale, d'une très-forte épaisseur, pouvait parfaitement résister à l'effort de la voûte qui reposait sur elle.

On rencontre vers l'angle rentrant, formé par l'hôtel de l'Ecu de France, un intérieur de cour orné d'une tourelle servant de cage d'escalier et dans un style qui indique le XVIe siècle. Cette cour est séparée de la voie publique par un portail de très-modeste apparence, et ce fut probablement à sa construction que s'applique l'engagement pris par le prieur, le 5 mai 1664, *de construire à neuf le grand portail du prieuré à ses frais. (Invent. des titres.)* En traversant la tourelle on pénètre dans une seconde cour, entourée de petites maisons du même style. Il y eut probablement une reconstruction qui pourrait fort bien s'expliquer par les désastres de 1562 : en effet, les chanoines nous apprennent, dans une pièce précitée, que les protestants « se rendirent maîtres du « prieuré et abattirent plusieurs membres de maisons « de sa dépendance. » Tous ces bâtiments constituaient le prieuré et, à l'époque de l'aliénation des biens nationaux, l'acte de vente du troisième lot est très-explicite : *la grande cour d'entrée du prieuré est sur la place*, et il est question d'une *seconde cour attenant*. Le petit bâtiment adossé contre le mur du portail existait avant 89, car il est désigné comme faisant partie du premier lot. L'acte de vente du troisième lot dit que le prieuré servait de logement au curé et aux vicaires. L'entrée de ce presbytère, très-rapprochée de la façade de l'église, devait être un peu obstruée par le perron, qui donnait accès dans l'église ; car il est stipulé dans l'acte de vente du premier lot que l'adjudicataire sera tenu de supprimer, à la demande de celui du troisième lot, le perron extérieur sur la place de la Platière.

Le 14 janvier 1792, le troisième lot, dont le prieuré faisait partie, fut adjugé à M. Contamine, épicier, rue Plat-d'Argent, moyennant 58,400 livres.

Mes recherches relatives aux souvenirs matériels de l'établissement des chanoines de Saint-Ruf n'ont pas abouti à de plus amples découvertes, et je vais maintenant m'occuper de la description du quartier qui environnait l'église de la Platière.

DESCRIPTION DU QUARTIER

QUI ENVIRONNAIT L'ÉGLISE

DE

NOTRE-DAME DE LA PLATIÈRE

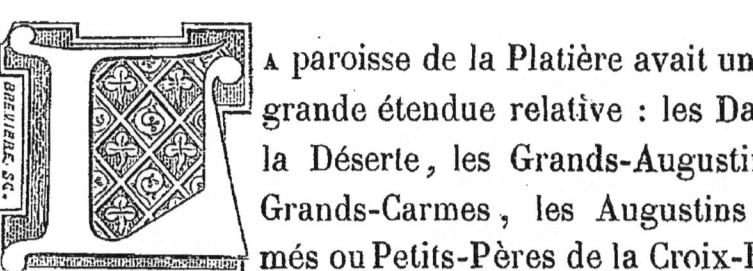

La paroisse de la Platière avait une assez grande étendue relative : les Dames de la Déserte, les Grands-Augustins, les Grands-Carmes, les Augustins réformés ou Petits-Pères de la Croix-Rousse, dépendaient de son ressort (*Alm. de* 1755). Quatre voies de communication aboutissaient sur la place da la Platière : la rue de la Palme, qui venait de la place de Saint-Pierre ; la rue Lanterne, de la place de la Boucherie-des-Terreaux ; la rue de l'Enfant-qui-Pisse, de la place de l'Herberie, ou plus exactement de la rue Tête-de-Mort ; et enfin la rue de la Pêcherie, qui servait de limite transversale du côté de la Saône.

La rue de la Palme, remplacée aujourd'hui par le prolongement de la rue de la Platière, s'est appelée jusque dans le xviie siècle, *Ranco* ou *Puits-Ranco*, expression dont je ne saurais donner l'explication. Son dernier nom provient probablement d'une enseigne. Au débouché de cette rue sur la place de la Platière, on voyait une maison ornée de l'effigie de Louis XIII, ce qui semblait indiquer une habitation de quelque valeur. Ce portrait, qui datait de 1643, était de Girard Sibrecg ou Gérard Sibreg (*Les statues du vieux Lyon*. Rolle et Montaiglon). La rue de l'Ane ouvrait une communication à la rue de la Palme avec la rue Luizerne. On pense que ce nom de l'Ane dérivait de ce que cette rue, dès l'origine, servait à l'attache des bêtes de somme, usage qui subsistait encore en 1838. Depuis, on l'a baptisée du nom de La Valfinière (1), architecte avignonais, sur les dessins duquel fut construit le couvent ou plutôt le palais des Dames de Saint-Pierre, vers 1667. (*Dict. des rues de Lyon*, 1838. *Lyonn. dignes de mém.*). Cette qualification de palais est la seule qui convienne ; car rien ne ressemble moins à un couvent. Il est vrai que c'était une abbaye royale, et ce titre avait peu de rapport avec l'humilité chrétienne, qui devrait être la première vertu des religieuses.

En débouchant par la rue de la Palme sur la place de la Platière, on se trouvait dans la rue de l'Enfant-qui-Pisse, laquelle, avant cette singulière dénomination, s'appelait Grande-Rue de la Platière. Vers 1620, elle a commencé à prendre le nom qu'elle portait encore il y a une vingtaine d'années, et qui scandaliserait si fort notre époque pudibonde. Cependant je dois dire que l'habitude avait prévalu, et que cette expression, généralement adoptée, sortait naturellement de toutes les bouches, et même des plus modestes. L'Almanach de Lyon de 1745 nous explique ainsi l'origine de cette dénomination :

---

(1) Il paraîtrait que ce nom de La Valfinière, en usage à Lyon, n'est cependant pas parfaitement exact.

« Rue de l'Enfant-qui-Pisse, ainsi désignée à cause d'une
« petite figure d'un enfant qui pisse, qui est attachée à
« une maison, à l'entrée de cette rue, du côté de l'Her-
« berie. Cette petite statue de pierre blanche est assez
« bien dessinée et de très-bon goût: » Ce *de très-bon
goût* me semble bien naïf. L'emplacement de la maison où
manœuvrait l'enfant sans gêne est occupé maintenant par
une construction qui date de l'époque de l'élargissement
de la rue Saint-Côme, vers 1825 (1), et par conséquent
il ne reste plus aucun vestige de la statuette en question,
qui avait depuis longtemps disparu ; je ne l'ai jamais
vue.

La rue de l'Enfant-qui-Pisse, devenue déjà avant 1848
le prolongement méridional de la rue Lanterne, a conservé son cachet. Elle est encore occupée en partie par
des magasins de drogueries, dont les pittoresques ensei-
gnes en relief excitent l'attention des passants : ce sont
des licornes, des ours, des serpents de grande taille. Il

n'y a pas longtemps que j'entendais un petit garçon, lé-

(1) Les débris de démolition dans la rue Saint-Côme ont servi à la construction d'une maison située aux Brotteaux, à l'angle de la place Louis XVI

gèrement ému, qui demandait : Papa, est-ce que ce sont des bêtes féroces ? Cette rue, où le marteau de la démolition n'a pas encore fait acte de puissance, possède quelques vastes et belles maisons, surtout dans sa partie occidentale. La façade du n° 24 est taillée sur de belles proportions, et le rez-de-chaussée a un aspect vraiment monumental. Les vulgaires boiseries, qui ont la ridicule prétention de décorer le soubassement de nos maisons contemporaines et ne permettent pas à nos architectes de donner un caractère un peu grandiose à leurs œuvres, n'ont pas défiguré cette maison qui date de la fin du XVIIe siècle. Je recommande aux curieux le bel imposte métallique encadré dans le cintre de la porte d'allée : au centre on aperçoit un agneau en suspension, et au-dessous on lit : *A la toison d'or*. 1695. Au reste, les vieux quartiers de Lyon sont très-remarquables par ces ouvrages, qui nous apprennent combien l'art de la serrurerie était arrivé à un haut degré de perfection. L'intérieur de cour, sur lequel un vaste escalier, comme on n'en fait plus maintenant, prend son jour, a une issue au fond d'une impasse dont l'ouverture est sur le quai d'Orléans. Le n° 26, dans sa cour un peu étroite, rappelle le XVIe siècle, et les n°s 28 et 30 me semblent d'une époque plus récente que celle du n° 24. Je me souviens que, dans une de ces deux dernières maisons, demeurait le grand-père d'un vicomte contemporain. Un passage, à

---

et de la rue Madame. Cette maison, dans le style du XVIIe siècle et ornée d'une niche, contraste avec celles du quartier. Cet élargissement du *tournant de Saint-Côme* eut lieu sous l'administration du baron Rambaud, et le passant ne peut croire qu'il existât sur le sol actuel de cette rue une maison en avancement de plusieurs mètres. (Hodieu. Nomencl. lyonn.)

travers plusieurs cours, au n° 29, sur le côté opposé, communique avec la rue Saint-Pierre, et contient une nombreuse population de droguistes et autres négociants dont les marchandises obstruent la circulation.

La rue de l'Enfant-qui-Pisse, à son extrémité méridionale, aboutit dans la rue Tête-de-Mort. Cette rue, très-étroite, qui de la place de l'Herberie conduisait à la rue de la Pêcherie, a porté le nom de Villars (1), en souvenir de cette famille qui l'a longtemps habitée. Ensuite on l'appela Ecorchebœuf, probablement par suite du voisinage de la boucherie de l'Herberie ; après, rue de la Triperie, et enfin de la Tête-de-Mort, enseigne que l'on voyait, en 1623, à la maison de Rollin et de Jean Faure. (Cochard. *Guide du voyageur*). Je ferai remarquer l'immense maison Mièvre (nom d'un ancien propriétaire), à l'angle de cette rue et de l'ancienne place de l'Herberie, aujourd'hui rue Saint-Côme. Cette construction, sur des proportions grandioses, doit dater du siècle dernier. Son intérieur de cour est beaucoup trop étroit ; mais les appartements, établis sur de vastes proportions, étaient ornés de panneaux peints sur toile, qui ont dû être remplacés par des tapisseries en papier. Le rez-de-chaussée et le premier étage ont été défigurés par les embellissements de mauvais goût d'un magasin de hautes nouveautés, qui, depuis quelques années, a transporté son commerce dans la rue de l'Impératrice. Cette rue, dans laquelle, d'après le P. Ménestrier, on voyait *une annonciation fort antique*, a reçu bien improprement, du moins pour le moment, le

---

(1) En 1615, le prieur de la Platière était un Thermes de Villars, qui soutint un procès contre Antoine de la Rivée, fermier du château de *Vaulx en Velein*. (Biblioth. Coste, 2691.

nom de rue Longue ; car elle ne sera dans l'alignement de la vieille rue Longue que lorsque la maison Mièvre aura été démolie.

Au coin des rues Tête-de-Mort et de la Pêcherie, à l'angle sud-est, l'administration consulaire acheta, en 1670, quelques maisons pour les démolir, et bâtir sur leur emplacement un marché aux poissons, une *pêcherie*, que l'on ouvrit l'année suivante. Ce n'était pas la première fois que l'on installait une halle de ce genre : car déjà, en 1583, on avait établi des marchés aux poissons frais et salés à la Platière, devant l'Hôtel-Dieu, les prisons de Roanne et l'église de Saint-Georges. En 1618, une pêcherie, qui existait sur la place de l'Herberie, fut transférée derrière la boucherie de la Lanterne, en regard de la Saône. (*Inv. des arch. com.*). Quand la pêcherie fut démolie, vers 1825, beaucoup de gens eussent désiré la conservation de cet établissement, fort utile par sa spécialité.

Ce marché imposa définitivement son nom à la rue de la Pêcherie, qui jusqu'alors en avait porté divers : dans l'inventaire des titres de la Platière, elle est successivement désignée sous les noms de Villars, Ecorchebœuf, de la Veyssellerie, de la Tonnellerie. Je ne crois pas que cette rue, remplacée aujourd'hui par le quai d'Orléans, fût plus large que le trottoir qui borde les maisons. On ne comprend pas comment on pouvait habiter un quartier, en hostilité permanente contre les rayons solaires et les droits de la circulation. En 1368, alors qu'elle portait le nom de la Veyssellerie, plusieurs maisons y furent détruites par un violent incendie, et l'invasion du soleil fut de courte durée. (*Inventaire des titres de la Platière*). Ce nom de la Veyssellerie provient de ce que les bateaux, ou vaisseaux, dans lesquels on déposait les poissons d'eau douce, étaient ancrés dans la Saône et le long des maisons: En 1631, les habitants firent une requête au sujet d'une voûte qui conduisait à la rivière, « à l'endroit où « sont les vaisseaux, dans lesquels on conserve les pois- « sons, » et qui ouverte de part en part était un réceptacle d'immondices « qui excistoit de mauvaises vapeurs « au quartier, joint que de nuit se commettent plusieurs « excès sous ladite voulte, au grand scandale des voi- « sins. » A la suite de cette pétition, la police fit fermer ce passage, au moyen d'une porte dont chaque poissonnier avait la clé. (*Inv. des arch. com.*). Ces *vaisseaux* existent encore et sont connus sous le nom vulgaire de *bachuts*.

Malgré les graves inconvénients que j'ai signalés, quelques anciennes maisons, telles que les nos 2, 3 et 4, indiquent par leurs dispositions qu'elles devaient être bien habitées. Les cours des nos 3 et 4 communiquent ensemble, et dans la seconde on remarque un escalier vraiment monumental, orné de balustrades en belle serrurerie. De cette seconde cour on pénètre par un étroit couloir jusque sur la place de la Platière, n° 3, à côté de l'entrée de l'ancien prieuré. Il reste encore sur le quai plusieurs petites maisons qui faisaient partie de la rue de la Pêcherie, et dont le caractère indique l'ancienneté. L'impasse située entre la rue Tête-de-Mort et celle de la Platière, se nommait le cul-de-sac Liotard, et il devait son nom à une famille propriétaire d'un immeuble y attenant. (Alm. de 1745 et 1750). Cette impasse, ainsi que je l'ai dit, communique dans la rue de l'Enfant-qui-

Pisse par un petit escalier à gauche, en traversant la cour de la maison n° 24 de ladite rue. Les deux petites maisons sous le n° 10, à côté de l'impasse, sont un souvenir de l'ancien état de choses, et il peut paraître singulier qu'en raison de leur belle position elles n'aient pas été reconstruites.

La rue de la Pêcherie était tellement étroite que, les jours de revue sur la place Bellecour, la cavalerie casernée à Serin se voyait obligée à un long contour pour arriver sur le champ de parade; car il lui devenait à peu près impossible de communiquer directement du quai Saint-Vincent à celui de Villeroy. Plus tard, quand l'île de maisons de la place d'Albon fut détruite, vers 1823, les escadrons passaient, difficilement — il est vrai, — par les rues Lanterne et de l'Enfant-qui-Pisse, aboutissaient sur la place de l'Herberie, et de là gagnaient les quais de la Saône, dont l'entrée avait été facilitée par la suppression des deux ruelles de l'Orangerie et des Orfévres. On ne se douterait pas aujourd'hui que, sur cette petite place d'Albon, il existât sept maisons circonscrites par les rues susdites, dont les rez-de chaussée étaient en grande partie habités par des orfévres. (Hodieu. *Nomenc. lyonn.*). Tous les aboutissants au quai de Villeroy présentaient une telle étroitesse, que l'on comprend à peine comment pouvait avoir lieu la circulation. Je me souviens que, revenant de Paris en 1814, la diligence passa sur le pont du Change, et pour arriver à la place des Terreaux, où était le bureau, elle prit la rue Dubois, remonta dans la rue Grenette, gagna le quai du Rhône et atteignit les Terreaux par la rue Lafont.

L'ingénieur Deville (1), déjà en 1757, produisit un projet de démolition des maisons qui bordaient la Saône, dans la rue de la Pêcherie ; mais ce fut seulement vers 1823, sous les administrations préfectorale et consulaire de MM. de Tournon et Rambaud, que cette grande amélioration fut effectuée. (Cochard. *Guide du voyageur.* — Hodieu. *Nomencl. lyonn.*). Un grand nombre d'ateliers de teinturiers occupaient les rez-de-chaussée des maisons, du côté de la rivière, dont la proximité favorisait l'écoulement des liquides provenant de cette industrie. Dans les *Promenades à Lyon*, 1810, l'auteur s'exprime ainsi : « La rue de la Pêcherie est au-dessous de tout ce qu'on « pourrait en dire. » Le nouveau quai rejeta dédaigneusement l'ancien nom de *Pêcherie* et il prit celui de *Duc-de-Bordeaux*; puis vint la révolution de 1830 qui, à son tour, imposa celui d'*Orléans*. Il me semble que dans la dénomination des rues, places et quais, on ferait beaucoup mieux de conserver des titres rappelant un souvenir, plutôt que de faire intervenir la politique, si sujette au changement.

La rue de la Pêcherie s'étendait jusqu'à la place de la Feuillée, et, un peu avant d'arriver à cette place, elle communiquait avec la rue Lanterne par la rue du Bessard, remplacée aujourd'hui par la rue Constantine. On rencontre, à la suite de l'allée de la maison numéro 2 sur le quai, un étroit couloir très-antique, car il est figuré sur le plan en relief du XVIᵉ siècle. En tournant à gauche, on pénètre dans une cour, qui a dû appartenir

---

(1) Deville, ingénieur du roi. Il construisit le quai de Retz, commencé pendant la prévôté des marchands de M. Perrichon, et terminée en 1745 pendant celle de M. le président de Fleurieu. (Alm. de 1750.)

à une maison de la rue du Bessard, et de là on parvient dans la rue Constantine, au numéro 6, de même qu'on aboutissait autrefois dans la rue dont je vais faire la description.

L'emplacement occupé par la rue du Bessard avait servi de dégorgeoir au canal qui reliait le Rhône à la Saône. Comme les eaux du fleuve sont plus élevées que celles de la rivière, leur écoulement avait lieu sur une pente sensible, qui fit appeler cette partie du canal *Baissard*, et par corruption *Bessard*. La rue Lafont, primitivement des *Ecloizons* ou des Écluses, précédait celle du Bessard, dont la susdite étymologie, donnée par le P. Ménestrier, paraît très-admissible; cependant l'Almanach de Lyon de 1745 nous apprend que Bessard est la corruption de Béchard, d'un homme qui bêche la terre, et qui figurait sur une enseigne. D'un autre côté on prétend qu'au xive siècle le mot Bessal était celui en usage. (Cochard, *Guide du Voyag*. — Alman. de 1838. — Archiv. hist. du Rhône, t. 8, p. 89.) Je laisse mes lecteurs juges de ce procès étymologique, et je passe à la description de cette rue.

Dans un plan, sur une grande échelle, publié par la *Revue du Lyonnais* de février 1841, et relatif à la démolition de la boucherie des Terreaux, la rue du Bessard forme un arc, dont la convexité est tournée vers le nord, et elle n'a que trois mètres de largeur. Dans deux points de son trajet, où la convexité est remplacée par des angles obtus, sa largeur est portée à trois mètres et demi. Ses rez-de-chaussée étaient en partie occupés par des tripiers, dont les produits répandaient une effroyable odeur, qui se concentrait par suite du manque de courant d'air; une autre industrie avait aussi élu domicile dans les premiers étages et même les rez-de-chaussée : *In aditu lupanarium prostabant lenœ, laborantes sicut et matronœ, et alliciebant raros nantes in hoc fœditatis gurgite.* Je me souviendrai toute ma vie que, passant aussi promptement que possible dans ce centre d'infection, en me bouchant le nez, une de ces *lenœ*, tricotant innocemment son bas sur la porte de sa boutique, *fornicis*, m'apostropha en me traitant de *petit délicat*. Peu de gens avaient le courage de se hasarder dans cette affreuse voie de communication, et par conséquent je ne crois pas qu'on en ait gardé le souvenir. Si M. Louis Veuillot eût été témoin oculaire, auriculaire et *nasiculaire*, des faits et gestes des habitants de cette rue, il eût pu certainement, et bien justement, publier un chapitre sur les *odeurs*, matérielles et morales, de la rue du Bessard. L'on n'est plus exposé à rencontrer dans le centre de la ville des spectacles de ce genre; cependant il ne faut pas croire que le progrès en ait fait entièrement disparaître les acteurs. La *plebeia Venus quœ gemino vincitur asse* (Mart., II. 53.), peuple encore certains quartiers du troisième arrondissement et de Perrache, et, le grand jour éclairant parfaitement ces milieux, l'œil risque d'être témoin de scènes bien scandaleuses, mais qui le sont pourtant moins, au point de vue moral, que le luxe affiché sur la promenade de Bellecour, *ab augustis meretricibus*. Cette rue du Bessard, en 1828, était assez peuplée; car elle contenait 30 maisons, 176 ménages, 565 individus, et 22 métiers d'étoffes de soie. (Arch. hist. du Rhône, t. 8, p. 89.)

La rue Lanterne, qui servait au levant d'aboutissant à

la rue du Bessard, avait pris son nom, d'après Cochard, d'un bas-relief représentant un lion tenant une lanterne sous sa griffe, placé à l'angle d'une maison. Je crois ce nom plus ancien que l'enseigne, dont l'existence est due à la dénomination antérieure de cette rue. Une porte de ville lui donnait issue, et probablement une lanterne distribuait un peu de clarté aux passants qui entraient dans la ville ou en sortaient : de là naturellement le nom de porte de la Lanterne, et par la suite rue de la Lanterne. Il est souvent question, dans l'histoire de Lyon, des murs, des fossés et de la porte de ce nom, qui cessèrent de jouer un rôle lorsque les fortifications de la ville furent transportées au sommet de la colline de Saint-Sébastien — la Croix-Rousse — dans le commencement du XVIe siècle.

La rue Lanterne est donc un souvenir de l'ancien Lyon, qui regarda comme un progrès l'éclairage apposé à l'entrée de la ville. A cette époque, on était encore bien loin de la clarté du gaz, et une simple lanterne mérita les honneurs de la renommée. Lorsqu'en 1744 on fit des réjouissances, pour le retour de Louis XV à la santé, la principale illumination que l'on remarqua dans cette rue, fut une lanterne, dont le milieu figurait le soleil dissipant les nuages. L'astre du jour était logé d'une façon si étrange que depuis lors on disait proverbialement, pour désigner un homme qui a été témoin de choses extraordinaires, *qu'il a vu le soleil dans une lanterne.* J'emprunte à Cochard l'explication de ce proverbe, et je lui en laisse la responsabilité.

La rue Lanterne, avant la transformation du quartier, par suite de la suppression de la boucherie des Terreaux, s'ouvrait sur la place de ce nom, et à son point de départ elle n'avait que cinq mètres de largeur, ainsi qu'on peut le voir sur le plan dont j'ai déjà parlé. Tout son côté occidental reconstruit en a permis l'élargissement. Parmi les maisons disparues, on peut citer celle qui contenait l'hôtel de l'Écu-de-France, dont l'intérieur de cour très-curieux me semblait indiquer, autant que je peux me le rappeler, la fin du XVIe siècle. L'escalier était renfermé dans une tourelle, et la cour entourée d'une galerie à balustres de bois. L'espace non construit de la rue Constantine, en face de la rue d'Oran, d'après ce qui m'a été affirmé, était une des dépendances du susdit hôtel. L'inventaire des titres de la Platière, à la date du 6 novembre 1363, étend les limites du jardin du prieuré *jusque derrière la maison du Fort de Brissac, situé dans la rue de la Lanterne*, et l'acte de vente du troisième lot de la Platière les fait arriver au nord, *jusque sur les derrières de la maison, dite de l'Ecu de France*. D'après ces deux documents, on pourrait conjecturer que l'*Écu de France* s'est antérieurement appelé le *Fort de Brissac*. Je ne saurais expliquer cette dénomination ; mais il existait, avant la régénération du quartier, au fond d'une cour, un cabaret réputé pour son bon vin, et qui avait pour enseigne : *Au Fort de Brissac*. Je rappellerai que, dans la rue Tête-de-Mort, les Villars ont eu leur logement, et je conclurai de ce rapprochement que le quartier avait été habité par des familles distinguées. Une preuve à l'appui serait le fait de l'arrivée de Louis XIII à Lyon, en 1630, où il fut bientôt suivi par Anne d'Autriche et Marie de Médicis. Il paraît qu'à cette occasion le pennonage du quartier de la Lanterne se distingua ; car l'année suivante, son capitaine, Jean-Jacques Pincetti, gentilhomme de la chambre du roi, reçut un certificat constatant qu'il avait bien mérité de Sa Majesté, lors de son entrée à Lyon, où son pennonage avait figuré avec éclat, et pour lequel il avait prodigué la dépense, « tant « en riches habitz, armes, que autrement, dont la mé- « moire doict estre conservée à son honneur et louange « de sa postérité. » (Invent. des Arch. comm. 1630.) Dans le *Lyon vu de Fourvières*, H. Leymarie, décrivant les chevauchées du moyen-âge, nous fait passer en revue le gentilhomme de la rue du Bois, le duc de la Coste de Saint-Sébastien, le comte du Puits-Pelu, l'amiral du Griffon, le grand bachat de la rue Mercière, la *princesse de la Lanterne*, etc. Mais ensuite il se trompe quand il fait intervenir le prieur de la Platière et l'abbesse de Saint-Pierre, ouvrant le bal sur la place du Plâtre. Cette réjouissance avait été instituée en mémoire de la réunion des Grecs et des Latins, à la suite du Concile de 1274. Jean Legris, curé de Saint-Pierre et de Saint-Saturnin, en avait été l'ordonnateur, et ses successeurs continuaient de parader à cette singulière fête, qui fut plus tard remplacée par des illuminations et un feu d'artifice ; mais la crainte des accidents en amena la suppression en 1730. (Cochard, Descript. de Lyon.)

Dans la partie occidentale de cette rue, entièrement reconstruite, existait une maison dont la porte d'allée était surmontée de l'inscription suivante : *Nobilis et religiosus dominus Humbertus Ludovicus du Puget, prior, omnium quæ ad utilitatem et augmentum prioratus assurgunt studiosus, has domus, anno M.DCXXXIII, suis sumptibus ædificandus curavit. Noble et religieux seigneur,*

Humbert-Louis du Puget, prieur, attentif au bien et à l'augmentation des revenus de ce prieuré, a construit à ses frais ces maisons, l'an 1633. Ces mots *has domus* indiquent deux maisons au moins qui devaient être voisines l'une de l'autre. La construction aux frais du prieur demande une explication ; car il n'aurait dû être que le simple administrateur des revenus de la communauté. Mais il faut se rappeler que, d'après le dire des chanoines dans leur mémoire au sujet de la préséance réclamée par eux, la commande avait fait irruption dans l'établissement de la Platière. Or, les prieurs, investis de ce privilége, avaient le droit de disposer à leur gré des rentes du chapitre. Il serait donc à présumer que Humbert-Louis du Puget, étant prieur commandataire, ait voulu donner un gage de sa bonne gestion et de son honnêteté, en faisant bâtir les susdites maisons, dont la propriété, acquise à la paroisse de la Platière, devait constituer dans l'avenir un revenu avantageux. Au reste, nous avons vu déjà qu'en 1664 le prieur de cette époque fit aussi élever à ses dépens le portail du prieuré. Il est vrai de dire que cette mesquine construction ne dut pas coûter une somme considérable. M. Martin-Daussigny, auquel je dois la connaissance de cette inscription, m'a aussi remis un croquis de la porte de la maison, dont le style rappelle parfaitement le xviie siècle.

Le P. Ménestrier parle d'une maison à l'enseigne du *Signe de la Croix*, et ornée d'une statue de la Vierge, à la date de 1540. Cette maison, entièrement reconstruite et remplacée par le n° 14, avait pris sa dénomination d'une enseigne qui représentait un cygne tenant dans son bec une croix. Quant à la Vierge, on s'était trouvé dans l'obligation de l'enlever bien avant la reconstruction, car elle était dans un état de vétusté qui menaçait les passants. A la suite, du côté du nord, existait la maison connue sous le nom de *La coquille*, et qui, d'après les renseignements du propriétaire du n° 14, aurait cédé son emplacement au monument de forme gothique dont je vais parler. La coquille est un monument fréquemment employé par les architectes de la renaissance, et son existence sur ladite maison indique le xvi° siècle.

La chapelle évangélique, de style ogival simple et dégagé des excès de la fioriture, donne à la rue Lanterne, légèrement sinueuse, un certain cachet qui rompt avec l'uniformité des longues artères modernes. Je reprocherai cependant à cet édifice les boutiques placées aux deux extrémités de la façade, et qui se sont mises à la mode avec leurs devantures de bois. Au reste, le palais Saint-Pierre a subi les mêmes exigences; car la mode est un tyran qui ne respecte rien, et peut-être bientôt verrons-nous construire des églises, dont les soubassements en menuiserie feront l'admiration des bourgeois, amis du progrès.

Cette chapelle, construite d'après les dessins de M. Bailly, architecte, et sous la direction de M. Clément Poy, a été commencée en 1854 et achevée en 1859. Elle est bâtie sur l'emplacement de deux maisons qui avoisinaient l'ancien hôtel de *l'Écu de France*, et sert à la réunion des membres d'une fraction dissidente de l'Eglise protestante officielle. Le culte évangélique est un retour aux principes primitifs de la Réforme. Dans le synode tenu à Paris, en 1559, et aux opinions duquel nos évangélistes se conforment, on vota une série d'articles bien éloignés des idées de M. Renan (1). On y reconnaît la nécessité d'une foi commune, et c'est à l'occasion de cette obligation — du moins je le crois — que dans ces dernières années nous avons vu surgir de si grandes divisions parmi les membres de l'Eglise protestante parisienne. Quand on songe à la multitude de religions qui divisent les hommes, aux diverses interprétations des textes qui divisent les religions, aux dissentiments qui divisent entre elles ces fractions, on ne peut s'empêcher de reporter sa pensée vers les bienfaits de la tolérance mutuelle, qui devrait remplacer la haine, et surtout entre chrétiens procéder par la charité.

La partie orientale de la rue Lanterne a dû être reconstruite et élargie dans le XVIIe et le commencement du XVIIIe siècle. On laissa subsister seulement, à l'angle de la rue Luizerne, la maison dont les persiennes sont toujours fermées, et qui est en avancement sur les autres façades. Je recommanderai l'intérieur de cour du n° 11, où l'on trouve un escalier circulaire de jolie forme et orné de belles balustrades en fer. L'autre partie de ce côté de la rue, jusqu'à celle de la Platière est d'une construction plus récente et ne présente rien d'intéressant. La rue Lanterne vit reconstruire un grand nombre de ses maisons au XVIIe siècle, et ce fut à cette époque, en 1635, ainsi que je l'ai dit plus haut, que le prieur de la Platière, engagé probablement par le haut prix du terrain, aliéna un emplacement qui masqua l'abside de l'église.

(1) On peut consulter à ce sujet : *l'Eglise de Lyon depuis l'évêque Pothin jusqu'au réformateur Viret*, 152 à 1563, par Clément de la Faye, pasteur. 1859.

La rue Luizerne, qui débouche dans la rue Lanterne, lui ouvre une communication avec la rue Saint-Pierre. Elle s'était primitivement appelée *des Coquilles*, et je ne saurais donner l'étymologie d'aucun de ces deux noms. C'est dans une de ses maisons qu'est né, en 1735, le major-général Martin, qui laissa à notre ville une somme considérable destinée à la fondation de l'importante Ecole de la Martinière. (Cochard, Guide du voyag. — Alm. de 1838. Rues de Lyon.) Une maison d'arrêt, établie dans cette rue, a remplacé, depuis quelques années, la *cave* de l'Hôtel-de-Ville. C'est là qu'un magistrat, préposé à cet office, interroge les malfaiteurs, les vagabonds, les ivrognes, les *pellices diobalares — sic dicuntur quæ duobus obolis ducuntur* (P. Festus), — que l'on ramasse la nuit et le jour sur le pavé de notre grande ville. C'est encore de là que partent certains omnibus, entourés toujours d'une foule de curieux, et qui font le voyage de l'Antiquaille, dans un but prophylactique (1). Cet établissement de sûreté publique a été construit sur l'emplacement qui, avant 89, servait de cimetière à la paroisse de Saint-Pierre. L'intérieur de cour du n° 9 mérite une visite : son architecture pittoresque est un passage du XVIe au XVIIe siècle, le spécimen d'un style que l'on rencontre fort souvent dans notre vieux Lyon.

J'arrive maintenant sur la place de la Platière qui est le terme de ma promenade. La maison située à l'angle de la rue de l'Enfant-qui-Pisse était celle des de Jussieu, ou Dejussieu, — car je trouve ces deux orthographes — et son style semble indiquer le commencement

---

(1) Je recommande le livre intéressant du docteur Garin sur cette espèce de prophylaxie. *De la police sanitaire à Lyon.* 1866.

du xviiie siècle ; mais de notre temps elle a dû subir un exhaussement ; au-dessus de la porte d'allée existe une espèce d'écusson armorié, dont il m'a été impossible de trouver l'interprétation. Les de Jussieu appartenaient à une famille d'apothicaires, fort considérée à Lyon, et qui a fourni plusieurs savants naturalistes. En 1750, un certificat de bourgeoisie fut délivré à Pierre de Jussieu, *résidant au Plâtre* (Invent. des Arch. comm.). Il se pourrait que ce mot *Plâtre* fût synonyme de la Platière ; mais dans tous les cas il indique un voisinage. Au commencement du xviiie siècle, cette famille était déjà établie sur la paroisse de la Platière, car le registre de l'état civil nous apprend que Joseph, fils de Laurent de Jussieu, apothicaire, et de Lucie Cousin, y fut baptisé le 4 septembre 1704. Cette famille avait rapidement prospéré ; car, à la fin de 1714, Laurent de Jussieu fit l'acquisition du clos de Madagascar, dont la maison existe encore dans le quartier de Serin, à l'angle de la montée de la Muette, qui conduit au cours des Chartreux. L'Almanach de 1750 donne à un de Jussieu, demeurant place de la Platière, le titre de *député de la ville pour le fait de santé*. Je pense que ce titre serait l'équivalent de ce que nous appellerions aujourd'hui : *membre de la commission de salubrité publique*. Une des dernières illustrations de cette famille a disparu dans la personne de M. Alexis de Jussieu, né en 1802, ancien préfet, membre de la Société littéraire de Lyon, et auteur d'un poème intitulé : *Un dernier chant au Paradis perdu de Milton*, œuvre remplie de poésie et de distinction.

La maison n° 8, à laquelle on a d'abord enlevé en partie son caractère du xviie siècle, en l'ornant de petits balcons, méritait un regard de la part des amateurs de la bonne architecture. Son charmant rez-de-chaussée avait eu l'honneur d'être reproduit dans l'ouvrage de M. P. Martin : *Recherches sur les vieilles maisons de Lyon;* mais depuis peu les vandales ont brisé à coups de marteau toutes ses moulures; ils ont remplacé cette belle ordonnance architecturale par de vulgaires et absurdes devantures en bois, et la porte d'entrée, en pierre de taille, a été peinte couleur d'acajou!!

La maison qui avançait sur celle que je viens de signaler et qui a été récemment démolie, pourrait bien avoir appartenu à Jean Grollier, le bibliophile, et à sa mère, veuve d'Estienne Grollier, qui constituèrent, en 1542, au profit de l'Aumône générale, une rente de cinq livres tournois, hypothéquée sur une maison « sise devant le « portail de la Platière. » (R. de Cazenove. Recherches sur Jean Grollier.) Ce portail devait être celui du prieuré; car l'entrée de l'église se trouvait en face du débouché qui conduisait à la rue de la Pêcherie. Quant à la maison en question, je dois dire que son style rappelait plutôt la seconde que la première moitié du xvie siècle.

L'élargissement de la place de la Platière, du côté de la Saône, n'était pas très-nécessaire, à cause du peu d'activité de la circulation. Tant qu'on n'aura pas reconstruit la maison qui fait l'angle du quai au midi, et dont le mur sans croisées est complètement dénudé, l'aspect de ce quartier aura plutôt perdu que gagné.

En face, à l'angle du quai d'Orléans, on remarque un bâtiment qui a le cachet de beaucoup d'anciennes constructions lyonnaises, surmontées d'une vaste tour carrée, qui contient de petits logements d'ouvriers. A côté, le n° 3 qui joint la cour du prieuré communique avec les deux maisons 4 et 3 du quai d'Orléans, dont j'ai déjà parlé et qui sont connues sous le nom de *Maisons Piégay*. Les curieux qui pénètrent dans tous ces intérieurs ne perdent pas leur temps, et ils en rapportent toujours quelques observations artistiques et archéologiques.

D'après le plan de Lyon du xvie siècle, un cimetière était établi sur la place de la Platière, et un mur le séparait de la voie publique en ne laissant qu'une étroite ruelle. Je n'ai retrouvé aucune trace de ce mur sur les plans postérieurs, et je ne saurais dire à quelle époque a eu lieu la suppression de ce cimetière ; mais ses traces ont été constatées par les travaux de canalisation, exécutés en octobre 1865, et l'on a découvert dans ces fouilles une grande quantité d'ossements.

Cette notice sur la paroisse de Notre-Dame de la Platière paraîtra peut-être un peu longue ; mais dans ce genre d'études, il arrive qu'un fait dont l'importance ne semble pas très-grande, devient parfois un révélateur, et élucide un point d'histoire qui sans cela resterait noyé dans l'obscurité.

DE

L'EMPLOI DU PORPHYRE ROUGE

DANS L'ANTIQUITÉ ROMAINE.

—

es Romains, dans l'emploi des matériaux de luxe, n'ont jamais été arrêtés, ni par l'éloignement des gisements, ni par la difficulté du transport et de la pose d'immenses monolithes, apportés de la Grèce, de l'Egypte et d'autres pays. La dureté des porphyres, des granites, des syénites, des jaspes, n'a pas été un obstacle à leur usage pour la décoration des monuments publics et privés; ils ont même été employés avec une profusion qui étonne, et cependant la taille demandait des outils d'une grande perfection.

Le porphyre rouge, dont je veux spécialement m'occuper, est une roche ignée qui, soumise à un refroidissement lent, a vu se développer dans sa masse en fusion des cristaux rudimentaires. On sait en effet que les corps liquéfiés, lorsqu'ils se trouvent sous l'influence de cette lenteur dans la diminution de la chaleur, et qu'ils passent ainsi de l'état liquide à l'état solide, forment une pâte, dans laquelle la cristallisation se développe peu à peu. Ainsi, le verre est un silicate de soude en fusion que l'on soumet à un refroidissement très-prompt ; mais si l'on met un temps d'arrêt à la déperdition de la chaleur, des cristaux opaques commencent aussitôt à se montrer dans la masse.

Le mot de porphyre, tiré du grec, signifie une matière de couleur rouge, et vient de πορφυρα, mollusque avec lequel on fabriquait la pourpre, substance d'un rouge violacé, semblable à celui du porphyre. Comme cette roche est formée d'une pâte, parsemée de petits cristaux d'un ton plus clair, les modernes ont généralisé cette appellation et l'ont donnée, quelle que fût la couleur, à toutes les roches qui ont la même texture. Le *serpentino* des Italiens est le porphyre vert des Français, et nos montagnes occidentales du côté du Rhône recellent une grande quantité de porphyres de différentes couleurs. Comme le porphyre est une substance très-dure, sa surface polie sert à piler des poussières impalpables, et de là l'expression de porphyriser.

Pline nous apprend que le porphyre rouge provenait de l'Égypte, et que ses carrières pouvaient fournir des blocs de la plus grande dimension ; mais c'est seulement en 1823 que deux voyageurs anglais en découvrirent le gisement, dans un groupe de montagnes, désignées sous le nom de Djebel-Dokhan, entre la mer Rouge et Syout. M. Lefèvre, en 1837, a également constaté la présence du porphyre rouge dans la même région montagneuse et en a rapporté des échantillons déposés au musée du Jardin-des-Plantes. Il a observé que la syénite (1) est tra-

(1) La syénite est un granite, où le mica est remplacé par de l'amphibole.

versée par des filons de pegmatite (1), et que cette dernière a été disloquée par un filon de porphyre rouge de 25 à 30 mètres de puissance ; ce qui prouve que la formation du porphyre est postérieure à celle des deux autres roches.

Le porphyre rouge n'a été employé ni par les Egyptiens ni par les Grecs, et ce sont les Romains qui en commencèrent l'exploitation. Il paraîtrait, d'après un passage de Pline, que son usage remonterait au règne de Claude ; que ce fut Vitrasius Pollion, procurateur de l'empereur, qui le premier en envoya des statues à Rome, et que cette nouveauté ne fut pas unanimement goûtée. (*Bulletin de la Société géol.* Delesse, t. VII, p. 554. — Pline, XXXVI, II). Je ne suis pas étonné du peu de succès qu'eut le porphyre à son début dans l'art de la sculpture. En effet, rien n'est laid comme un buste de porphyre rouge ; les taches qui se trouvent dans la masse donnent à la figure un aspect variolique très-désagréable. En outre, comme on est obligé de polir cette pierre pour en faire ressortir la couleur, il résulte que l'on n'obtient que des effets faux, par suite de la puissance des reflets. Or, la forme est perceptible par l'effet, c'est-à-dire par l'opposition naturelle de la lumière et de l'ombre, et c'est pour cela que les statues de marbre blanc ne sont que très-rarement polies. Mais plus tard le luxe l'emporta sur l'art : le porphyre étant une matière très-chère, en raison des difficultés du transport et de la taille, et le luxe consistant à faire ostentation de la richesse, on en arriva

---

Son nom provient de ce que les environs de Syène contiennent cette roche en grande abondance.

(1) La pegmatite est composée de feldspath lamellaire et de quartz.

à employer avec profusion cette substance pierreuse qui est au reste d'une très-belle couleur. Cependant elle varie beaucoup, en passant parfois au rouge sombre, et ses petits cristaux sont roses, jaunes ou blancs. On rencontre, assez rarement il est vrai, dans des masses de porphyre rouge, de grandes taches olivâtres et ordinairement nuageuses. Il existe au musée du Vatican, à Rome, deux colonnes d'une assez belle dimension, entièrement en porphyre verdâtre, dont la texture indique la provenance d'un gisement de porphyre rouge, et qui ont une apparence brèchoïdale (1). Cette brèche permettrait probablement de produire la théorie d'une dislocation et d'un remaniement opérés à la suite d'une éruption ignée; mais je ne veux pas sortir de mon sujet en m'égarant dans une discussion purement géologique.

On peut voir un exemple de ces taches verdâtres au musée du Louvre, dans une cuve de porphyre qui porte le n° 243. M. de Clarac, auteur de la description de ce musée, prétend que la tache verte rend la matière de cette cuve plus rare et plus précieuse. C'est fort possible, car la rareté est toujours un prétexte à l'élévation du prix ; mais, à mon point de vue, cette invasion partielle du vert dans une masse rouge nuit beaucoup à l'ensemble de l'effet.

L'immense quantité de débris de porphyre rouge que l'on rencontre dans les terrains de déblais, à Rome et même à Lyon, prouve que les Romains en ont fait une énorme consommation. La cherté de la matière entrait pour beaucoup dans cette consommation luxueuse, et

(1) La brèche est un conglomérat de fragments anguleux et irréguliers, empâtés dans un ciment. (Landrin, *Dict. minéral.*).

comme le luxe mène à la décadence, on ne sera pas surpris de voir que, si l'habileté industrielle du tailleur de pierres fait des progrès, le talent de l'artiste allait en diminuant. Je citerai, comme spécimen de ce genre, le tombeau de Sainte-Hélène et celui des deux Constances, mère, sœur et fille de Constantin, que l'on voit au musée du Vatican. Le premier provient d'une église construite par Constantin et dédiée aux saints Pierre et Marcellin, dans la campagne de Rome, au lieu dit *Tor-Pignattara*. Il y avait fait déposer le corps de sa mère ; mais ensuite cette chapelle fut ruinée par les incursions des barbares, et finalement le monument de Sainte-Hélène vint enrichir le susdit musée. On y remarque, sculptées en ronde bosse, des figures de guerriers et de prisonniers, qui ont trait aux faits et gestes du premier empereur chrétien, et son portrait ainsi que celui de sa mère. Le tombeau des deux Constances, qui se trouvait dans l'église Sainte-Constance, sur la voie Nomentane (1), fut apporté au Vatican sous le pontificat de Pie VI. Les bas-reliefs représentent les vendanges dans la vigne du Seigneur et des animaux symboliques, en usage dans les premiers temps du christianisme. Ces tombeaux sont taillés dans d'immenses blocs de porphyre, et leurs sculptures en ronde bosse étonnent l'imagination. Quand on songe à l'excellence des outils nécessaires pour mener à bonne fin un travail aussi difficile, on est émerveillé des progrès accomplis par l'industrie romaine. Mais il faut avouer aussi qu'au point de vue du dessin et du style, ces sculptures laissent énormément à désirer : c'est qu'en

---

(1) Cette église, de forme circulaire, qui existe encore, a été construite à l'époque constantinienne.

effet, au IVe siècle, l'art était complètement en décadence. On peut facilement se rendre compte de cet état de choses, en observant l'arc de Constantin. Ce monument triomphal a été orné de plusieurs bas-reliefs enlevés à un monument de l'époque de Trajan, et comme ils se trouvent en présence d'autres œuvres du même genre, de l'époque constantinienne, la comparaison est facile.

En fait de transport et de taille d'immenses blocs de pierre dure, les Romains ont accompli des miracles. On admire au Vatican, dans la salle dite de la Rotonde, une immense coupe de porphyre rouge d'une seule pièce, qui mesure 65 palmes, ou 14 mètres et demi de diamètre. Ce prodigieux monolithe provient des thermes de Dioclétien, et ce fut le pape Pie VI qui en fit un des ornements du Vatican. L'église de San-Crisogono — quartier du *Transtevère* — contient deux énormes colonnes monolithiques de porphyre rouge qui servent de support à l'arc du chœur. Au reste, on rencontre à Rome une immense quantité de colonnes de porphyre ; mais je cite les susdites à cause de leur prodigieuse dimension.

On est dans l'étonnement quand on songe à la difficulté de transport de masses aussi considérables et provenant de pays lointains, et cependant les Romains semblaient se jouer de ce problème de locomotion. Pour preuve, je citerai les deux obélisques de Saint-Jean-de-Latran et du Vatican. Le premier, qui est le plus élevé de ceux de Rome, 32 mètres, est en granite, et fut amené d'Egypte par ordre de Constantin ; mais cet empereur étant mort avant l'arrivée de ce monolithe, son fils Constance le fit élever sur la *Spina* du *circus Maximus*. Ce fut ensuite Sixte-Quint qui, sous la direction de Domenico Fontana, voulut en embellir la place de Latran. L'obélisque du Vatican a 25 mètres de hauteur, et l'on a calculé qu'il pèse 330,000 kilogrammes (1). Ce fut Caligula qui entreprit de le faire venir à Rome, et ce transport exigea un navire d'une telle dimension, que l'on s'en servit ensuite, en le coulant à fond, pour jeter les fondements du môle d'Ostie. L'obélisque décora la *Spina* du cirque de Néron, situé dans le champ du Vatican, et Sixte-Quint, aidé du susdit Fontana, n'eut qu'à traverser une très-petite distance quand il lui prit fantaisie d'en orner le centre de la place de Saint-Pierre. On comprend que les Romains, au moyen de la navigation marine et fluviatile, aient pu transporter des masses considérables ; mais l'étonnement augmente, quand on songe au voyage par les routes de terre. Cependant on a des exemples de leur savoir-faire dans ce genre. Ainsi je citerai une cuve de porphyre rouge que l'on voit dans la cathédrale de Metz : on ne peut pas la comparer aux immenses monolithes dont je viens de parler, puisqu'elle n'a que trois mètres de longueur dans sa partie supérieure et un mètre soixante centimètres dans l'inférieure. Cependant le poids d'une pareille masse devait exiger des moyens de transport autres que le dos des bêtes de somme, et quand on pense à la rapide déclivité des routes romaines au passage des montagnes, on comprend que le voyage devait présenter de grandes difficultés.

Cette cuve de porphyre rouge de la cathédrale de Metz était une baignoire qui a été trouvée sur l'empla-

---

(1) L'obélisque de la place de la Concorde, à Paris, a 22 mètres de hauteur et pèse 220,000 kilogrammes.

cement des thermes sur l'antique *Divodurum* (1). C'était certainement un meuble de grand luxe, et son possesseur n'avait pas reculé devant les frais considérables de transport. Sa surface extérieure est simplement ornée d'une tête de lion et de deux boucles sculptées sur la paroi. Le fait de cette dépense prouve combien le luxe de Rome envahissait peu à peu les provinces de l'Empire, même les plus éloignées.

Je ne ferai pas la description de tous les objets en porphyre rouge que Rome présente à la curiosité des amateurs ; car cette nomenclature demanderait un volume ; cependant je parlerai de Saint-Jean-de-Latran. Cette église, qui date de Constantin, est à cinq nefs. La grande nef, dont on peut encore voir le plan perspectif, peint sur la muraille intérieure de Saint-Martin-des-Monts, était soutenue sur de magnifiques colonnes de porphyre rouge ; mais la vénérable basilique subit à diverses époques les exigences du *progrès*, et enfin, dans le XVIIe siècle, l'architecte Boromini renferma ses colonnes deux à deux, au milieu des immenses piliers qui, au nombre de six de chaque côté, composent aujourd'hui cette nouvelle grande nef. Ce changement radical, sous prétexte de restauration, fut une véritable barbarie, qui enleva à cette église, nommée *mater et caput ecclesiarum*, tout son caractère primitif. Au reste, Saint-Pierre souffrit une bien plus grande profanation, puisque cette basilique a été entièrement reconstruite et que, pour en retrouver des traces, il faut descendre dans la crypte où a été déposé le tombeau du prince des apôtres. L'église de Saint-

---

(1) *Divodurum*, nom latin de Metz.

Martin-des-Monts contient aussi le plan perspectif de Saint-Pierre, dont l'intérieur était à cinq nefs garnies de colonnes. A Saint-Jean-de-Latran elles supportaient longitudinalement des arcs à plein cintre, tandis qu'à Saint-Pierre c'était un entablement horizontal qui régnait au-dessus des colonnades.

Le musée des antiques du Louvre nous présente plusieurs spécimens de sculpture antique en porphyre rouge : dans la salle dite des Romains, n° 102, on remarque la statue symbolique de Rome. Elle est assise; le vêtement seul est en porphyre, formé de blocs de différentes variétés, et la tête est en marbre. Cette variété de deux nuances de porphyre et la tête blanche, qui contraste avec le vêtement, nuisent à l'unité de la perception et produisent un très-mauvais effet. C'est ici le cas de faire observer que ce remplacement de la simplicité par la prétention et la complication des couleurs est un signe de décadence. La sculpture mobilière en porphyre rouge, telle que celle des vases, des urnes, des baignoires, grâce à la belle couleur de cette pierre, est fort agréable à l'œil, surtout lorsqu'un excès d'ornementation n'empêche pas la facile perception du galbe. On remarque au Louvre, dans la salle des Saisons, n° 102, une urne de porphyre de 1 mètre 13 de longueur sur 1 mètre de largeur. Elle est d'une forme un peu tourmentée; mais malgré cela elle produit un bel effet. Dans la salle des Empereurs, on en aperçoit deux colonnes qui décorent l'embrasure de la croisée principale. Elles sont remarquables par leurs bases et leurs chapiteaux ioniques taillés dans le bloc. Je ne m'arrêterai pas plus longtemps au milieu du musée du Louvre, et je passerai à celui de Versailles.

Dans le salon de la Guerre, placé à l'entrée de la grande galerie de Louis XIV, on trouve six bustes antiques, dont les têtes sont en porphyre rouge et les draperies en albâtre zoné. Ces bustes décoraient déjà ce salon au temps du roi prétendu le Grand. A l'autre extrémité de la galerie, terminée par le salon de la Paix, on voit six autres bustes du même genre. J'ai cru reconnaître parmi ces douze têtes un Auguste et un Vitellius ; mais je serai d'autant moins affirmatif que l'extrême poli du porphyre permet de percevoir très-difficilement la forme. Un seul de ces bustes a des yeux où la prunelle soit indiquée. Cette observation, contrebalancée par celle de la réunion polychrome du porphyre et de l'albâtre, semble démontrer qu'ils appartiennent à une époque placée sur la limite de la dégénérescence de l'art.

La difficulté de la taille du porphyre et l'élargissement des carrières dut naturellement mettre un terme à son emploi ; cependant il paraîtrait qu'à une époque, relativement récente, on fit de nouveaux essais. En effet, le musée du Louvre possède un buste de la déesse Rome et une petite statue en porphyre, qui ornent la salle de Diane, et sont, d'après la description du musée du Louvre, attribués au xvie siècle. M. de Clarac désigne le sculpteur Tadda, possesseur d'un secret pour fabriquer d'excellents outils propres à la taille des pierres dures ; mais ici M. de Clarac est dans l'erreur, parce que Tadda florissait dans le xive siècle (*Dict. hist. et géogr. de l'Italie*, 1775), et alors ce buste et cette statue, ou ne seraient pas de ce sculpteur, ou n'appartiendraient pas au xvie siècle.

Notre colline de Fourvière offre à celui qui se donne la

peine de les rechercher, une très-grande quantité de débris antiques, marbres et pierres dures, sous forme de plaques. On sait en effet que les Romains ont beaucoup employé l'architecture plaquée, surtout dans l'intérieur des appartements, pour le pavement et les parois. Les plaques de porphyre rouge ne sont pas rares, et comme cette pierre était très-coûteuse, on la sciait parfois en plaques excessivement minces. J'en ai ramassé qui n'ont que cinq millimètres d'épaisseur et une qui n'en a que deux. On peut juger d'après cela de la perfection des instruments employés à ce genre de travail, qui devait être très-pénible; et ce qui le prouve, c'est que parfois ces plaques ne sont sciées que d'un seul côté, et l'autre a seulement subi des coups de marteau. Parmi ces dernières, j'en ai recueilli une dont la couleur brune indique l'action du feu, et effectivement on peut voir à sa surface une goutte de plomb fondu.

Cette circonstance sera peut-être invoquée comme une preuve à l'appui du récit de Sénèque sur l'incendie de *Lugdunum*, dont la ruine, d'après son dire, fut complète ; cependant, parmi les très-nombreuses recherches que j'ai faites au milieu des terrains de Fourvière, je n'ai rencontré que de très-rares indices d'incendie ; car il ne faut pas prendre les restes de bois carbonisés naturellement par suite d'un long enfouissement, pour des marques de l'action du feu. Sénèque et Tacite sont les deux seuls auteurs qui parlent de cette catastrophe. Le premier, dans l'épître 91e, adressée à Licinius, raconte l'incendie de *Lugdunum*, qu'il prétend avoir été entièrement brulé, et il plaint le Lyonnais Libéralis, auquel ce malheur causait un vif chagrin ; mais il ne donne aucun détail à l'appui. Tacite nous apprend que Néron, pour soulager cette immense infortune, *cladem lugdunensem*, envoya une somme considérable, *quadragies stertio*, égale à celle que les habitants, dans des circonstances difficiles, lui avaient offertes. Voici les seuls documents que nous ayons, et il est bien à présumer qu'il existe une grande exagération dans ces mots de Sénèque: *Una nox interfuit urbem maximam et nullam*. D'autres auteurs auraient certainement fait le récit de cet épouvantable incendie, s'il avait eu des résultats aussi affreux que ceux indiqués dans la phrase susdite.

Je terminerai ce travail, en engageant les membres du Comité d'archéologie (1) à porter leurs recherches sur certains terrains qu'il serait bon de recommander à l'attention de l'autorité. Ainsi, par exemple, au milieu du vaste champ de manœuvres de Fourvière, il existe quelques parties qui, probablement, ont servi de support à des constructions romaines. En effet, leur surface, parsemée de débris, se montre rebelle à la végétation, et des fouilles, opérées à propos, pourraient être l'occasion de découvertes intéressantes.

(1) Lecture faite au Comité d'archéologie; séance du 15 décembre 1867.

EMPLOI

MÉDICINAL ET ALIMENTAIRE DE L'AIL

DANS L'ANTIQUITÉ.

N feuilleton contenu dans la *Gazette médicale de Lyon* du 7 décembre 1867, semble destiné à la réhabilitation de l'ail comme remède et comme condiment. Ce végétal, extrêmement usité dans le midi de la France, a des titres de noblesse d'une haute antiquité, et même on peut lui trouver une petite place dans l'Olympe. M. le docteur Barbier, auteur du susdit feuilleton, nous apprend que l'ail « est rubéfiant, « maturatif et détersif à l'extérieur, et à l'intérieur sti- « mulant général, antihystérique, diurétique, carminatif, « vermifuge, etc. Voici qu'aujourd'hui on lui reconnaît « le pouvoir de diminuer la toux et les sueurs des phthi- « siques ! » Toutes ces propriétés médicinales de l'ail étaient connues dès une haute antiquité, et même son pouvoir antiphthisique. En effet, Pline nous dit : « *Extenuat phthisin in fabæ sorbitione*, » il diminue la phthisie lorsqu'on le prend dans un bouillon de fèves. » La nomen-

clature des maux guéris par l'ail est tellement considérable que je craindrais d'ennuyer mes lecteurs, si je copiais le chapitre de Pline, et je me contenterai d'indiquer aux curieux le livre xix⁰, chap. 34.

La confiance dans l'ail et dans l'oignon était si grande que les Egyptiens, lorsqu'il s'agissait de prêter serment, les classaient parmi les dieux qui présidaient à la bonne foi, et que l'on avait l'habitude d'invoquer (1). Le mauvais caractère de Juvénal était seul capable de ridiculiser cette dévotion inoffensive. C'est en parlant des superstitins égyptiennes qu'il s'écrie :

> *Porum et cœpe nefas violare et frangere morsu.*
> *O sanctas gentes, quibus hœc nascuntur in hortis*
> *Numina !* (xv, 9.)

> Ramasser des oignons, afin de s'en nourrir,
> Est un affreux délit dont on doit s'abstenir.
> O peuples bienheureux, qui dans le jardinage
> Avez su découvrir des dieux à votre usage !

Homère (*Odyss.* x, 305) parle d'une plante extraordinaire, dont on doit la découverte à Mercure, et que les dieux ont nommée Môly, μωλυ δέ μιν καλεουσι θεοί. Il est très-difficile de l'arracher de terre ; mais tout est possible aux dieux. Pline parle de cette herbe et lui donne l'épithète de *laudatissima herbarum*. M. E. Littré, dans sa traduction, indique l'*allium magicum* pour son représentant. Valmont de Bomare s'exprime ainsi: « Môly,
« nom que les anciens ont donné à plusieurs espèces
« d'ail, qu'ils distinguent de l'ail ordinaire par son peu

---

(1) *Allium cœpasque inter deos jurejurando habet Ægyptus.* (Plin. xix, 32.)

« d'odeur. Homère a célébré cette plante comme pro-
« pre à détruire les venins et les enchantements. » Dans
une *dissertation philologique sur les plantes religieuses*
(sans nom d'auteur. Montpellier, 1817), je trouve le jugement suivant : « Le trop fameux Môly n'est pas cer-
« tainement l'espèce d'allium connue aujourd'hui sous
« ce même nom. » Il résulte de ces diverses opinions
que le problème n'est pas parfaitement résolu; cependant je ferai observer que la susdite dissertation a été
publiée en 1817 et la traduction de Pline en 1850. Or,
on sait qu'entre ces deux dates la science philologique
a fait d'assez grands progrès, et M. Litré, le plus récent
de ces écrivains, a dû avoir de nombreux et nouveaux
documents à sa disposition, qui lui ont probablement
permis d'élucider la question. Au reste, la description que les anciens auteurs font de cette plante varie
un peu et par conséquent permet la discussion. (Plin.
xxv, 8.)

Ovide ne pouvait pas manquer de signaler ce singulier végétal, et en effet il nous dit :

Môly vocant superi; nigra radice tenetur. (Met. xiv. 4, 292),

« les dieux donnent le nom de Môly à cette plante dont
« la racine est noire. » Ce fut grâce à sa puissance
qu'Ulysse put se soustraire au pouvoir de Circé, qui
avait métamorphosé ses malheureux compagnons en
immondes pourceaux. Si le Môly est véritablement une
variété de l'ail, c'est un remède facile, et, à l'exemple
d'Ulysse, on ne saurait trop le recommander à ce grand
nombre d'hommes que les enchanteresses contemporaines soumettent à l'imbécillité la plus absolue. Une

simple salade à l'ail les garantirait contre les tromperies de ces Circés, qui les enivrent avec des breuvages empoisonnés et traîtreusement doucereux, ainsi que nous le dit Ovide :

> *Quique sub hac lateant furtim dulcedine succos.*
> (Met. xiv. 4, 122.)

Il faut bien avouer, au détriment de l'ail, que son odeur devait entrer pour une forte part dans la victoire remportée sur la susdite sorcière, qui préférait perdre son pouvoir plutôt que de l'essayer sur un individu exhalant ce parfum désagréable. Horace est parfaitement de cet avis, et dans son épode iiie, adressée à son protecteur Mécènes, qui avait de la répulsion pour l'ail, il attaque avec exagération, on peut le dire, ce malheureux végétal, qui fait cependant les délices des habitants du midi de la France. Je vais essayer de donner, non pas une traduction exacte, mais une imitation de cette petite pièce, dont plusieurs passages assez obscurs demanderaient une longue dissertation :

> Si je voulais punir un méchant parricide,
> Je l'empoisonnerais avec de l'ail fétide,
> Et je ne comprends pas qu'un grossier moissonneur
> Puisse le digérer sans prendre mal au cœur.
> Son odeur me dégoûte, et mes faibles viscères
> Craindraient peut-être moins le poison des vipères.
> Si Canidie (1) un jour me donne du venin,
> C'est l'ail certainement que choisira sa main.
> Lorsque de son amant l'imprudente inconstance

(1) Canidie était une empoisonneuse, dont Horace parle encore dans la satire Ire du 2e livre :

> *Canidia Albuti, quibus est inimica venenum.*

Canidie, fille d'Albutius, menace d'empoisonner ses ennemis.

Chez Médée alluma le feu de la vengeance,
Recherchant aussitôt ce terrible poison,
Elle en vint imprégner les présents que Jason
Faisait à sa rivale, et, la voyant mourante,
Sur son dragon ailé s'envola triomphante.
Les brûlantes ardeurs des rayons de Phébus,
Ou le manteau trempé dans le sang de Nessus,
Qui rendit insensé l'amant de Déjanire,
Me sembleraient vraiment un bien moindre martyre.
Si tu veux par caprice, ô Mécènes charmant,
Goûter l'ail empesté, ta belle assurément
De tes infects baisers détournera sa bouche,
Et se rejettera sur le bord de ta couche.

Ces derniers vers sembleraient indiquer chez les dames romaines une grande sensibilité de l'odorat. Les nôtres sont moins délicates ; elles ne redoutent aucunement une haleine fétide, et nul mari n'a vu s'exécuter cette menace d'Horace :

*Manum puella suavio opponat tuo,
Extrema et in sponda cubet.*

Je ne sais même pas si une jeune femme accepterait un fiancé insensible au cigare, et par conséquent révolté contre l'empire de la mode.

Virgile parle de l'ail sans la moindre indignation, et dans son églogue IIe, il met en scène Thestylis qui pile des herbes odorantes, l'ail et le serpolet, pour les moissonneurs fatigués de la chaleur :

*Thestylis et rapido fessis messoribus œstu
Allia serpylumque herbas contundit olentes.*

Malgré la bienveillance de Virgile, il est bien certain que dans l'antiquité romaine l'ail communiquait, comme de nos jours, à ceux qui en usaient une très-mauvaise odeur (1), et l'anecdote suivante prouvera cette assertion. Un jeune homme, qui avait obtenu de Vespasien la faveur d'une préfecture, se présenta prodigieusement parfumé, *flagrantem unguento*, devant l'empereur pour le remercier. Celui-ci, haussant les épaules, *nutu aspernatus*, lui dit d'un ton sévère : « J'aimerais mieux « respirer l'odeur de l'ail, *maluissem allium oboluisses*. (Suet. in Vesp. 8). Ce mot de Vespasien est certainement une épigramme à l'adresse de l'ail ; mais il prouve aussi que certains cosmétiques affectent désagréablement l'odorat, et le musc, malgré sa bonne réputation, produit chez moi cet effet. Il se pourrait encore que Vespasien ait voulu donner une correction aux prétentions élégantes de son jeune protégé, en lui faisant comprendre qu'un magistrat ne doit pas obéir aux futilités de la mode, mais rechercher, dans un extérieur rempli de dignité et de gravité, le seul ornement convenable à sa position.

Columelle ne partage pas l'antipathie d'Horace à l'égard de l'ail. Dans son poème *De cultu hortorum*, il s'adresse aux gens de la campagne :

> *Allia cum cœpis, cereale papaver anetho*
> *Jungite; dumque virent nexos deferte maniplos,*
> *Et celebres Fortis Fortunæ dicite laudes,*
> *Mercibus exactis, hilaresque recurrite in hortos.* (x. 316.)

« Unissez l'ail à l'oignon, le pavot des céréales à l'a-
« net, et pendant que ces petits paquets sont verts, met-
« tez-les en vente. Alors, après vous être défaits de vo-

---

(1) Il en est de l'ail comme du cigare : un homme qui a mangé de l'ail sent plus mauvais que le mets lui-même, et un fumeur contracte une odeur beaucoup plus désagréable que la fumée du cigare.

« tre marchandise, vous chanterez les louanges de *Fors*
« *Fortuna* (1), et après vous retournerez joyeux dans vos
« jardins. »

Il paraît donc, d'après ce passage de Columelle, que les petites bottes d'ail et d'oignon avaient un débit assuré et rapportaient un assez bon bénéfice aux cultivateurs que le poète engage à aller remercier la déesse *Fors Fortuna*. Au reste, ce qui prouverait que l'ail n'était pas un condiment repoussé par les gastronomes, c'est que le célèbre gourmand, Cœlius Apicius, dans son traité *De arte coquinaria*, n'a pas songé à l'exclure de ses apprêts. Ainsi, voilà la recette d'une singulière *salacaccabia*, dans laquelle l'ail joue son rôle : « Vous viderez l'intérieur
« d'un pain d'Alexandrie (probablement une espèce de
« biscuit de mer) que vous tremperez dans un mélange
« d'eau et de vinaigre. Vous pilerez dans un mortier du
« poivre, de la menthe, de l'*ail*, du coriandre vert et
« du fromage de vache conservé dans du sel. Vous ver-
« serez sur ce mélange de l'eau, de l'huile, et par-des-
« sus le tout du vin, et enfin vous remplirez le susdit
« pain. » (IV. 1). Dans une autre préparation culinaire, Apicius recommande « de prendre du cumin autant que
« les cinq doigts peuvent en recueillir, d'ajouter la

---

(1) La déesse *Fors Fortuna* portait un nom d'origine sabine (Varr. de l. l. 74). Son culte et la position absolue de son temple demanderaient une dissertation. On sait cependant, d'après P. Victor, que le temple se trouvait dans la XIVe région, le quartier Transtévérin. Ovide nous apprend que cette déesse était spécialement en honneur parmi les gens du peuple, parce que Servius Tullius, qui lui-même était d'origine populaire, passait pour avoir été le constructeur de son temple. (Fast. VI, 771.)

« moitié de poivre et une *tige d'ail bien nettoyée, unam*
« *spicam allii purgatam ;* on triturera le tout, en ayant
« soin d'y répandre un *liquamen*, et l'on arrosera le mé-
« lange avec un peu d'huile. Ce mets restaure parfaite-
« ment un estomac débile et fait faire une bonne diges-
« tion. » (ix, 13). Le mot *liquamen* est un peu difficile
à expliquer, car seul il répond à un mélange liquide,
sans indication précise. Je croirais cependant que ce
pourrait être le *garum*, substance très-usitée à Rome,
provenant d'intestins de poissons en décomposition et
exhalant une odeur très-forte. Un chapitre d'Apicius, *de
liquamine emendando*, semblerait appuyer cette explication, car il donne le moyen de faire disparaître la puanteur, *malum odorem*, de ce liquide. Il est ensuite à présumer que le cumin remplissait le principal rôle dans les
vertus toniques du susdit mélange ; et en effet Pline dit :
Condimentorum omnium fastidiis cuminum amicissimum
(xix, 47).

On comprend que l'on devait se préoccuper de faire
disparaître l'excès de la mauvaise odeur dans un mélange qui recélait de l'ail et du *garum*. Quant à l'ail, les
anciens prétendaient connaître les moyens de lui enlever
sa fétidité, et je vais les enseigner à nos contemporains,
qui probablement n'y auront pas grande foi. Palladius
rapporte, mais pourtant sans l'affirmer, qu'on dégage l'ail
de sa mauvaise odeur, s'il est convenablement semé au
mois de novembre, dans le temps où la lune est sous la
terre, et si l'on arrache dans un semblable moment,
*fertur, si luna sub terris posita seratur, et item sub terris
luna latente vellatur, odoris fœditate cariturum* (xii. 6).
Pline, antérieur à Palladius, avait recommandé les mê-

mes précautions. Pour que l'ail perde son odeur, il faut le semer lorsque la lune est sous la terre et le cueillir au moment de la conjonction, *cum in coitu colligi*. Ménandre, auteur grec, nous apprend que les amateurs d'ail ne conservent aucune odeur s'ils ont le soin de manger une racine de bette grillée sur des charbons ardents.(XIX. 34).

Je n'en finirais pas si je racontais toutes les merveilles attribuées par Pline à la consommation de l'ail ; cependant je ne peux m'empêcher d'en signaler quelques-unes. L'ail est d'une grande utilité quand on change d'eaux et de lieux. *Allio magna vis, magnæ utilitates, contra aquarum et locorum mutationes;* il chasse les serpents et les scorpions, et, d'après quelques auteurs, pris en boisson, en aliment, et appliqué sous forme de topique, il est excellent contre les blessures faites par toute espèce de bêtes. Il a aussi quelques inconvénients, tels que d'affaiblir la vue, de causer des flatuosités, de faire, pris en trop grande quantité, mal à l'estomac et de donner la soif. Si l'on veut préserver les semailles des oiseaux qui les dévorent, on le jette sur les terres, après l'avoir fait cuire, et alors les gloutons volatiles, frappés de stupeur, se laissent prendre aussitôt (Pline. XIX. 34 — XX. 23 — XXV. 8). On peut aussi recommander l'ail aux vétérinaires ; car Columelle donne le conseil suivant : L'envie de vomir, *nausea*, chez les animaux, se dissipe en leur faisant boire du vin dans lequel on a broyé une tête d'ail (VI. 34).

On voit, d'après ce qui précède, combien l'antiquité attachait de prix à l'usage de l'ail ; et elle n'avait peut-être pas entièrement tort. En effet, le *Dictionnaire des sciences médicales* (60 volumes in-8, 1812) me semble

professer en partie cette même estime. L'ail, selon Hallé et Nysten — auteurs de l'article sur l'ail dans le recueil susdit — est un remède propre à une multitude de maux, dans le détail desquels je n'entrerai pas. Je ferai seulement remarquer que ce végétal, qui a les honneurs de la mythologie, est regardé comme un préservatif des maladies pestilentielles ; ce qui est attribué, non pas à une vertu spécifique neutralisant la contagion, mais à sa propriété de fortifier les organes. Il est un des principaux ingrédients du *vinaigre des quatre voleurs*, avec lequel on se frotte les mains et le visage, et que l'on prend même intérieurement, dans les temps d'épidémie. Le travail est terminé par les lignes suivantes : « Si l'on excepte les
« affections vermineuses, où l'on donne encore quelque-
« fois l'ail en décoction, et les maladies contagieuses,
« dans lesquelles on emploie, ainsi que nous l'avons dit,
« le *vinaigre des quatre voleurs* comme prophylactique,
« l'ail est, pour ainsi dire, entièrement inusité à titre de
« médicament. »

D'après tous les documents que je viens de produire, on voit que les Egyptiens avaient parfaitement raison de réserver, par reconnaissance, une place à l'ail dans le ciel de leurs divinités. C'est aux docteurs en médecine à voir s'il ne conviendrait pas de remettre en honneur chez nous ce bienfaisant végétal. Il se pourrait cependant qu'ils ne pussent pas y parvenir ; car dans notre pays son usage est de très-mauvais genre, et il faut être, ainsi que moi, indépendant de la mode, pour oser avouer qu'à l'exemple d'Apicius on ne recule pas devant des apprêts à l'ail.

Inséré en feuilletons dans la *Gazette médicale* des 16 et 23 févr. 1868.

PROBLÈME HISTORIQUE

RELATIF

A L'ANTIQUITÉ DE L'ANSÉRICULTURE.

ALGRÉ sa gravité officielle, le *Moniteur* du 9 février 1868, s'occupe des pâtés de foie gras (1) et il nous apprend que Paris, chaque hiver, en consomme pour 2,600,000 francs.. C'est un Normand nommé Close, maître d'hôtel du maréchal de Contades, à Strasbourg, qui, en l'année 1780, inventa le pâté de foie gras (2). L'auteur de cette étude culinaire, après

---

(1) La plupart de ces pâtés viennent de Bergerac, d'Agen, de Périgueux, de Bordeaux, de Strasbourg, etc. Les autres sont confectionnés à Paris. (*Moniteur.*)

(2) Quand le maréchal de Contades eut été remplacé par le maréchal de Stinville, Close continua à servir des pâtés de foie gras sur la table de son nouveau maître; mais celui-ci, qui était peu gourmand, n'y fit aucune attention. Le pauvre Close, qui s'attendait à recevoir des félicitations, fut tellement blessé de ce dédain qu'il abandonna, peu de jours après, la maison du maréchal, où d'ailleurs il s'était un peu enrichi. Il alla s'installer rue Mésange, où il ouvrit un débit de pâtés de foie gras, la première bou-

avoir donné quelques détails, fait la réflexion suivante :
« On a prétendu que ces pâtés étaient connus des an-
« ciens, et l'on a cru en trouver l'origine dans un pas-
« sage de Pline. Cette assertion est tout à fait hasardée. »
Je me permettrai de ne pas accepter le jugement un peu
trop tranchant du *Moniteur*, et je vais d'abord citer le passage dont il est ici question.

Après avoir dit combien les oies étaient honorées
par les anciens Romains, en raison du service rendu
aux défenseurs du Capitole, Pline, se posant au point
de vue utilitaire, ajoute : « Nos contemporains beau-
« coup plus en progrès, *sapientiores*, ont fait connaître
« l'excellence du foie des oies. Il prend un énorme dé-
« veloppement, lorsqu'on a soin de les engraisser, et
« l'on augmente encore son volume en le trempant
« dans du lait miellé. On discute pour savoir quel est
« l'auteur de cette fameuse découverte, *qui tantum*
« *bonum invenerit*. On ne s'accorde pas, pour décider
« si la gloire en revient à Scipion Métellus, personnage
« consulaire, ou à M. Séius, chevalier romain du même
« temps. » Pline fait ensuite la description des diverses
espèces d'oies et il dit que les petites de couleur blanche, provenant de la Germanie, sont appelées *Gantæ*. Il
parle encore d'un remède, auquel on donne le nom de
Commagène, ville où il est préparé, et lequel se compose
de graisse d'oie, mise dans un vase d'airain avec du cin-

tique de ce genre qu'il y eût en France. Ce commerce prospéra, et Close
compléta sa fortune. Quelques années plus tard, en 1792, un nommé Doyen
de Bordeaux, perfectionna ce pâté en y ajoutant des truffes. Close n'avait
pas songé à cela : il en mourut de chagrin. (*Moniteur*.)

name. On recouvre ce mélange d'une couche épaisse de neige, et on le laisse macérer sous l'influence du froid. (x. 27-28).

Palladius nous apprend que pour attendrir le foie des oies, *ut tenerescat*, on devait les engraisser avec des figues pilées, que l'on faisait macérer dans de l'eau et que l'on débitait en petites boulettes, *offas exiguas*. Ensuite il fallait en nourrir les oies pendant une vingtaine de jours. (De re rust. I. 30). Horace nous parle aussi du foie des oies blanches, auquel on donne un grand développement au moyen des figues :

Pinguibus et ficis pastum jecur anseris albi. (Sat. II. 8,87).

Martial, dans l'admiration, à l'aspect d'un énorme foie d'oie, prétend que le contenu est plus grand que le contenant :

Adspice quam tumeat magno jecur ansere majus !
Miratus dices : hoc rogo crevit ubi ? (XIII. 58.)
Ce foie exorbitant, plus gros qu'une oie entière,
Dites, d'où provient-il ? pour moi c'est un mystère.

M. Terentius Varron entre dans de nombreux détails sur l'art d'engraisser les oies (III. 10). M. Porcius Caton traite la même question et emploie à peu près les mêmes procédés (89.) Le prix, attaché à l'engraissement de l'oie, consistait surtout dans le résultat qui était d'enfler et d'attendrir le foie, ce à quoi l'on parvient aujourd'hui parfaitement. Ainsi, le docteur Comarmond — l'ancien conservateur du musée des antiques — dans un travail sur l'engraissement de l'oie et du canard, s'exprime en ces termes :

« Quand on engraisse les oies, le foie prend un

« développement tel qu'il arrive à peser un kilogramme,
« tandis que chez l'oie en liberté, il ne pèse au plus que
« 60 grammes. »

Athénée nous apprend que, dès une haute antiquité, le foie d'oie chez les Grecs était singulièrement estimé, et que les Romains partageaient ce goût des Grecs (lib. IX). On portait si haut cette estime pour l'oie, que les Egyptiens en faisaient le sacrifice à Isis et les Romains à Priape (1). (Noël. dict. fable.) Je ferai remarquer que ce dernier dieu était probablement un gourmand raffiné; car la sensualité dont il faisait profession devait naturellement développer chez lui la passion de la bonne chère.

Les Romains, ainsi que je viens de le prouver, se montraient excessivement friands des foies d'oies. Il fallait donc, pour subvenir à la consommation, faire venir de loin une grande quantité de ces palmipèdes. Les Gaulois se chargeaient d'alimenter les marchés de Rome. En effet, la Gaule, remplie de plaines marécageuses, présentait des conditions extrêmement favorables aux oies sauvages qui pouvaient y trouver des stations avec les plantes nécessaires et les graines convenables à leur alimentation. Le P. Bach a publié, dans le volume de 1864 des mémoires de la Société d'archéologie de la Moselle, un travail très-intéressant sur cette question. S'appuyant sur ce fait, rapporté par Pline, que les petites oies blanches, originaires de la Germanie, se nommaient *Gantæ* (x. 27), il en tire une conséquence étymologique, qui le conduit à trouver, dans le nom d'un assez grand nombre

---

(1) *Impurus et obscœnus hic deus fuit, dequo ut multa dicam pudor meus non sinit.* (J. Rosinus. Antiq. roman.)

de localités, un souvenir du commerce, entretenu par les Gaulois avec l'Italie. L'article *ar* ajouté à *Ganta* a produit *Argenteuil, Argenton, Argentré, Argentière*, etc. Les mêmes considérations l'amènent à découvrir des traces de l'ansériculture, dans le nom de *Nogent, Novigentum,* dans celui d'*Argentoratum, ville du passage des oies*, devenue plus tard, sous la domination franque, *Strasbourg*, c'est-à-dire *la villes des grandes routes*, dans laquelle on fabrique encore de nos jours une grande quantité de pâtés de foie gras.

Ces recherches du P. Bach sont très-curieuses, et je les recommande à l'attention des philologues. Elles tendent à prouver que le commerce des oies était excessivement actif dans les Gaules, et j'en tire la conséquence probable que les Gaulois savaient en développer le foie, et ensuite l'expédier en Italie. Cependant Pline nous dit :
« Ce qu'il y a d'admirable dans ce volatile, c'est qu'il vient
« à Rome du pays des Morins, *a Morinis,* — l'Artois —
« en marchant à pied. On fait passer les plus fatigués les
« premiers, et les autres par leur agglomération natu-
« relle les poussent en avant. »(x. 27). Ces habitants de la Morinie étaient voisins de la Grande-Bretagne, et probablement devaient s'y approvisionner d'oies à bon marché : En effet, César nous apprend qu'il n'était pas permis aux Bretons de manger du lièvre, de la poule et de l'oie (de bell. gall. v. 12).

Il résulte de ces documents que, si l'on ne peut pas affirmer que les Gaulois préparassent eux-mêmes des foies gras pour les envoyer aux Romains, il est cependant prouvé que ceux-ci en faisaient une grande consommation

Reste maintenant la question de savoir si l'on en fabriquait des pâtés, ou si on les renfermait dans des terrines, ce qui est à peu près de même. Il est certain que les Romains connaissaient parfaitement l'usage de la terrine, servant de récipient à des préparations salées qui pouvaient s'y conserver. Le mot *salacaccabia* répond parfaitement à la terrine : préparation salée que l'on déposait dans un vase de terre nommé *caccabus*, du grec Κακκαβη ou Κακκαβος. Cœlius Apicius nous a transmis la manière de préparer plusieurs *salaccabiœ*, mais je dois dire que dans aucun de ces mélanges il ne fait entrer le foie d'oie.

Avant de terminer cette causerie sur les qualités alimentaires de l'oie, j'écrirai quelques lignes sur ses mérites intellectuels et moraux ; car il paraîtrait que chez elle le cœur était aussi développé que le foie ; ce qui ne nous empêche pas, nous qui ne croyons à rien, de dire : stupide comme une oie ! Je n'entrerai pas dans des détails que tout le monde connaît, sur le Capitole sauvé par les cris des oies et le bruit de leurs ailes, *clangore anserum alarum que crepitu*, expressions du *De viris* restées dans ma mémoire. On sait que chaque année, à Rome, une procession avait lieu en souvenir de ce mémorable événement, et qu'une oie y était portée en triomphe. Pour donner une leçon aux chiens, dont les aboiements n'avaient pas tenu en éveil les défenseurs du Capitole, on en attachait un à une croix, et il était promené en public. Athénée parle d'une oie, qui devint amoureuse, à Argos, d'un jeune homme nommé Archiloque, et d'une autre qui eut la même passion pour le philosophe Lacydès. Pline prétend qu'elle ne le quittait jamais, ni en public, ni au bain, ni la nuit, ni le jour. Glaucé, célèbre musicienne qui jouait de la lyre devant le roi Ptolémée, fut la bien-aimée d'une oie, qui appartenait probablement au genre masculin. Il paraît que cette charmante artiste possédait le don d'enchanter les animaux ; car elle avait auparavant excité l'amour d'un bélier. (Ath. XIII. — Plin. x. 26.)

Les faits que je viens de rapporter prouvent au moins une chose, c'est que : dès une antiquité très-reculée, l'oie a joué un rôle dans la gastronomie des Grecs et des Romains. Si j'ai donné à cette petite dissertation le nom de problème, je n'ai pas la prétention d'avoir résolu la question d'une manière absolue ; mais, d'un autre côté, je crois que le *Moniteur* tranche trop hardiment la difficulté, et que, malgré son autorité, l'étude des textes permet l'indécision, relativement à l'ancienneté du pâté de foie gras, non admise par le journal officiel.

MES DISTRACTIONS

MES DISTRACTIONS.

Dans l'avant-propos, mis à la tête de ce volume, j'ai parlé des rêveries qui occupent souvent ma pensée et viennent me distraire au milieu de mes promenades et de mes stations. Je vais donner un échantillon de ces distractions en publiant quelques-uns des sonnets, satiriques plus ou moins, que mon cerveau a l'habitude de concevoir, et dont la fabrication devient une véritable manie. Dans le haut et puissant monde des saint-simoniens et des économistes, on me rangera certainement parmi les inutilités qui sont la honte d'un pays en progrès ; mais, comme circonstance atténuante, j'invoquerai la pitié, en avouant que le voyage dans les régions de la rêverie épigrammatique est pour moi une vieille et irrésistible habitude :

Factus in hac ego sum jam regione senex.
Mart. I. 109.

LA DÉCADENCE ROMAINE.

> Luxuria incubuit victumque ulciscitur orbem.
> Juven. VI, 292.

Rome avait subjugué les peuples de la terre
Qui trouvèrent bientôt un terrible vengeur,
En adressant leurs vœux au dieu de la matière,
Ce puissant ennemi de l'esprit et du cœur.

Subjuguée à son tour par ce grand séducteur,
Rome, qui se confie à son destin prospère,
Arrive en peu de temps de César à Tibère,
Et subit de Néron la sanglante fureur.

Le Romain décrépit abjure la morale,
Et je le vois plus tard, près d'Héliogabale,
En parlant de progrès, fléchir les deux genoux.

La prudence parfois à notre pauvre France
Semble prophétiser pareille décadence;
Nous n'en sommes pas là, mais prenons garde à nous.

QU'EST-CE QUE L'ÉCONOMIE POLITIQUE ?

I.

Il faut beaucoup produire et beaucoup consommer :
Tel est le grand principe aujourd'hui mis en vogue
Par les commandements du nouveau décalogue,
Que chaque économiste aspire à proclamer.

O charmante morale ! et d'après ce prologue,
Arrière le mari, qui prétendant blâmer
Le luxe féminin, conduirait sa pirogue
Aux lieux où la dépense aime à se réformer.

Vous pouvez sans remords fréquenter la lorette,
Car on est persuadé que la gente fillette
De semer votre argent trouvera le moyen.

Un grand consommateur, un magnifique ivrogne,
Qui fait au cabaret sa meilleure besogne,
Pour la nouvelle école est un grand citoyen.

II.

« Vous m'étonnez vraiment, puisque l'économie
« Qui joint à son vieux nom, pour se mieux définir,
« Le mot de politique est alors l'ennemie
« De l'antique vertu qui narguait le désir ? »

Vous avez deviné : la raison endormie
Jouait au temps jadis le rôle de martyr,
Et nos pauvres aïeux avaient la bonhomie
D'imposer une borne aux rêves du plaisir.

La morale moderne est beaucoup plus facile :
Avant tout cultivant la matière et l'utile,
Elle a sur le *comfort* établi son appui.

En deux mots je dirai pour résumer l'affaire :
L'ancienne économie est juste le contraire
Des commodes vertus qu'on nous prêche aujourd'hui.

UN QUIPROQUO.

Mettre après ou devant une simple épithète
N'est pas dans notre langue un fait indifférent :
Il faut absolument qu'on la place à son rang,
Si l'on veut s'exprimer d'une façon bien nette.

Un grand homme en effet n'est pas un homme grand.
Homme triste et triste homme ont un sens différent ;
Il faut donc apporter attention complète
Pour orner chaque nom de sa juste étiquette.

Ce subtil gallicisme est un grave danger
Qui risque d'égarer un discoureur léger :
S'il veut louer quelqu'un, trop souvent il l'assomme.

Ainsi donc tout s'explique, et c'est pour ce motif
Que, dans son innocence, un ignorant naïf
Croit qu'un homme galant doit être un galant homme.

UN MARI TOLÉRANT.

Vos yeux sont étonnés en voyant dans un bal
Le sexe féminin, ennemi du mystère,
Braver les préjugés de l'esprit marital,
En montrant ses appas par devant, par derrière.

Ce qui doit vous paraître encor plus anormal,
C'est que monsieur Damon, philosophe sévère,
A ce débraillement ne trouve point de mal,
Et devient pour sa femme un mari débonnaire.

Mais si votre regard scrute ces nudités,
Il s'aperçoit bientôt que parmi ces beautés,
Bien peu font concurrence à Vénus Aphrodite.

C'est ainsi que Damon, ce tolérant époux,
Des appas de sa femme au lieu d'être jaloux,
Sait bien qu'en les voyant le diable est mis en fuite.

LA FIN DU MONDE N'EST PAS PRÈS D'ARRIVER.

Quand le monde vieilli sera près de sa fin,
Nous serons avertis par un divin présage :
Le peuple hébreu alors, jusqu'au dernier rabbin,
Viendra devant la croix déposer son hommage.

Ainsi donc, lorsqu'un juif construisit un chemin,
Dans les États soumis au pontife romain,
On craignit qu'Israël, cédant à l'embauchage,
Vers le camp des chrétiens transportât son bagage.

Aujourd'hui cependant nous sommes rassurés :
Les juifs plus que jamais sont partout honorés,
Et tous ont conservé leur ancienne croyance.

Bien plus, le ciel voulant prouver au genre humain
Qu'il a devant ses yeux un avenir lointain,
Permet qu'un banquier juif convertisse la France (1).

(1) Il s'agit de la conversion de la rente 4 1/2 en 3 %. Tout le monde croyait que le ministre des finances appartenait au culte israélite, mais à sa mort on a appris qu'il s'était converti au protestantisme. Cependant il appartenait bien à une famille juive. La conversion de la rente a eu lieu en 1862.

LES CANONS ET LES TÊTES RAYÉS.

Le progrès, cheminant de merveille en merveille,
Étonne chaque jour mon œil et mon oreille,
Et les canons rayés, ces engins belliqueux,
Ont droit assurément de nous rendre orgueilleux.

Si maintenant encor leur faculté sommeille,
Avant peu franchissant l'espace nuageux,
Leur tir ébranlera les murailles des cieux
Et Dunkerque en duel provoquera Marseille.

Le jeune homme qui veut progresser à son tour,
S'efforçant d'imiter les prodiges du jour,
A rayé le sommet de sa tête éventée.

Il a beau se rayer, il ne peut pas changer :
Au culte de l'esprit il demeure étranger,
Et sa tête toujours est de nulle portée.

LE DIABLE ET LE BON DIEU.

Iris est très-dévote et ne manquerait pas,
Chaque jour le matin, d'assister à la messe.
Elle entend le sermon, et pour le moindre cas
Va se purifier saintement à confesse.

Le soir, la belle dame, en robe de damas,
Étale dans le bal toute sa gentillesse,
Et montre à qui le veut de très-suspects appas
Qu'un habile corset patronne avec adresse.

Servir fidèlement deux maîtres à la fois
Semble devoir pousser la morale aux abois,
Et le sage Évangile en fait un cas damnable.

Iris a mis d'accord le diable et le bon Dieu,
Mais je crois cependant qu'elle s'appuie un peu
Du côté du plateau qui supporte le diable.

LES DEUX CROIX D'HONNEUR.

Un jour, je rencontrais de valeureux soldats,
Par miracle échappés aux grandes funérailles
D'une terrible guerre, et j'admirais tout bas
Ces modestes troupiers, ces gagneurs de batailles.

La foule, avec ardeur les suivant pas à pas,
Eût vainement cherché des héros à leurs tailles,
Et ces pauvres blessés, en bravant le trépas,
Avaient droit de porter des croix et des médailles.

Pour les glorifier j'entendais mille voix,
Quand, près de moi soudain, illustré d'une croix,
J'aperçois Turcaret tout éclatant de gloire.

Te voilà décoré ! dis-nous donc tes succès,
Dis-nous où ton courage a gagné la victoire ?
« J'ai gagné de l'argent, rien autre et c'est assez ! »

MA CROIX D'HONNEUR.

« Vous croyez follement, poëte satirique,
« Dire de tout le monde impunément du mal,
« Et, contre le bon genre exerçant la critique,
« Chaque jour vous lancez un trait paradoxal.

« Le bon genre à son tour vous donne la réplique,
« Et, vous mettant au rang d'un nommé Juvénal
« Qui fouettait autrefois la fashion antique,
« Il vous méprise autant que cet original. »

Hélas! je ne suis pas encore assez coupable
Pour avoir mérité cette injure honorable,
Et me croire l'égal de ce grand persifleur.

Signalez-moi partout comme un atrabilaire :
J'accepte volontiers ce trop juste salaire;
J'en suis presque orgueilleux et c'est ma croix d'honneur.

LA PLUS GÉNÉREUSE DES DEUX.

Philis est parvenue au comble du bonheur :
On la nomme en tout lieu la reine de la mode,
Et son goût délicat, qui domine en vainqueur,
De la vie élégante est devenu le code.

Chaque semaine, un bal, qui la met en honneur,
Fournit sur sa toilette un nouvel épisode,
Et, si dans son boudoir vous êtes visiteur,
Vous verrez le bon genre y tenir un synode.

J'entends louer par tous sa générosité,
Et ses admirateurs, pleins de naïveté,
De la noble dépense en font le vrai modèle.

Mais hélas! si l'on croit à tout ce qui se dit,
Sa tailleuse, en ouvrant un facile crédit,
Est encore cent fois plus généreuse qu'elle.

LE VERBE ABOUTIR (1).

Tout change, à notre époque, et, si dans nos cités
Nous allons maintenant faire une promenade,
Nous sommes ébahis, et nos yeux attristés
Voient tous les souvenirs fuir à la débandade.

(1) A l'occasion de *Gaetana*, pièce de M. About, laquelle a été sifflée à notre Grand-Théâtre.

Mais par le changement d'autres sont contentés,
Et tels, qu'on a connus héros de barricade,
Satisfaits de leur sort et du *siècle* enchantés,
Devant l'acte d'hier font une reculade.

Notre langue elle-même, infidèle à ses lois,
Prétend changer le sens des accents de sa voix,
Et se mettre au niveau du moderne régime.

Voulez-vous un exemple ? Autrefois, aboutir
Était chez nous l'égal du verbe réussir :
Aujourd'hui, du contraire il devient synonyme.

29 janvier 1862.

A MONSIEUR GUILLAUME BONNET

AUTEUR DE LA STATUE DE LA VILLE DE LYON, INAUGURÉE
LE 15 AOUT 1865.

En élevant votre œuvre au niveau du sujet,
Vous avez détrôné le vulgaire et le laid,
Et vous donnez l'espoir que, maîtres du navire,
L'idéal et le beau défendront leur empire.

Me voilà donc bien loin du pays de Courbet !
Et justement charmé je regarde et j'admire.
Du sculpteur, suivant moi, le triomphe est complet,
Mais cependant j'entends murmurer la satire.

Il faut bien l'avouer : si votre déité
Se montre à nos regards pleine de majesté,
Vous semblez condamner la mode féminine ;

Et vous mettez ainsi le beau sexe en émoi :
Il critique votre œuvre, et savez-vous pourquoi ?
La Ville de Lyon n'a pas de crinoline !

16 août 1865.

UNE CHÈRE BEAUTÉ.

Je n'ai jamais connu si belle chevelure
Que celle dont Iris charge son encolure ;
Mais ce n'est pas assez d'un énorme chignon,
Et son front est gardé par un double bouclon.

Ses magnifiques dents, sans aucune souillure,
Mettraient les diamants au pouvoir du pilon,
Et le teint qui revêt son aimable figure
Du lait et de la rose a su prendre le ton.

Je voudrais bien savoir pourquoi je vous vois rire?
Vous avez l'air moqueur, et paraissez me dire
Qu'Iris à sa beauté n'a que des droits douteux ?

Mais je peux sûrement affirmer le contraire :
Iris, de ses attraits dûment propriétaire,
A payé cher son teint, ses dents et ses cheveux.

CE QUE LA MODE FAIT DES FEMMES.

Lorsque Dieu, dans l'Eden, eut créé notre mère,
Il crut lui conférer le don de la beauté,
Et l'homme, émerveillé de tant de savoir faire,
Bénit du Créateur la générosité.

Il ne prévoyait pas qu'un terrible adversaire,
La mode, sur le sexe usant d'autorité,
A l'ouvrage de Dieu déclarerait la guerre,
En imposant la loi de la difformité.

On sait heureusement que la forme fantasque,
Qui frappe nos regards, n'est qu'un risible masque,
Recouvrant sottement l'œuvre des premiers jours.

Si les femmes étaient véritablement faites
Ainsi qu'elles se font, nous verrions les pauvrettes
Dessécher de dépit et crier au secours.

LE PLAISIR D'AVOIR UN ÉQUIPAGE.

Un équipage anglais comblerait tous mes vœux :
Mollement étendu sur un coussin moelleux,
Je me trimballerais dans ma bonne voiture,
N'ayant d'autre souci que celui d'Épicure.

Mais j'entends qu'on me dit: « Ne croyez pas, grands dieux !
« Que l'emploi d'élégant soit une sinécure,
« Et que l'on puisse ainsi, comme un vrai bienheureux,
« Etaler en public tant de désinvolture.

« C'est aujourd'hui monsieur qui se prend pour valet,
« Qui guide ses chevaux et fait claquer son fouet,
« Espérant du bon genre obtenir le baptême.

« Le maître, assis plus haut que l'indolent cocher,
« Sans appui protecteur risque de trébucher,
« Et comme un pauvre diable il se conduit lui-même. »

LES BONS CHRÉTIENS.

Qui se humiliaverit exaltabitur.
Matt. 23, 15.

Du matin jusqu'au soir, l'injuste médisance
Reproche à notre temps son incrédulité,
Et le met sans raison dans la même balance
Où l'on pèse Renan et sa témérité.

Nous sommes bons chrétiens, beaucoup plus qu'on ne pense
L'Evangile chez nous a toute autorité,
Et nous savons fort bien que sa jurisprudence
Recommande aux croyants surtout l'humilité.

Ainsi pour pratiquer cette vertu chrétienne,
Nous chantons chaque jour quelque flatteuse antienne
Et nous courbons nos fronts au niveau du pavé.

Quand nous avons chassé bien loin l'indépendance,
L'Evangile aussitôt donne la récompense,
Et celui qui s'abaisse est sûr d'être élevé.

UN RICHE AMATEUR DE TABLEAUX.

Pour orner son salon, le financier Jourdain
De quelques beaux tableaux voudrait faire l'emplette ;
Mais il est difficile, et souvent son dédain
De l'artiste déçu fait rougir la pommette.

Le peintre désolé, murmurant en cachette,
Traite le marchandeur de sot et de gredin.
Il reprend ses tableaux, et s'en allant soudain,
Sa colère en public ne reste pas muette.

Vous croyez que Jourdain est un homme exigeant,
Qu'il voit avec dépit s'échapper son argent,
Qu'il est avare enfin ? Non, ce n'est pas un ladre !

Et si vous désirez qu'il ne marchande pas,
Tâchez de lui fournir l'irrésistible appas
De l'or étincelant sur un superbe cadre.

L'ESPRIT CHEVALERESQUE.

J'entends dire partout : « L'esprit chevaleresque,
« Dans notre temps présent, n'impose plus ses lois :
« Celui qui s'y soumet semble un être grotesque,
« Un vieil original, un rêveur aux abois.

« L'homme, épris follement d'un amour romanesque,
« Serait considéré comme un vieux d'autrefois :
« Rigolboche, aujourd'hui puissance gigantesque,
« A seule sur les cœurs d'incontestables droits. »

Je ne peux pas, messieurs, contenir ma surprise ;
Ces mots, s'ils ne sont pas une grosse sottise,
Doivent au moins chez nous paraître singuliers.

Mais ces méchants propos sont preuve d'ignorance ;
Car, on ne vit jamais dans notre chère France,
Un tel assortiment de nombreux chevaliers.

LE RÊVEUR NAIF.

« Si la fortune un jour m'octroyait ses faveurs,
« Vivant paisiblement, selon ma fantaisie,
« Je me reposerais de mon rude labeur,
« Et je cultiverais l'art et la poésie. »

Que vous êtes naïf, ô mon pauvre rêveur !
Vous ne connaissez pas l'ardente frénésie,
Dont le seul idéal est un luxe d'Asie,
Quand des cieux de la Bourse on atteint la hauteur.

Si vous êtes jamais un tripoteur d'élite,
Un banquier tout-puissant, un riche israélite,
Vous oublîrez bientôt les choses de l'esprit.

Mais vous adorerez le dieu de la matière,
Et son culte absorbant votre âme tout entière,
Vous n'aurez plus besoin que d'un bon appétit.

L'ESPRIT ET LA MATIÈRE.

viie sonnet de Pétrarque.

Boire, manger, dormir, vivre dans la mollesse,
Ont renversé chez nous le règne de l'esprit,
Et si nos bons instincts ont perdu leur crédit,
C'est qu'à présent la mode est la seule maîtresse.

La lumière du ciel, qui chaque jour pâlit,
S'est enfin tellement changée en brume épaisse,
Qu'on méprise celui qui s'abreuve au Permesse,
Et qu'on le montre au doigt, comme un pauvre maudit.

La couronne de myrte est une chose vile :
« Va-t-en bien loin de nous, poésie inutile ! »
Ainsi parle la foule, esclave de l'argent.

Mais si tu marches seul, ô glorieux poëte,
Si tu poursuis ta route et si rien ne t'arrête,
J'admire encore plus ton front intelligent.

AVANTAGE DE L'UNIFORMITÉ DES VILLES CONTEMPORAINES.

Le rail-way, la vapeur et la locomotive
Nous mènent droit au but, sans faire aucun écart ;
A peine on est parti que déjà l'on arrive ;
A peine l'on arrive et bientôt on repart.

Ce qui rendra surtout la course plus hâtive,
C'est que chaque cité qui frappe le regard

Est semblable à ses sœurs, et dans sa perspective
Présente simplement ce qu'on voit autre part.

Le voyageur pressé, qui du temps est avare,
S'arrêtant seulement un instant à la gare,
Pour voir ce qu'il connaît ne lasse pas ses yeux.

Un jour, on trouvera qu'il est bien plus facile
De ne se pas bouger, et dans sa propre ville
On ira visiter ce qu'on voit en tous lieux.

LA SUPÉRIORITÉ DES FEMMES.

Les femmes sont pour vous un objet de dédain :
Glorieux de tenir la plume en votre main,
Et de faire des vers que la malice inspire,
Sur elles vous versez l'encre de la satire.

Vers les flots orageux de l'océan mondain
Vous les réprimandez de pousser leur navire,
Et, de la moquerie entonnant le refrain,
De leur futilité vous vous mettez à rire.

Pourtant d'une brochure à peine dans un an
Vous devenez le père, et bientôt comme un paon
Vous êtes orgueilleux de votre belle plume.

Mais le sexe à son tour brave tous vos mépris ;
Puisque chaque élégante à nos yeux ébahis
Produit journellement un énorme volume (1).

(1) Depuis quelque temps, la crinoline est remplacée par le fourreau de parapluie.

L'ART DE FAIRE PROMPTEMENT UNE ÉDUCATION.

Aujourd'hui le progrès en tout se fait sentir,
Et l'art trop peu compris d'élever la jeunesse,
Marchant comme le reste à très-grande vitesse,
Promet à nos enfants un brillant avenir.

Jadis aux écoliers la prudente sagesse
Recommandait l'étude afin de parvenir :
C'était pénible et long. Maintenant on les dresse
A marcher promptement, guidés par le plaisir.

Ce n'est pas difficile, et le moyen logique
De mettre avec succès la vitesse en pratique
C'est simplement d'apprendre à monter à cheval.

Aussitôt c'est à qui galoppe le plus vite :
Le prix d'honneur se donne au cavalier d'élite,
Et pour nos écoliers il est le principal (1).

L'INUTILITÉ DU GREC ET DU LATIN.

Je prétends qu'il n'est plus à présent nécessaire
D'apprendre à nos enfants le grec et le latin,
Et que les vieux patois de Virgile et d'Homère
Seraient bons simplement pour un bénédictin.

Le langage du sport, à l'entrée en carrière,
Est cent fois plus utile à l'apprenti *gandin;*
Quand le club ouvrira sa porte hospitalière,
Il pourra fréquenter Turcaret et Jourdain.

(1) On m'a affirmé que, dans une maison d'éducation tenue par des religieux, on donnait un prix d'équitation.

L'anglais par-dessus tout est la source féconde
Où l'on puise des mots pour la langue du monde,
Et son étude seule a quelque utilité.

Celui qui de l'argot possède la ressource
Peut parler en docteur de cheval et de Bourse,
De lorette, de turf, de mode et d'écarté.

LES RÉSULTATS DE L'ÉDUCATION.

Nos beaux petits messieurs, au bout de leurs études,
Ne sont peut-être pas devenus bien savants;
Mais ils ont contracté de nobles habitudes;
Ils montent à cheval et ne vont pas sans gants.

Nos jeunes gens, après de si brillants préludes,
Dans le monde bientôt ne sont plus débutants,
Et sans leur imposer des épreuves trop rudes,
Pour eux le Jockey-Club ouvre ses deux battants.

Ils y vont compléter les leçons du collége,
Et passant tour à tour du divan au manége,
Ils rentrent pour s'asseoir auprès du tapis vert.

Par un maître imprudent le chemin fut ouvert,
Et l'élégant sportman, sur la pente qui glisse,
Roulera sans arrêt au fond du précipice.

LA MAJESTÉ DE LA SOTTISE.

Avant quatre-vingt-neuf, notre aristocratie
Pouvait bien affecter des airs de primatie,
Mépriser sans raison le peuple et le bourgeois,
Et se croire placée au-dessus de nos lois.

Si je fais cependant sa posthume autopsie
Avec sincérité, je trouve maintes fois,
Sans pousser l'examen jusqu'à la minutie,
La trace de l'esprit dans son cerveau gaulois.

Mais celle d'aujourd'hui, fabriquée à la Bourse,
Vers la matière seule accélérant sa course,
Met l'esprit au niveau de l'inutilité.

Si vous la soumettez à l'exacte expertise,
Vous verrez aussitôt sa superbe sottise
S'élever fièrement jusqu'à la majesté.

UN HOMME POSITIF ET SÉRIEUX.

Autrefois, pour former notre triste jeunesse,
On nous bourrait surtout de grec et de latin.
Aujourd'hui, la raison devenant la maîtresse,
A cet absurde usage on a mis une fin.

Savoir bien calculer, marcher à la richesse,
Voilà ce qui convient au vrai contemporain,
Et cependant, dit-on, la routine traîtresse
Menace d'enrayer le progrès en chemin (1).

Je n'aurais jamais cru qu'il fût encor possible
De trouver un seul homme assez incorrigible
Pour défendre les droits du latin et du grec !

Malgré ce temps d'arrêt, le monde utilitaire
Aux ridiculités du fatras littéraire
Préférera toujours un succulent beafteck.

(1) Le système de la bifurcation est abandonné.

L'ARISTOCRATIE DU PROGRÈS.

Le progrès fait chez nous étape journalière :
Si, pour nous visiter, nos malheureux aïeux
Sortant de leurs tombeaux, revenaient sur la terre,
Un merveilleux spectacle étonnerait leurs yeux.

Nous ne rencontrons plus, dans notre heureuse sphère,
Le moindre petit noble au maintien orgueilleux :
Le marquis d'aujourd'hui devient notre confrère,
Et l'or a détrôné l'écusson radieux.

L'égalité, sur nous projetant sa lumière
N'avait jamais brillé dans l'obscure carrière
Où marchaient tristement nos pauvres devanciers.

Mais il faut l'avouer : fils de la Béotie (1),
Nous risquons de refaire une aristocratie
D'épiciers, de banquiers et de taffetatiers.

LE CIGARE ET L'AMOUR.

I.

Je voudrais bien savoir, si par hasard un jour
Les femmes repoussaient le fétide cigare,
Lequel serait vainqueur dans ce débat bizarre,
De la pipe sans gêne ou du gentil Amour.

Mesdames, j'aurais peur que notre temps barbare
Ne sût pas rencontrer un galant troubadour,
Qui voulût pour vos droits sonner une fanfare,
Et de la courtoisie proclamer le retour.

(1) *Bœotum in crasso jurares acre natum.* (Hor., épist., II, 1, 244.)

Si Catulle en fumant eût souillé son haleine,
Il n'eût pas osé dire à sa Lesbie en peine :
Da mi basia mill' et deinde centum.

Justement repoussé, l'amant sans décorum,
Déshérité du droit d'une simple caresse,
Eût tout sacrifié pour fléchir sa maîtresse.

II.

L'Amour, ce vieil enfant, ce dieu que nos poètes
Ont de tout temps chanté dans mille et mille vers,
Aimait qu'on fît venir du bout de l'univers
L'encens le plus exquis pour embaumer ses fêtes.

Tous ses adorateurs, de Tibule à Boufflers,
Nous sembleraient avoir de singuliers travers :
De la rose embaumée ils couronnaient leurs têtes
Lorsqu'ils se disposaient à faire des conquêtes.

Sans la rose aujourd'hui on obtient des succès,
Et de notre Vénus l'odorat en progrès
Pour l'haleine empestée est plein de tolérance.

Un baiser pestilent n'eût pas été jadis
Un plaisir envié de Cythie ou Laïs;
Mais nos beautés n'ont plus la même répugnance.

III.

De progrès en progrès le cigare vainqueur
Aura bientôt soumis à ses lois le beau sexe,
Et les vieux seulement, accablés de douleur,
Poseront sur leur plainte un accent circonflexe.

Madame prend plaisir à la mauvaise odeur,
Et comme le tabac n'a plus rien qui la vexe,
Il ne lui faudra pas, pour un mari fumeur,
Avoir loin du salon le secours d'une annexe.

Les époux bien d'accord ensemble fumeront,
Et tout en respirant un air nauséabond,
Médiront de la rose et de l'eau de Cologne.

Le sans-gêne à la mode, ennemi du bon goût,
Sera donc satisfait; mais le budget surtout
Poussera le beau sexe à fumer sans vergogne.

UNE INUTILITÉ LUXUEUSE.

Les cercles, dans nos temps de luxe et de *comfort*,
Sont les temples chéris du dieu de la matière;
C'est là que chaque soir, afin de lui complaire,
Son ministre, le jeu, fait un appel au sort.

L'or dans tous les salons reflète la lumière;
Le velours des tapis leur servant de support,
Les pieds prennent plaisir à marcher sans effort,
Et l'on n'a pour s'asseoir que des fauteuils Voltaire.

Un jour les préjugés enfin étant bannis,
On réalisera le charmant paradis
Promis par Mahomet aux dévots de la Mecque.

On brille en attendant par les superfluités,
Et, parmi le trésor des inutilités,
Nos beaux messieurs ont même une bibliothèque.

LE PROGRAMME MINISTÉRIEL D'HISTOIRE CONTEMPORAINE.

Jadis on apprenait le grec et le latin :
C'était à peu près tout ; mais, au déclin de l'âge,
Quand sonnait la retraite, on narguait le destin,
En pouvant s'occuper, grâce à l'apprentissage.

Aujourd'hui nos enfants, plus savants que Rollin,
Sauront parler de tout, en sortant de leur cage :
Du Crédit Mobilier, de Rome et de Turin,
Du comice agricole et même du drainage.

Il se pourrait fort bien qu'à trente ou quarante ans
L'on s'aperçût un jour qu'ils ont perdu leur temps :
Ainsi, dépêchons-nous à parler politique.

Ils sortent du Lycée, et connaissant à fond
La chronique du jour, peut-être ils nous diront
Pourquoi l'on est allé guerroyer au Mexique.

Octobre 1863.

ENVAHISSEMENT DE LA FRANCE PAR L'ANGLETERRE.

J'entends dire souvent que notre belle France
Est faite pour donner le ton à l'univers,
Et que le monde entier, avec reconnaissance,
Accepte ses vertus et même ses travers.

Je doute cependant de sa prééminence ;
Car, au lieu du français, un tas de mots divers,
Venus de l'Angleterre, imposent leur puissance,
Et mettent chaque jour mon esprit à l'envers.

L'*handicap* et le *turf*, le *sport* et la *high-life*,
Ce moderne patois, ennuyeux logogriphe,
Semble vouloir m'ôter le droit d'être Français.

Mais puisque le beau monde, adoptant ce langage,
De l'élégance en fait le brillant apanage,
Le bon français alors n'est plus qu'un sot anglais.

DEUX MOTS CONTRAIRES ET SYNONYMES.

On ne sait pas toujours ce que parler veut dire :
Vous croyez prononcer des mots pleins de clarté,
Et bientôt contre vous l'examen qui conspire
Montre que vous avez peu de sagacité.

Tel qui pense louer fait souvent la satire
D'un sot ambitieux, misérable effronté,
Qui, sacrifiant tout à la servilité,
Voit l'aveugle fortune à ses efforts sourire.

Ainsi, qui veut monter au ciel de la grandeur
Doit bien souvent descendre au fond du déshonneur,
Et de l'abjection parcourir les abîmes.

Descendre, pour monter, est le plus sûr garant,
Et quoique ces deux mots aient un sens différent,
Ils deviennent parfois tout à fait synonymes.

UN ENNUYEUX TROUBLE-FÊTE.

Le moyen le plus sûr pour éviter la peine
Et chasser le chagrin, c'est d'avoir dans la veine,
Au lieu de sang vivace, un peu de bouillon gras,
Qui coule doucement et ne s'échauffe pas.

C'est alors que, vivant sans amour et sans haine,
On se met en dehors de tous les embarras ;
Du cœur et de l'esprit on a brisé la chaîne,
Et l'on marche en silence à l'abri des faux pas.

Si parfois l'on rencontre un hargneux trouble-fête,
Ayant du sang au cœur, de l'ardeur dans la tête,
Et conservant encore un peu de liberté,

Contre lui, sans tarder, on tire l'arquebuse,
Le grand monde s'indigne, et partout on l'accuse
D'avoir pour le progrès un mépris d'entêté.

INCONSÉQUENCE.

Le suprême bon genre est un puissant seigneur
Qui réclame de nous entière obéissance.
Le sexe en toute chose est son approbateur,
Et se montre soumis jusqu'à l'inconséquence.

C'est pour cela qu'Iris traite de vieille erreur
Ce que, même à présent on nomme la décence,
Et ses jolis appas, méprisant la pudeur,
Se prêtent aux regards de la concupiscence.

Il semblerait alors que, sans être indiscret,
On pourrait lui parler, ainsi que le ferait
Un plaisant Arlequin à dame Colombine ?

Mais, si vous rappelez cet *enfant qui pissait*
Ou bien le *Tire-Cul* par lequel on montait (1),
On voit rougir son front, son dos et sa poitrine.

(1) Il y a une trentaine d'années que le tronçon méridional de la rue Lanterne se nommait rue de l'*Enfant-qui-Pisse*, et l'escalier des Chazeaux montée du *Tire-Cul*. Ces deux dénominations, parfaitement acceptées par l'usage, n'excitaient pas le moindre scandale.

SALONS ET BALS PUBLICS.

Je n'ai jamais brillé dans les rangs du beau monde ;
Bien plus, me voilà vieux ! pourtant l'écho bavard,
Fournissant jusqu'à moi sa course vagabonde,
Me fait souvent entendre un rire goguenard.

Si j'écoute, attentif, sa moqueuse faconde,
Il m'apprend aujourd'hui que la brune et la blonde,
Au milieu des salons, sans crainte du regard,
Des secrets de leur taille abattent le rempart.

Dans l'ancienne *Rotonde*, autrefois la police
Voulait qu'au décorum on fît un sacrifice,
En conservant au moins un semblant de pudeur.

On risquait, il est vrai, d'y rencontrer des biches ;
Mais on lisait ces mots, à la fin des affiches :
« Une mise décente est ici de rigueur. »

MON AMBITION.

J'adresse ma prière à la tranquillité :
Surtout, je lui demande, au bout de mon voyage,
D'amener près de moi l'étude à son côté,
Et mon ambition n'en veut pas davantage.

Ce n'est pas d'aujourd'hui : jeune, j'ai détesté
Les embarras du luxe et de la vanité,
Et j'ai toujours chassé, loin de mon ermitage,
Le désir des honneurs, des croix et du tapage.

Vous ne me verrez pas, du matin jusqu'au soir,
Rêver de millions, avec le sot espoir
De les accumuler quelque jour dans ma caisse.

J'aimerais presque autant que, m'imposant sa loi,
Un aveugle destin voulût faire de moi
L'empereur du Mexique ou le roi de la Grèce !

L'EXEMPLE PATERNEL.

I.

Le bon monsieur Jourdain est le bienheureux père
D'un jeune homme, fringant comme un cheval anglais :
Élevé par les soins de madame sa mère,
Parmi les élégants il est des plus parfaits.

Mais Jourdain cependant ne me fait pas mystère
Que le jeu pour son fils a d'immenses attraits,
Et qu'un jour, par ces mots défendant ses hauts faits,
Aux avis paternels il déclara la guerre :

« Il me semble, papa, que la maison de jeu
« Que l'on nomme le cercle est un aimable lieu,
« Entretenu par toi des deniers de ta bourse ;

« Et puisque ton argent alimente un tripot,
« J'imite ton exemple, et je serais bien sot,
« Si des salons de jeu je détournais ma course. »

II.

Monsieur Jourdain le fils, poursuivant sa défense,
Ajoute un second point à son juste sermon,
Et prouve à son papa, réduit à l'impuissance,
Que le mauvais exemple habite en son salon :

« Quand la saison d'hiver signale sa présence,
« Chez toi, pendant le bal, il est de très-bon ton,
« Parmi les beaux messieurs, de délaisser la danse,
« Pour aller manier la carte et le jeton.

« Les joueurs ont un air pensif et sérieux,
« Et bien certainement, en s'amusant entre eux,
« Ces gens bien élevés ne font rien d'immoral.

« Toi-même ouvrant le jeu, tu prêches par l'exemple,
« Tu fais briller ton or, et quand je te contemple,
« Je ne peux pas penser que tu fasses du mal. »

III.

Ne pouvant pas répondre à de telles raisons,
Jourdain déconcerté prend le parti de rire.
Le cercle vient d'ouvrir de luxueux salons,
Et le fils triomphant s'y fait bientôt inscrire.

Jamais il n'aura pris d'aussi bonnes leçons :
Vers les écueils du jeu dirigeant son navire,
Le voilà qui débute, et dans sa tire-lire
Il espère avant peu voir tomber les doublons.

Mais la fortune, hélas, cette fille sans cœur,
A bien vite abruti le malheureux joueur,
En le comblant d'abord de faveurs passagères.

La déesse est changeante, et l'aveugle Jourdain
Bientôt à ses dépens va comprendre à la fin
Combien sont trop suivis les exemples des pères.

UN EXCELLENT MODÈLE CONTEMPORAIN.

Le serpent tentateur à tout moment conspire :
Si la pomme aujourd'hui ne peut plus lui suffire,
Il sait bien employer, certain d'être écouté,
L'arme de la sottise et de la vanité.

Mais ce qui doit surtout assurer son empire,
C'est que des libres mœurs l'étrange déité
Se charge effrontément de guider le navire
Sur l'écueil dangereux de la futilité.

La fille d'autrefois, pour se rendre agréable,
Essayait d'imiter la dame véritable,
Et pouvait cependant rarement réussir.

La dame de nos jours imite la lorette,
Dans les nombreux détails de sa folle toilette,
Et réussit au point de ne pas en rougir.

L'INNOCENCE DU SEXE FÉMININ.

Votre mauvaise langue, ardente à la satire,
Ne se lasse jamais quand elle peut médire,
Et ce qui surtout semble exciter son dédain,
C'est la futilité du sexe féminin.

Sa toilette est pour vous ce qu'on peut voir de pire,
Et vous lui reprochez, avec un ton malin,
De vouloir sur les sots exercer son empire,
Par la coquetterie et le luxe mondain.

Et cependant, monsieur, crinoline, chignon,
Et maigre plume d'oie, au sommet du pignon,
Tout cela n'est pas fait pour venir à son aide.

Ainsi donc, votre langue accuse faussement
L'innocente beauté; car on dirait vraiment
Que la femme s'applique à se rendre bien laide.

LA DÉFENSE DU LUXE.

Si j'écoute, attentif, la publique rumeur,
L'écho va répétant mainte jérémiade,
Sur l'envahissement du luxe corrupteur,
Et pour vaincre le monstre il prêche la croisade.

Victorien Sardou devient le camarade
Des *Ganaches* du jour, et son esprit moqueur,
Avec ses *Benoitons* obtenant la faveur,
Aux partisans du luxe envoie une estocade.

Ainsi, j'entends pousser de longs gémissements,
Et cependant, messieurs, à tous vos arguments
Par un trait sans réplique il faut que je réponde :

Le Dieu de l'univers en sait plus long que vous,
Et c'est assurément pour le bonheur de tous
Qu'il a dit : « *Fiat* luxe, » en créant notre monde.

ASSEZ BÊTE POUR AVOIR DE L'ESPRIT.

« Les plaisirs de l'esprit, ô la drôle de chose !
« Je n'aurais jamais cru qu'on pût trouver encor,
« Dans nos temps de progrès, un homme assez butor
« Pour faire de ce rien la sotte apothéose.

« De vous, mon cher monsieur, dans le beau monde on glose :
« Vous prenez pour médire une voix de stentor;
« Si l'on parle du turf, vous devenez morose,
« Et le vieux bric-à-brac est votre seul trésor. »

Hélas ! vous essayez un effort inutile
Pour ma conversion : auditeur indocile,
Je ne serai jamais un pénitent contrit,

Et, quoique la rougeur ne teigne pas ma joue,
Je resterai toujours, il faut que je l'avoue,
Assez bête vraiment pour avoir de l'esprit.

A Monsieur le docteur...

CIRCONSTANCE ATTÉNUANTE EN FAVEUR DE L'HOMŒOPATHIE.

De l'homœopathie ennemi déclaré,
Vous la persécutez dans votre âpre gazette (1),
Elle a beau riposter sur un ton mesuré,
Vous la piquez sans cesse à grands coups de lancette.

Soyez à son égard un peu plus modéré :
L'infinitésimal, innocente recette,
Ne serait d'après vous qu'une simple sornette,
Et peut sans nul danger nous être administré.

Mais surtout renoncez à votre antipathie ;
Car, parmi les croyants à l'homœopathie,
Jadis on remarquait le médecin *Dessaix* :

Or, quand son traitement devenait illusoire,
C'était vraiment pour vous une très-grande gloire
De pouvoir nous guérir parfois après *décès*.

LES VERS DE BIÈRE.

Le grand art de parler a conquis de nos jours,
Sans trouver d'opposants, une entière puissance,
Et chaque moribond espère qu'un discours
A son nom donnera magnifique importance.

(1) *La Gazette médicale de Lyon.*

Quant à moi, du progrès cheminant à rebours,
Je déteste la blague et son outrecuidance,
Et, si devant ma tombe elle prenait son cours,
Je ressusciterais pour imposer silence.

Mais pourtant si l'on veut, uniquement en vers,
Exalter mes vertus et mes talents divers,
Je permets qu'on le fasse, en enterrant ma bière.

Et savez-vous pourquoi ? c'est que les auditeurs,
Profondément émus, s'ils répandent des pleurs,
Avaleront au moins quelques *verres de bière*.

MOYEN DE RUINER LE CHARLATANISME.

« Les hardis charlatans veulent tout envahir :
« Il faut y prendre garde, ou sinon leur puissance,
« Avec autorité dominant l'avenir,
« De votre beau pays chassera la science.

« Si nous ne voulons pas bientôt nous avilir,
« En subissant les lois de leur sotte ignorance,
« Il faut absolument que la loi, sans faiblir,
« Condamne à la prison cette stupide engeance. »

Ce n'est pas en mettant chaque jour en prison
Ces affreux débitants de blague et de poison
Que vous ferez cesser leurs viles pasquinades.

Il n'est qu'un seul moyen, et si vous en usez,
Les charlatans bientôt seront pulvérisés ;
Il s'agit simplement de guérir vos malades.

L'ENSEIGNEMENT SECONDAIRE FÉMININ.

« Le progrès est vainqueur, et les femmes enfin,
« Pour se mettre au niveau du sexe masculin,
« Ne s'abrutissant plus par les soins du ménage,
« Auront dorénavant la science en partage.

« Mais il faut l'avouer : si pourtant le destin
« Nous force à remplacer le sexe féminin,
« Dans l'art de la couture et du raccommodage,
« Nous tremblons d'entreprendre un tel apprentissage.

« Hélas ! en attendant, couturiers maladroits,
« Ne sachant pas encor nous servir de nos doigts,
« Tout notre accoutrement va tomber en guenille. »

Ne soyez pas, messieurs, si fort épouvantés,
Puisque avec les fusils récemment inventés,
Vous apprendrez sans peine à manier l'aiguille.

LE PLUS POLI DES HOMMES DE LETTRES.

Les nombreux travailleurs du monde littéraire
Ne semblent pas toujours d'une agréable humeur ;
Pour eux la politesse est un code arbitraire
Auquel on peut manquer, sans aucun déshonneur.

Si trop souvent, hélas ! un vers atrabilaire,
Comme ceux composés par votre serviteur,
Vient démontrer le fait d'un mauvais caractère,
On peut citer pourtant plus d'un excellent cœur,

Parmi les Lyonnais qui se mêlent d'écrire,
Et vers la bienveillance ont ancré leur navire,
Notre Aimé Vingtrinier est le mieux élevé.

Et savez-vous pourquoi? c'est qu'il est dans l'usage
De faire à ses lecteurs, quand il finit sa page,
Un gracieux salut, en leur disant : *Ave* (A. V.)

A MES COLLÈGUES DE LA SOCIÉTÉ LITTÉRAIRE.

Un philosophe a dit qu'un homme intelligent
Doit principalement se connaître lui-même,
Et, d'après ce conseil, je sens qu'il est urgent
De signaler à tous mon embarras extrême.

Vous m'avez depuis peu nommé votre régent;
Mais j'ai peur de ternir l'éclat du diadème :
La vieillesse, en effet, chaque jour m'assiégeant,
Abat sur mon cerveau sa volonté suprême.

L'édifice, accablé sous le fardeau du temps,
Ne saurait plus tromper les yeux des assistants,
Et sa solidité vous a paru suspecte.

Ainsi, pour assurer cette vieille maison,
Qui risque de crouler, vous avez eu raison
D'appeler auprès d'elle un habile architecte (1).

---

(1) L'auteur, à l'âge de 68 ans, a été nommé président, et M. Perret de la Menue, architecte, vice-président de la Société littéraire, pour l'année 1868.

Février 1868.

ET MOI AUSSI, A LA FIN, JE ME FAIS DÉCORER!

« C'est vraiment scandaleux, à notre belle époque,
« De voir encor des gens remplis de nullité,
« Qui, de la poésie endossant la défroque,
« S'imaginent qu'ils sont de quelque utilité.

« Un poète ennuyeux, qui médit et se moque,
« Pense de son pays avoir bien mérité ;
« Mais pour nous aujourd'hui c'est un vieil entêté
« Auquel nous renvoyons un dédain réciproque.

« On ne verra jamais un bon gouvernement
« Permettre qu'on *décore* un mauvais garnement,
« Qui sans gêne répand le sarcasme et l'injure. »

Ce jugement me semble un peu prématuré ;
Car, malgré vos mépris, je reviens *décoré*,
Chaque fois que je sors de chez mon pédicure.

TABLE DES MATIÈRES.

Avant-propos.................................... pag. v

Les étymologies d'Ainay. P. 1. — Diverses opinions. 2. — Harangue du P. Suffren. 5. — Ancienne orthographe d'Esnay. 7. — Origines grecques. 9.

La maison de retraites et les Jésuites de Saint-Joseph. 11. — Fondation de l'ordre des Jésuites. 12. — Le collége de la Trinité. 13. — Le noviciat. 15. — L'Eglise de Saint-Joseph. 17. — La maison de retraites. 18. — Subvention accordée par le consulat. 19. — Retraites, à l'occasion du jubilé de 1734. 22 — Maison des Pénitentes. 25. — Suite des fêtes du jubilé. 26. — L'orage menace les Jésuites. 29. — Accusations contre les Jésuites. 33. — Suppression des Jésuites. 34. — La maison de retraites, après le renvoi des Jésuites. 38. — Vente des terrains appartenant aux Jésuits. 40. — Rues Saint-Joseph et de Pusy. 42. — Xavier de Pusy, préfet du Rhône. 43. — Prison de Saint-Joseph. 46. — Retour des Jésuites à Lyon ; la gendarmerie à pied. 47. — *Post-scriptum.* Souvenir des Jésuites. 49. — Porte des remparts d'Ainay. 50.

Les vases murrhins. 56. — Description de ces vases. 56. — Quelle était la matière de ces vases ? 61. — Singulières propriétés. 66. — Problème non résolu. 67.

Archéologie romaine. 69. — Statue d'Auguste. 70. — La *villa Cæsarum.* 71. — La ville carrée de Romulus. 73. — Les premiers murs de Rome. 75. — L'Aventin. 77. — Le Palatin, 78.

Antiquité de l'usage du corset. 79. — *Capitium.* 81. — *Fascia.* 81. *Tænia.* 83 — Etymologie de ruban. 85. — *Strophium.* — 85. — *Mamillare.* 86. — *Amictorium.* 86.

Moralité du culte des anciens souvenirs. 89. — Les utilitaires. 89. — Le culte des souvenirs. 90. — Opinion de M. Drouyn de Lhuys. 91 — de Napoléon Ier. 92 — de M. de Persigny. 92 — de Richard Cobden. 94. — L'idéal des utilitaires. 94.

Essai d'interprétation d'un passage d'Horace sur les bacchanales. 97. — Imitation de l'ode 24e du Ier livre. 98. — Dissertation sur les fêtes des bacchanales. 101. — Les ceintures de feuillage. 101. — Les corbeilles de feuillage confondues avec les ceintures. 104.

Notice sur l'ile de Métélin. 105.— Tremblement de terre de 1867. 105. — Histoire géologique. 106. — Métélin, l'antique Lesbos, son histoire. 108. — Lesbus donne son nom à l'île. 108.— Guerre entre les Lesbiens et les Athéniens. 108.— Germanicus et Agrippine. 110. Mitylène, capitale, 110. — Mauvaises mœurs des Lesbiens, 111. — Pactyas. 111.— Musiciens et poètes. 112. — Therpandre, Phrynis, Arion. 112. — Alcée. 113. — Pittacus. 115. — Sapho. 118. — Son suicide. 119. — Dissertation sur la question de savoir s'il a existé une ou deux Sapho. 120. — Les mœurs de Sapho. 122. — Louise Labé, dite la Sapho lyonnaise. 124. — Les frères de Sapho. 126. — Charaxès et la courtisane Rhodope. 126. — La pantoufle merveilleuse. 127. — Callias, Hellanicus. 129. — Les vins de Lesbos. 129. La racine de l'Eryngion. 131. — Histoire de Lesbos au moyen-âge. 132. — La famille Gatelusio. 132. — Les deux Barberousse. 133.— Mort de Barberousse II. 134. — Le tremblement de terre de 1755, 134. — Commerce de l'île de Métélin. 134.

Serait-ce un préjugé? 137. — Qu'est-ce que la propreté? 137. — La mauvaise odeur, les fumeurs. 138. — Le fromage, le gibier, le *garum*. 139. — L'œsipe, l'hydrogène sulfuré. 140. — Le goût. La chique. 140. — *Globulum stercoris*. 141. — La vue, les nez barbouillés de tabac, le mouchoir de poche. 141. — Les huîtres. 142. — Le *castoreum*, *stercus crocodili*, *sperma cyprini*. 143. — Les mollusques divers. 144. — Les habitudes malsaines. 145.

Exploitation des amateurs d'objets d'art. 147.— Les tableaux. 148. — Un camée. 152.

L'Autopeinture. 153. — Le maquillage. 153. — Jézabèle, la teinture des cheveux, le sulfure de mercure. 154. — Les roses de Jouvence. 155. — Le blanc nymphea et le rose d'Armide. 156. — L'incarnat pour les lèvres. le pencil japonais, le surmech de Circassie, le bleu mysotis. 157. — Leçons d'autopeinture. 157. — Un peintre excellent, sonnet. 158.

Une réminiscence du De viris. 159. — L'église *del Arceli*, à Rome. Tombeau de la famille Fabia. 163. — Héroïsme des trois cent six Fabiens. 163. — La porte Carmentale, 165. — La nymphe Carmente. 166. — Origine du nom de Fabius. 169.

Hygiène et prothèse dentaires chez les Romains. — 171. — Le premier dentiste. 171. — Faveur dont jouissaient les belles dents. 172. — L'urine, dentifrice des Celtibériens. 173. — Le suint des bêtes à laine. 175. — Teinture des dents en noir. 176. — La prétention aux belles dents. 177. — Pastilles odorantes. 178. — La chaux. 178. — Singuliers dentifrices. 179. — Fil d'or pour attacher les fausses dents. 180. — Usage des fausses dents. 181. — Les cure-dents. 182.

LE NOURRISSAGE MATERNEL. 185. — Longue durée de l'allaitement chez les Romains. 185. — Opinion de Quintilien sur les nourrices. 186. — Discours du philosophe Favorinus. 187. — Réflexions et conseils aux mères de famille. 191.

CULTE DE LA MÉDECINE DANS L'ANCIENNE ROME. 193. — Les diverses espèces de dieux. 193. — La *dea Salus*. 194.— Apollon, Esculape. 195. — Le serpent d'Epidaure, 196. — L'île du Tibre. 198. — Temple d'Esculape. 201. — La déesse Carna. 202. — *Minerva medica*. 205. — La déesse de la fièvre, les déesses cloacines. 206. — Vénus chauve. 208. — Vénus qui change les cœurs. 209. — La déesse qui apaise les hommes. 210. — Junon Lucine. 211. — La déesse *Nascio*, et les dieux qui présidaient aux accouchements. 212. — La déesse *Agenoria*. 214. — La déesse du repos. 215. — La déesse *Rubigo*. 215. — Fête des *Floralia* et des *Vinalia*; la déesse des voleurs, Laverne. 216. — Vénus Libitine. 217. — Sagesse de Numa. 218.

NOTRE-DAME DE LA PLATIÈRE. 219. — Antiquité du culte de la sainte Vierge, à Lyon. 219. — Les chanoines de Saint-Ruf. 222. — Saint-Jubin leur donne la chapelle de Sainte-Marie-aux-Bois. 223. — Construction de N.-D.-de-la-Platière. 224. — La place de la Platière. 225. — Le concile général de 1245. 226. — La confrérie de la Nativité. 228. — Chapelle de Lorette. 229. — Interdit mis sur la ville de Lyon ; excommunication des chanoines de la Platière. 233. — Les chanoines font amende honorable. 234.— Pillage de l'église, en 1562. 234. — Construction qui masque l'abside de l'église. 235. — Chapelles diverses et inhumations dans l'église. 236. — Droit de péage sur le pont du Rhône. 237. — Procès entre les chanoines et les augustins. 238. — Procès pour le droit de directe, sur le ténement de Bellecour. 241. — Pétition pour droit de préséance. 242. La commande. 245. — L'époque de la Révolution. 246 — Suppression de la paroisse de la Platière. 247. — Chapelles des corps de métiers. 249. — Tableaux qui ornaient l'église. 250. — Découverte d'une ancienne chapelle. 251. — Le prieur Humbert-Louis Dupuis. 252. — Cimetières. 253. — L'abside de l'église. 254. — Le prieuré et le portail. 254. — Adjudication de l'église, comme bien national. 255.

DESCRIPTION DU QUARTIER QUI ENVIRONNAIT L'ÉGLISE DE N.-D. DE LA PLATIÈRE. La rue de la Palme. 257. — La rue de l'Ane, 258. — La rue de l'Enfant-qui-Pisse. 258. — La rue Tête-de-Mort. 261. — Le marché aux poissons. 262. — La rue de la Pêcherie. 262. — Le cul de-sac Liotard. 263. — Projet de démolition. 265. — La rue du Bessard. 266. — La rue Lanterne. 267. — La maison construite par Humbert-Louis du Puget. 270. — La chapelle et le culte évangélique. 272. — La rue Luizerne, 274. — La place de la Platière, la famille de Jussieu. 274. — Cimetière de la Platière, 277.

DE L'EMPLOI DU PORPHYRE ROUGE DANS L'ANTIQUITÉ. 279. — Détails sur la formation minéralogique du porphyre. 279. — Origine de son nom. 280. — Son gisement. 280. — Il est apporté à Rome, sous le règne de Claude. 281 — Porphyre rouge avec des taches vertes. 282. — Difficulté de la taille. 283. — Le tombeau de sainte Hélène et celui des deux Constance. 283. — Coupe du Vatican. 284. — Les colonnes de San-Crisogono. 284. — Transport d'immenses monolithes. 284. — Cuve de porphyre à Metz. 285. — Eglise primitive de Saint-Jean-de-Latran. 286. — Le musée des antiques, au Louvre. 287. — Musée de Versailles. 288. — La taille des pierres dures au moyen-âge. 288. — Fragments trouvés à Fourvières. 288. — Incendie de Lyon. 289. — Fouilles à exécuter. 290.

EMPLOI MÉDICINAL ET ALIMENTAIRE DE L'AIL DANS L'ANTIQUITÉ. 291. — Opinion de Pline. 292. — Les Egyptiens en avaient fait un dieu. 292. — L'*allium magicum*. 292. — Imitation de la 3ᵉ épode d'Horace contre l'ail. 294. — Virgile, 295. — Anecdote sur Vespasien. 296. — Columelle, en son poème *De cultu hortorum*. 296. — L'ail employé par Apicius. 297. — Moyen d'ôter à l'ail sa mauvaise odeur. 298. — Diverses qualités de l'ail, d'après Pline et d'après le dictionnaire des sciences médicales. 299. — Le vinaigre des *quatre-voleurs*. 300.

PROBLÈME SUR L'ANSÉRICULTURE. 301. — Le *Moniteur* et les pâtés de foie gras. — 301. — Pline et Palladius sur le foie d'oie. 302. — Martial, Varron, Caton, Athénée, idem. 303. — Sacrifices que faisaient les Egyptiens et les Romains. 304. — Commerce des oies dans les Gaules. 304. — Pâtés ou terrines de foie d'oie chez les Romains. 306. — Les oies du Capitole. 306. — Les oies susceptibles d'amour, 306. — Problème non absolument résolu. 307.

Mes distractions. 311. — La décadence romaine. 313.— L'économie politique. 314. — Un quiproquo. 315. — Un mari tolérant. 315. — La fin du monde n'est pas près d'arriver. 316. — Les canons et les têtes rayés. 317. — Le diable et le bon Dieu. 317.— Les deux croix d'honneur. 318. — Ma croix d'honneur. 318. — La plus généreuse des deux. 319. — Le verbe aboutir. 319. — A M. G. Bonnet, auteur de la statue de la ville de Lyon. 320. — Une chère beauté. 321. — Ce que la mode fait des femmes. 321. — Le plaisir d'avoir un équipage. 322. — Les bons chrétiens. 322. — Un amateur de tableaux. 323. — L'esprit chevaleresque. 324. — Le rêveur naïf. 324. — L'esprit et la matière. — 325. — Avantage de l'uniformité des villes contemporaines. 325.— La supériorité des femmes. 326.— L'art de faire promptement une éducation, 327. — L'inutilité du grec et du latin. 327. — Résultats de l'éducation. 328. — La majesté de la sottise. 328. — Un homme positif et sérieux. 329. — L'aristocratie du progrès. 330. — Le cigare et l'amour. 330. — Une inutilité luxueuse. 332. — Le programme d'histoire contemporaine. 333. — Envahissement de la France par l'Angleterre. 333. — Deux mots contraires et synonymes. 334. — Un ennuyeux trouble-fête. 334.— Inconséquence. — 335. — Salons et bals publics. 336. Mon ambition. 336. — L'exemple paternel. 337. — Le modèle contemporain. 338. — L'innocence du sexe féminin. 339.— Défense du luxe. 340. — Assez bête pour avoir de l'esprit. 340. — L'homœopathie. 341. Les vers de bière. 341. — Moyen de ruiner le charlatanisme. 342. L'enseignement secondaire féminin. 343.— Le plus poli des hommes de lettres. 343. — A mes collègues de la Société littéraire. 344.— Et moi aussi, à la fin, je me fais décorer! 345.

FIN DE LA TABLE.

Errata. — Page 274. *Diobalares*, lisez : *Diobolares*.
Page 331. *Cythie*, lisez : *Cynthie*.

www.ingramcontent.com/pod-product-compliance
Lightning Source LLC
Chambersburg PA
CBHW050300170426
43202CB00011B/1759